与神博弈

——斗兽的历史

天 著

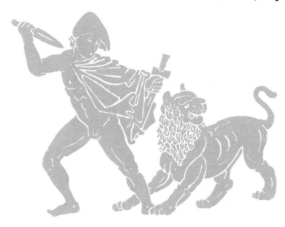

清华大学
出版社
北京

图书在版编目（CIP）数据

与神博弈：斗兽的历史 / 曹昊著. — 北京：清华大学出版社，2019
ISBN 978-7-302-53095-4

Ⅰ.①与… Ⅱ.①曹… Ⅲ.①艺术史－研究－世界 Ⅳ.①J110.9

中国版本图书馆CIP数据核字(2019)第104481号

责任编辑：刘一琳
封面设计：陈国熙
版式设计：韩　捷
责任校对：王淑云
责任印制：丛怀宇

出版发行：清华大学出版社
　　　　　网　址：http://www.tup.com.cn，http://www.wqbook.com
　　　　　地　址：北京清华大学学研大厦A座　　邮　编：100084
　　　　　社 总 机：010-62770175　　　　　　　邮　购：010-62786544
　　　　　投稿与读者服务：010-62776969，c-service@tup.tsinghua.edu.cn
　　　　　质量反馈：010-62772015，zhiliang@tup.tsinghua.edu.cn
印 装 者：北京博海升彩色印刷有限公司
经　　销：全国新华书店
开　　本：130mm×185mm　　印　张：11.375　　字　数：271千字
版　　次：2019年11月第1版　　印　次：2019年11月第1次印刷
定　　价：89.00元

产品编号：073439-01

献给所有将生命

奉献给人类事业的动物们

序　言

斗兽的历史

人类和动物同是自然之子，在史前时代，人和动物之间本是十分亲密的。那些最有权势的人都相信自己就是动物的后代，这是一种神秘的荣耀。中国上古的"五帝"之一——黄帝，认为自己是熊的后代，并自称"有熊氏"；当然他们也没有一味地强调自己的祖先是了不得的猛兽，实际上不起眼的小动物一样会受到大人物的青睐，商朝的开创者甚至认为自己的爸爸是一只小燕子（玄鸟）。

在印度，动物常常作为神的坐骑和伴友，它们本身也是神灵，只是级别较低：比如九头蛇神纳加，它时而作为世界的保护神毗湿奴的"躺椅"，时而作为众神搅动乳海的"搅棒"，最惨的是，它还常常沦为金翅鸟伽鲁达的猎物，被大鸟得意地衔在口中，并被刻在神坛的石头上……人类明白，动物的世界一样充满弱肉强食，和人类的世界一样。

人类是不安分的，当他们步入文明，学会制造利箭快枪的时候，就开始背叛自己的大自然母亲，更将他们的同根兄弟——动物们赶尽杀绝、逼上绝路。古希腊的历史学家希罗多德曾言"战争是历史之父"，但人类学家认为这种战争的本领正是从对动物的屠杀和围猎中学习来的。佛教的教义中也有类似观点，藏传佛教的著名上师莲花生就曾留下这样的偈语："欲知世上刀兵劫，但听夜半屠门声。"意思就是屠杀动物使人类变得残忍癫狂，最终在战争中毁灭了自身，那正是被杀害的野兽在为自己报仇。总之，自有战争这回事，"战争"和"打猎"就成了一对难兄难弟，密不可分。许多好战的君王在一生中只在意这两件事。

诸君得注意，在此时人类的打猎不同于早先是为了吃肉，而是把它作为战争间歇的操练，磨砺意志、增长本领。在这方面的代表就是大名鼎鼎的亚述。亚述国王一开始只是在自家围场猎狮练手玩儿，没想到这名声传了出去，外国人一边咒骂亚述的首都尼尼微是一个血腥的"狮窟"，一边往地上狠狠地吐口水。国王听说自己猎狮竟然造成这么大的反响，高兴坏了。他将计就计，把"国王猎狮"变成了一种军事演习，每年都要来几次，震慑胆小的邻居。

亚述没有嚣张太长时间，两河流域的狮子就几乎绝迹了，紧跟着强盛起来的帝国：波斯，他们的国王也只有猎野牛的份了。和波斯一直在打仗的希腊是个善于思考的民族。智者们不仅要思考人的本质，也在追索着野兽的本质。在他们看来，野兽之所以是野兽，是因为它们比人更贪婪。希腊最伟大的诗人荷马在他的著作《奥德修斯纪》中讲述了这样的故事：由于贪吃别人的东西，奥德修斯的伙伴们变成了猪。好好的人变成了野兽，这是由于贪念太重而受到了神灵的惩罚。当然还有另一种情况，就是神灵自己变成了动物——当然啦，这是由于贪恋人间的美女。和人不同的是，神变成了野兽还会变回来。

总之兽性即贪婪，由于人和神的身体里都有兽性，所以贪婪并不可耻，而那些不仅敢于猎杀凶兽，还敢于和自身的贪婪作斗争的人，在希腊人看来，就是最了不起的英雄。为此希腊人特意创造了一个了不得的大英雄——赫拉克勒斯，这位英雄虽然有时也如同野兽般凶暴，但他绝不是贪财好色之辈，而是怀抱鸿鹄之志的伟岸君子。在他那短暂而伟大的一生中斩杀凶兽，屡建奇功。由于贫瘠的巴尔干半岛上除了野猪和野牛外，看不到什么大型野兽，因此赫拉克勒斯所猎杀的野兽，大多数是一些希腊人想象中的动物。但是不管怎样，赫拉克勒斯的神话面世之后，立刻成为希腊民族理想人格的代表，风靡了地中海世界。喜欢效仿先贤的年轻国王亚历山大，就自诩为赫拉克勒斯再世，他喜欢披着狮子皮制作的披风，手里拿着棍棒，一心想找个大狮子肉搏。

一开始屠杀野兽只是国王和英雄的专利：老百姓只能杀牛宰羊，王公贵族才能猎狮捕象。但是世风日下，到了世界的新主子——罗马人的手里，狮子、老虎这些本来高贵的动物也变得命如草芥，罗马帝国广阔的疆域更将这股风潮席卷了全世界。一时间野兽哀嚎，血流遍野。动物们被从神坛上扯下来，变成了人类消愁解闷、发泄兽性的玩物，被赋予朝生夕死的悲惨命运。世界上最大的老虎——里海虎消失了，北非和欧洲的狮子也灭绝了，两河流域的大象也灭绝了。一时间出现了可怕的荒凉，即使深入非洲的腹地，精明的罗马猎人也难觅野兽的踪影。

没有了虎啸猿啼，地球寂静了许多。在这一片寂静声中，人类踩着带血的脚印走上了神坛，同时也逐步告别了自己粗野血腥的童年，变得文明起来。在度过中世纪的悠长假期之后，劫后余生的动物们开始有了新的使命——成为演员，拉起教皇涂饰着金粉的花车满街巡游，或是踩着钢丝、跳着火圈、骑着独轮车，与小丑们翩翩起舞，跟着流浪的吉普赛人走街串巷，虽仍然得不到尊严，但总算有了条活路。

好景不长，一种新的娱乐——斗牛表演忽然在西班牙兴起，黑色的公牛、血红的披风、穿金戴银的壮士在竞技场上奋力表演着绮丽的死之舞，它比奔放的弗拉明戈更加激励着西班牙人的热望和梦想。作为罗马人斗兽的辉煌余音，斗牛表演给孱弱的现代人提供了一个古代斗兽的生动标本，使人们意识到那些斗兽故事曾真实存在。

如今，一部"斗兽的历史"已从陈年典籍中钩沉，当片片破布合拢后，展现在人们面前的竟是一袭华美的长袍。这让人不仅感慨它长期被忽视的命运，这种忽视更加证明了人类的自私，他们没有意识到，人类前进的步履正是踩着动物们的乱葬堆而得到升华的。

斗兽的哲学

当斗兽场尘埃落定，人们终于可以喘口气，细细思考这一古老的习俗，就会发现，"斗兽"其实是一面镜子，折射出每个民族的人生观和自然观，昭示着人性的险恶和善良。它不仅是一种疯狂肤浅的娱乐，更是一把利剑，刺入社会的深层，将古代文明深藏的种种痼疾暴露出来。

但笔者绝无意愿将斗兽习俗上升为某种高不可攀的学问，贴上众多标签，使原本不复杂的事物变得云遮雾罩——不，本书的目的是剥去冗余，让读者知道在这几千年的时间，人们在面对猛兽凶猛目光直射的时候，经历了怎样的思想变化。

无疑，一开始野兽是凶狠自然力量的一部分，它们是童年时期孱弱的人类无法控制也不明所以的东西，一个成语"洪水猛兽"表明古代的中国人将野兽和洪水并置，统统划为那些对人类产生危害的邪恶势力。人类学之父爱德华·泰勒曾说："恐惧诞生了最初的宗教。"不错，对于动物的畏惧产生了最初的宗教，而动物成了最初的神，和中国人将动物与自然现象列为不同事物的理念相异，埃及人以一种超然的宗教情绪试图将动物和宇宙万物联系起来：太阳神会在早晨变成一个屎壳郎，把太阳当成它的粪球推着走；而太阳的光线则是一只母猫，因为埃及人注意到猫的瞳孔会随着太阳光的变化而变化。

当然从科学的角度来看，这种泛神论的说法是荒谬的，但它让埃及人这淳朴而聪慧的地球之子洞悉了自然奥秘最为深邃的部分，即地球上所有事物都有着微妙的联系，牵一发则动全身：无故殴打一只猫咪，说不定会招致庄稼歉收的天谴；而善待一只河马，上天则会护佑孕妇和小宝宝。

在很长的时间里，人类把动物视为神，并非是因为人性纯良，而是由于人类的幼小孱弱。但即使是在"天人合一"的埃及，纯粹出于玩乐目的的行猎都是极为常见的，人们在芦苇荡中用长矛射杀大肚子的河马，即使家中有孕妇和幼子，这是古代宗教所具有的奇特二元性——膜拜和猎杀并存。对应着人类自己的猎杀行为，世界各地的人们都以平淡的心情看待那些不幸落入猛兽之口的人，认为这是维持自然平衡和平息动物神灵的愤怒的有效方式。

正如与动物相处有它的哲学一样，同样，猎杀动物的哲学也发展了起来。由于动物所具有的神性，人们在打败它们之后会产生自己战胜神灵的幻觉。这种感觉使人类豪气顿生，并认为这是上天在试探他们的勇气，并借此奖赏那些最为勇敢的人。两河流域民族素有这种改天换地的勇气，苏美尔人的英雄——乌鲁克国王吉尔伽美什的经典形象不是手扼一头雄狮，就是搂着两头雄牛；犹太人在他们的宗教中把这种理念阐释得更为精微，他们给自己的民族命名为"以色列"，这是"和神搏斗"的意思。也可以说正是斗兽这种运动使古代的人类第一次产生了搏击天地的壮烈胸怀，这就是英雄主义的肇始，也是希腊和文艺复兴时期人文主义精神的肇始。

豹死留皮

时光如水般流逝，还记得小时候，走街串巷的马戏班常常驻足于笔者出生的小城，狮子和老虎在皮鞭和电棍的威胁下，战战兢兢地从一个凳子跳到另一个凳子上，并无奈地舔舐被火圈烧焦的皮毛，给懵懂的童年留下五味杂陈的感受。除此之外，动物园的耍蛇人、旅游景点供人拍照的大象和乞丐牵着的掉毛的猕猴，这些衰颓过气的景象也都是上古人类斗兽雄风的凄凉遗绪，常被环保人士和动物保护主义者斥为野蛮落后的风俗，绝登不上大雅之堂，即使偶尔出现在新闻中，也会招致一片骂声。

斗兽，这个古代人如此熟悉的场面，真的不太适合出现在现代人的视野里了。但是"斗兽"并没有死，如果在一个安静的下午，你走进大英博物馆，去看那一整面长墙的国王猎狮浮雕，将耳朵贴近那些石头，你也许会听到狮吼、呐喊、铁骑突出刀枪鸣，看见国王的胳膊青筋暴凸，雄狮的眼睛流出血泪。

在宁死不屈的雄狮身上，亚述宫廷艺术家，那些手捏黏土，随侍国王的腓尼基俘虏，看见了自己的影子。他们迈前一步，把埃及人创造的"国王的胜利"大胆地改为"雄狮的死亡"。他们在雕塑中注入了新的力量，使那悲壮的情感如飓风一般扫却一切东西，也包括亚述王室的洋洋得意。在这些垂死的狮王面前，曾经那么不可一世的英雄主义也黯然失色——悲剧从此诞生，它在告诉人们：失败也许可悲，但并不可耻。同样，胜利者也不应当高高在上。真正的强大不在于能够战胜敌人，而在于拥有一颗能够原宥和怜悯失败者的心灵。

动物们的血泪没有白流，亚述艺术中体现的这种高贵情感潜移默化地滋养了在它之后的、长达两千多年的西方艺术史。斗兽并不只是这种微妙地存在，它们也经常以雄伟的实体存在过，庞大得让人一眼望不到边！斗兽场里有成千上万的野兽血溅沙场，但正因为它们的死亡，换来了帝国数百年的和平。罗马人十分重视这个模拟的沙场、动物的地狱，竟把它建得像铜墙铁壁般牢固、蜂巢蚁穴般精巧、通天之塔般高大、琼楼玉宇般美丽——只要一走进这个微缩版的罗马帝国，贩夫走卒和皇亲国戚之间的界限就神奇地消弭了，他们拥有共同的身份：观众。罗马的皇帝们就这样精明而又残忍地把帝国的根基牢牢地建立在这动物们的墓冢之上。

当然，在沾满动物之血的刀刃上，也有些闪光的东西。在看屠杀表演的拥挤人群中，就常常混入一位好奇的骑兵军官，他几乎研究了所有被运到罗马的动物，也常常观看动物表演，从动物行为学的角度探索其奥秘。这位抱着科学研究的态度去观察动物的人，就是写出《自然史》的古罗马博物学家老普林尼。虽然此书写成于大角斗场竣工的前一年，但不可否认，那段时间是罗马人对斗兽活动最为狂热的时期。这本书最终献给了他在日耳曼省任骑兵军官的亲密战友——后来做了皇帝的提图斯，而提图斯正是最终将大斗兽场修建成功的人。

后来提图斯死了，老普林尼跑到庞贝去救援被火山爆发围困的灾民，也被烧死了。但幸运的是，他对动物们的研究得到了很好的继承，这就是"动物学"这门学科的肇始。当然，那些王公贵胄囚禁动物以供自己玩乐的地方，也没有荒废，而是慢慢转变成了一种新的机构：动物园。这种建造专题公园蓄养珍奇动物的历史，几乎和斗兽的历史一样悠久。那些古老而强大的国家：埃及、亚述、罗马、中国和大航海时代的葡萄牙都拥有过规模庞大的皇室动物园。对于这些神秘公园的绮丽想象不仅成为了历史研究者的任务，甚至也为许多文学作品提供了灵感。虽然媒体经常披露某些动物园虐待动物的事件，但是不可否认的是，如今的动物园仍然是人们了解、研究动物的最佳场所，也是许多珍稀动物最后的避难所。

从斗兽场到动物园，是自私的人类迈出的一大步，他们终于认识到，两河流域的古人早在几千年前就知道的真理：毁灭动物就是毁灭自己。人类和动物在一种艰难的情势下终于化敌为友。

目录

斗兽的起源

堂堂男子唯有孜孜不息。

——《浮士德》

第一章

天色变得昏暗，远处树林的顶端还残留着夕阳金黄色的余晖，鸟群在天空回旋着、聒噪着，它们很快就要回到自己的巢穴，平凡的一天将要结束了。但对这名叫"飞鸟"的印第安男孩来说，这夜晚却非比寻常。此时他在整理自己的小包裹，里面只有点火的火石，一小撮树叶包着的烟丝和一条薄薄的毯子。整理完了，他在父母的目送下走出了村寨。

飞鸟要去一个神奇的小树林，据说那里是"祖先"居住的地方，现在这位大人物也常常出没在那里。就在前不久，这位大人物还和村长说了话，要他警惕邻近村庄的恶意。飞鸟也曾向村长打听祖先的模样，但是村长用力地摇了摇他那满是老鹰羽毛的帽子，还对他做出了威吓的手势。可是就在今晚，他要自己去见这个神秘的"祖先"了，想想真是又激动又害怕。

飞鸟来到这个陌生而又熟悉的小树林，找了块空地，收集了一些枯枝败叶，熟练地点起了篝火。他呆呆地望了一会儿跳动的火苗，忽然想起自己还有烟丝，于是赶忙拿出来，恭恭敬敬地把它洒在火上——据说"祖先"是好这口的。当这些都做好后，他盘腿而坐，闭上眼睛，开始在心中默念巫婆教给他的话："全能的祖先啊，您是慈爱的守护神，我们全赖您而生存！您指导我们种庄稼，您教会我们打猎和战斗！明天我就满18岁了，是个男人了，今后我该怎么做？"

但是，飞鸟开始变得心不在焉，他饿了。出门前曾央求妈妈给他一点面包和腊肉，但是妈妈拒绝了，她认为在"祖先"面前大吃大喝是不敬的行为。好吧，对于一个男子汉来说，忍饥挨饿又算什么。当他这样想着的时候，忽然看见面前的篝火一晃，从明亮的橙色变成了

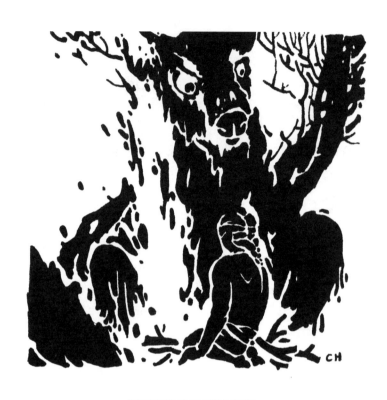

男孩"飞鸟"看到"祖先"

(作者 绘)

男孩"飞鸟"和"祖先"的故事是笔者为了说明图腾的重要性而虚构的,但类似的"求幻"(vision quest)事件却是真实存在的,"祖先"可能会换成一头驯鹿、熊或美洲虎等。人类处于原始社会中,这种信念会更加强烈。在那时,动物不仅仅是人类畏惧的神灵,也是人类的导师,但这种指导不一定得通过神秘而不靠谱的"求幻"来获得,人类通过观察动物的生存方式也能得到启发。比如通过观察飞鸟行进的路线、动物的异常反应,可以预知自然灾害,这些都被古人当做动物指导人类的证据。

一种奇异的蓝色，一直很嘈杂的虫鸣也听不见了，森林忽然静得可怕。飞鸟紧张地坐起来，四处张望。

嗬！不知什么时候，一匹巨狼已经坐在飞鸟的对面，隔着火光望着他。这狼好大啊，两个村长那样高的男子，一个站在另一个的肩膀上，才有可能摸到它的下巴颏。瞧它下巴颏的毛多长啊，就像老爷爷的胡子一样！它的眼睛是蓝色的，正是它呼出的气，让这篝火变了颜色。飞鸟的全身战栗，原来这就是"祖先"！他急忙站起来，双手合十，向它行礼。可这匹巨狼忽然走了过来，用嘴叼起还在行礼的飞鸟，把他送到了它那毛茸茸的背上，返身奔入丛林。密林深处自有一番奇景：一个头戴簇羽的威猛战士正和一队敌人作战，只见他抡起战斧劈砍，如入无人之境。但小飞鸟怎么也想不明白，在这深夜的树林里，怎么会有人战斗。正在这时，巨狼仰天长嚎一声，把他像它身上的虱子般抖落在草地上。

飞鸟努力地睁开眼睛……原来这是个梦，无论是狼还是战士，这都是梦中的幻影。

篝火早已熄灭，天边已是鱼肚白，丛林里的小鸟正发出欢快的歌声，除了比家里冷外，这个清晨并不奇特。飞鸟爬起来卷起毯子，抖落身上的露水，坚定而轻松地踏上了返家的道路。虽然他还不大明白梦的含义，但已经见到了梦寐以求的"祖先"，这是最重要的，也是他最为急切地要告诉爸爸妈妈的事情。

二 化身为鸟去爱你

两百年前，在美国东部丛林和平原地带的印第安部落，这种被人类学家称之为"求幻"的仪式还时常发生，孩子们——尤其是男孩子将要成年时，就会在某个夜晚被赶出营地，去见他的守护神。如果守护神在那个夜晚愿意托梦给他，他就会被认为是神所喜爱的年轻人，而守护神带他所看到的幻境，就是对他未来生活的启示。

飞鸟见到的巨狼就是这个集多种身份于一体的角色，它既是男孩的守护神，也被认为是所有村民共同的祖先，是整个村庄的庇护神，即所谓的"图腾"。但是"图腾"这个人类学术语太冰冷了，根本无法囊括飞鸟和同乡们那些丰富的情感和虔诚的心愿。如果要真正理解人类文明史中那么多屠杀野兽的习俗，我们也必须回到源头，看一看这历史长河，其实将野兽奉为神灵和导师，并对它们顶礼膜拜的风俗风行了更为久长的时间，这是不容忽视的事实，这也是为什么这本有些血腥味的小书会有一个如此温馨的开头。

事实上，先祖们曾心怀感激地认为，每一次人类新纪元的开创，都是由一个女人和一只鸟儿的结合而完成的——19世纪的爱尔兰诗人叶芝就是这么总结历史的：先是众神之父宙斯变成了一只天鹅，和皇后丽达相爱，生下了举世无双的美女海伦。为了争夺她，辉煌的大城特洛伊被夷为平地。一千多年后，上帝的圣灵变成了一只优雅的白鸽，和童贞女玛利亚结合，生下了救世主耶稣。人类学家认为，这些如诗般唯美的宗教故事只是原始传说的升级版，其实所有民族在其文明的初始阶段，都言之凿凿地声称自己是飞禽走兽的后裔。比如说，生活在青藏高原上的吐蕃民族就相信自己是猴子和神女的后代。即使不是由动物所生，至少也是由动物抚养，这方面最著名的例子就是罗马城的创始者罗慕路斯和雷摩斯，这对被遗弃的双生子声称他们是由一头狂野的母狼带大。

借由神秘的联姻（或是作为人类的养母），动物成为了人类的先祖。但是在一种更为普遍的原始思维中，通过死亡，祖先的亡灵可以直接幻化为动物。幻化为动物的祖先仍然具有人类的智慧，甚至成为部落的精神领袖。正如前文所述的，小男孩飞鸟和他的族人并没有真的认为自己的祖爷爷是一头狼或是狗熊——他们只是出于强烈的缅怀，坚信先人伟大的灵魂绝不会轻易消失，而是在死后以另一种神秘形式存在。这种形式不生不灭，无影无形却强大无比。

和印第安人认为自己的祖先常常化身为狼不同，在地中海地区的先民们看来，蛇上食埃土，下饮黄泉；穿行于墓室和腐烂的树丛，才是死者魂灵的最佳归宿。维吉尔的史诗《埃涅阿斯纪》中，拉丁民族的祖先埃涅阿斯分明看见他父亲的幽灵变成巨蛇，并吞噬了他奉献的祭品，这种对于灵魂的想象是当时罗马乃至整个地中海文明的共识。

对这些现象，权威的英国人类学家爱德华·泰勒已用清晰的语言阐明："动物崇拜的三种形式：一是对动物的直接崇拜；或是把它们作为物神；最后是作为图腾，即部落祖先的化身而崇拜。"或者可以这么说：神、动物和祖先，在原始人类看来几乎是等同的，也是可以互相转换的。

这种理念在漫长的历史中逐渐变化，一开始只有杰出的祖先可以变成动物，到后来，只要凭借着一种执念，什么人都可以自由地变成动物，再变回为人。这种变幻不仅可以发生在死亡之后，在活着时亦可发生：南美阿比彭人的巫师就号称自己在某些时候能够变成美洲虎撕碎敌人。根据一位欧洲观察者的叙述：这位巫师在一个帐篷里，装模作样地抖动身体，发出老虎的吼叫声，这样邻族的女人们就哆嗦起来，

1

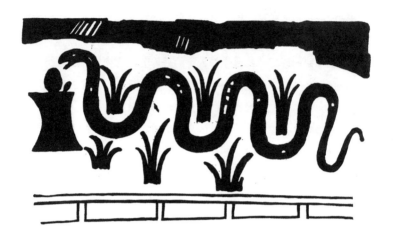

蛇食祭品的壁画
庞贝出土——古罗马帝国时期
（作者摹绘古代壁画）

　　庞贝的壁画清晰表现了罗马人对死后世界的幻想：一条祖先灵魂所化的巨蟒穿过草丛，吞噬了祭坛上的供品。实际上在自然界，蛇吞食祭品的事情很少发生，巨蟒也是非洲的舶来品，罗马本地并不出产这种爬行动物。

她们嚷嚷着："你们看啊，他的身体都被虎斑覆盖了！爪子也长出来了！"实际上她们什么也没有看见。有趣的是阿比彭人其实是捕猎美洲虎的老手，但他们竟然认为这种由人变的老虎更为可怕，因为它是杀不死的。

种种迹象证明：在人类文明的早期，强大的野兽被认为是在各方面超越人类的生命形式，是更高级的存在，简言之，就是神——但与那些充斥着他们的生活，野蛮而无灵性的动物们不同，这位动物之神超越了人和动物的界限，具有无上的精神性。在野兽面前，人类孱弱而无能，他们甘拜下风，时而幻想自己是野兽的子嗣，亦当拥有野兽的神力；时而又幻想自己能够直接化为猛兽扑向敌人，快意恩仇。

三 百兽率舞的时代

不得不承认，在原始社会，这个我们难以想象的时代，人类和动物之间已经建立起了某种神秘的契约，强大的兽类之神不仅指导人们的生活，也允许人变成它的样子去完成自身不可能完成的任务。由于承受这种恩泽，人类也庄重地许诺，不但要敬畏那些凶猛的野兽，也绝不能恃强凌弱，要善待所有的小动物。谁知道呢？也许那个常在你家附近转悠的野兔，就是你去世已久的爷爷变成的。

如果这么想，许多传统的观点也都站不住脚了：那些画在悬崖、石洞、裸露的草地、投矛器和燧石上，甚至纹在原始人的身体上的动物，我们曾认为这是饥肠辘辘的猎人画出的幻想中的晚餐，或是在狩猎前的宗教仪式上，猎人、巫师和画家通力合作的结果，为的是要捕获真

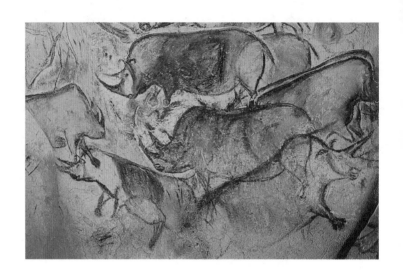

犀牛群　肖维洞穴岩画
位于法国南部　约在 24000—20000 年前
（高火．欧洲史前艺术 [M]．石家庄：河北教育出版社，2005）

　　肖维洞穴岩画有史前人类的手印和 14 种不同种类的动物图案，其中包括洞熊、披毛犀和一些大型猫科动物。和别人不同，在阿尔克岩作画的史前艺术家无意掩盖自己绘画和思考的痕迹，就这样坦然地将绘制的痕迹遗留在洞窟里，这是艺术家追求完美的体现，甚或是一种随意的画风呢？这一点即使是老练的艺术评论家恐怕也难以定义。但可以肯定的是，反复涂改的画法使动物的形象不仅拥有惊人的准确性，还使画面变得厚重而有力度，因而具有强烈的艺术感染力。

　　艺术家们仿佛还嫌自己的描绘形象不够鲜明，于是在犀牛头部的外围用白垩涂抹，使那些犀牛巨大而肌肉虬结的头颅如同升天的耶稣圣像般散发着耀眼的白光，黄色的岩壁、黑色的墨线和白色的反白形成单纯又雄浑的画面效果，让人不禁想起文艺复兴时期的素描，达·芬奇和他同时代的艺术家也喜欢反复涂抹主体对象，并用铅白提亮高光，从而使描绘对象具有立体感和神圣性。出于对描绘对象超乎寻常的热爱和尊崇，古代和后世的艺术家在艺术手法的使用上达成了某种共识。

实的野牛，并在狩猎后围坐在篝火边大快朵颐。但现在我不禁对这肉香四溢的学说存疑，因为更多的资料显示，在许多原始文化中，常态化的生活图景并未被纳入创作范畴。《剑桥史前艺术史》一书就举过一个例子：挪威北部的阿尔塔海滨几乎找不到一块描绘鱼类的岩画——但是鱼类，尤其是鳕鱼，是曾经生活在这里的史前人类常吃的食物。

在遥远的古代，高级别的艺术表达的都是梦想，是极乐世界——这是现代人很难理解的，一个百兽率舞、有凤来仪的极乐世界。这样看来，原始人比我们想象的要幸福，因为他们崇拜的、那毛茸茸的神，离他并不遥远。

在后世，虔诚的基督教徒只有死后才能抵达天堂，见到日思夜想的上帝——但是原始人每天都生活在乐园里，只要他们愿意，就可以和"守护神"随时见面、叙叙家常。大家和睦相处，自由地徜徉在树影婆娑的密林，嬉戏在绿草如茵的旷野。去法国看看肖维洞穴的壁画吧，它恰如其分地展现了史前伊甸园的神奇景象：两万年前的犀牛和狮群，仿佛在哞哞叫着，摆动着肥胖的身躯，挨挨挤挤地走下黑黝黝的墙壁。真的，此时你还好意思说这些充满爱意和温存的图像只是围着兽皮的吃货在简单地描绘他们的食物吗？

四 怯懦的英雄

梦想是美好的，但它终究会遇到现实。在一个白雪皑皑的清晨，围着兽皮的画家走出黑黝黝的洞窟——他的画室。天寒地冻、饥肠辘辘，那可是传说中的第四纪冰川期的末期，他将如何获取珍贵的肉食，来补充体能抵御寒冷呢？对此我们的

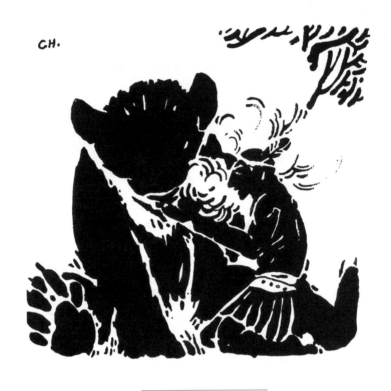

印第安猎人给死熊抽烟

（作者 绘）

    印第安人给死去的熊抽烟的做法让现代人觉得有点毛骨悚然，但这样的例子其实非常多。死去的动物仍然让人敬畏，这不仅仅是敬畏动物，更是敬畏神秘的死亡。死亡不只是生命的终结，也是另一种开始，甚至比那动物活着的时候更加令人生畏。因此在许多文化中，人们把死去的祖先和动物制作成木乃伊，恭敬地将这骇人的干尸置于庙堂之内，并将其视为神灵。甚至认为只有死后，那些祖先和动物才会成为神灵，这就解释了为什么古埃及人的神灵都是木乃伊的形象，这说明在埃及人的潜意识里，神灵就是死去的人。

艺术家没有犹豫，他用雪擦了擦因为画画而弄脏的手，从角落里拿起牛筋制作的弓和燧石头的箭，默默地上山去了。

生存的欲望胜过了一切，这是我们无法回避的事实。昨日之神，也可能变为今日之餐，虽然这似乎是个悖论。但原始人的狩猎和现代人想象的不同。在我们的字典里，把人类进入山林捕杀野生动物，以获取肉食和毛皮的行为称为"狩猎"。同时我们也可以延伸开来，认为打猎的本质就是高级生命对低级生命的夺取，它是理所当然的，不应当具有道德上的意义。我们怎么可能想到一个猎人会为他打来的兔子而哭呢？

原始人则恰恰相反，由于将野兽视为"神"或"祖先"，所以在他们看来，狩猎行为是低级生物对于高级生物的挑衅和僭越，说得严重点，就是对于神灵的冒犯和亵渎。在这种以下犯上心理的驱使下，狩猎不是骄傲的生杀予夺，而是带有沉重负罪感的冒险行为。

在人类学家收集到的资料里，原始人纠结的内心世界展露无遗。

巨大的非洲象拥有惊人的力量和智慧，被视为平原上人和动物中当之无愧的魁首。因此，非洲的卡菲尔人捕猎大象时，是怀着谋反者的心态去做这件事的。他们先哀求这位王者不要踏死猎人，也不要狂性大发。当大象被杀死之后，不安的猎人们会聚在它庞大的尸体旁，举天发誓：杀死它实在是万不得已。但是死象的惨状仍然令他们恐惧得发狂，他们继而割下象鼻，把它作为其遗体的象征物敬畏地埋在土里，他们认为这是象王的灵魂和精髓所在，安葬了它，大象的幽灵就不会愤怒而报复捕杀他的人。

同样的情感也存在于印第安人的心中。他们在猎熊之前，也会尽力赔罪。当熊被猎杀后，人们会在死熊的嘴里塞上一个装满烟丝的烟斗，并努力向烟斗吹气，使熊的精灵能够嗅到烟草的香气，在死熊抽烟时，人们也会陪在熊的尸体旁和它一起抽烟，并试图同熊的灵魂和解，使其不要加害猎人。如果发生了熊杀死猎人的事件，那些有过"案底"的共犯反而会在内心窃喜，觉得熊的灵魂已经报了仇，同样的事情就不会再发生在自己身上了……

虽然看上去不是什么光明正大的勾当，但这已是了不起的一步。

兔子永远不会去猎鹰，是的，它们永远也不会蔑视自然规律，去挑衅远比自己强大的动物，但是渺小的人类竟敢站在巨象前面，用弱小的胳膊举起茅草般的枪矛，畏畏缩缩又不乏勇气地发问："神啊，我知道您是神。但我可以杀死您吗？我已经两天没有进食了，上有老下有小……"虽然有些怯懦和诡诈，却无法掩盖其英雄的光辉。冒着必死的信念去挑战不可能之事，去推翻曾经顶礼膜拜之物，这就是英雄主义。如果你在这上万年的斗兽历史里，在动物的鲜血和凌乱的骨骸里试图寻觅什么宝贵的东西，我想那就是人类的英雄主义。正是凭借它，曾经卑微的人类已然傲立在群峰之巅，俯瞰苍茫大地。虽然此时，那曾让人倍感骄傲的东西已然腐坏变质。

五 矮人战巨象

时间如流沙般带走一切，但倔强的人类从不甘忍受这种流逝，他们发狂地追求永恒。当后世的历史学家在发黄的纸卷上记载下那些惨烈的大战和辉煌的胜利之前，断发纹身的原始人早已经刻碑勒石，记录下另一种惊心动魄的胜利：在世界各地的荒原和高山上，古人类的英雄史诗铭刻在温热的石头上。

在南非开普省的石山上，就留存下了这样一幅人类猎象的作品，它的作者来自南非的传奇种族布须曼人，直至今天，他们还保持着刀耕火种的原始生活方式。虽然其绘画技术尚显粗糙，但就作品中激扬的生命力来说，它并不亚于达·芬奇的《安加利之战》。画面只展现了狩猎的一个片段，但足以在脑海中复原整个狩猎过程。

透过画面，我们仿佛看到一只半大的小象在灼热的草原上缓慢行走，它落单了。因为要追寻水源，象群已经不顾一切地离开了此地，把它孤零零地丢在了后面。即使如此，在浩瀚的南非平原上，这个天赐的食物也需要猎人们辛苦的追寻。

布须曼男人是天生的猎手，以擅长追踪猎物而闻名，一旦发现动物足迹，他们就会锲而不舍地跟踪下去，无论地形有多么复杂，环境有多么严酷。他们在长期的狩猎实践中练就了一双火眼金睛，甚至能通过足迹分辨动物是否受伤。追踪猎物是整个狩猎活动中最为重要的前奏，为此猎人们时常要离开营地，花费两三天的时间追踪离群或是受伤的动物。

因为他们不是一个强壮的人种，相比我们常常在电视上看到的黑人球星，他们十分矮小，男人的身高没有超过一米六的，女人只有一米四左右，但是智慧弥补了身高的不足，在猎捕大型动物时，这些小矮人们会使用带毒的弓箭，这个弱小的人种无法挽起强弓大箭，他们的武备也和其身高匹配，柔弱仿佛玩物。但这只是表面现象，其实他们的武器大有讲究，箭头和箭杆可以被灵活拆分。当弓箭射中猎物后，撞击力致使箭杆从箭头上脱落，但是箭头仍牢牢地嵌在动物体内，这时箭头上的毒药就会慢慢渗入动物的血液。涂抹箭头的毒药是从密林里仔细收集的剧毒植物、蛇毒和有毒的甲虫中提取的。这种带毒箭头既可用来狩猎，也可用来抵御外敌入侵。

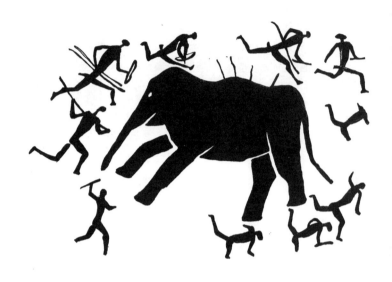

猎象 南非布须曼人的岩画
约 19 世纪
（作者摹绘古代岩画）

　　这幅精彩的岩画发现于南非开普省，是尚处于原始社会的布须曼艺术家的杰作。除了对事件的精确描绘外，这幅作品在艺术上的造诣也是值得称道的，艺术家不但善于使用阴影增加形象的层次，也准确地表现了远近关系。

即使如此，小矮人们也不会单打独斗，而是组成六至十人左右的小组，这样在打猎时就可以使用阵法，现在落单的小象已经落入了由十个猎人组成的包围圈，虽然它只是一头还没有长出象牙的小象，但是在矮小的布须曼人面前它仍大得惊人。在一阵吼叫声中，人们围着这头象顺时针发力奔跑，使用车轮战法使它目不暇接、头晕眼花。与此同时，猎人们举起了他们的武器——树枝削成的矛，还保留着树枝弯弯曲曲的天然形态，矛头淬了毒液。他们中有两位拿着藤条做成的弓，在距离象较近的地方向它射毒箭，象的脊背处插着四根箭，上面有用燧石制作的毒箭头，箭杆尚未脱落。

由于武器的原始笨拙，抑或是毒液还未发生效力，受伤的小象仍不知疲倦地战斗着，尽管四条血痕从脊背上划下来，缠绕着它肥硕的身躯。象鼻子拖垂着，尚没有力量卷起袭击者，将他们重重地摔打在地上，也没有尖尖的象牙去挑穿敌人的肚肠，它唯一的武器是那柱子般粗重的腿，可以用来踩踏和踢打敌人。对于这些小个子们来说，小象的踩踏具有巨大的杀伤力，有四个人显然遭到了袭击，他们受伤倒地、喘着粗气，在滚烫的黄土中翻滚着，力图保持战斗的姿势，不愿拖累战友们。

无论过程多么艰辛，但结局是注定的，随着时间的推移，毒液开始发生作用，中毒的小象体力不支，倒地而亡。等待它的将是无情的宰割，而勇士们将在篝火前迎来他们的盛宴。

六 物神和兄长

当我们试图宣扬布须曼人猎象的英雄主义时，不要忘了，对于这群勇士来说，胜利只是一种延续生命的手段，他们绝不会像后世的英雄一样踩着敌人的头颅，挥舞着滴血的宝剑，露出骄矜的微笑，就像多纳泰罗雕刻的大卫一样。也正因为如此，他们的英雄主义显得更为可贵和淳朴。

是的，蓬头垢面的勇士此时无暇骄傲，他们尚有大堆棘手的问题尚未解决：被他们谋杀的小象还需处理后事——掩埋象鼻或是什么别的安抚仪式。即使如此，这群僭越者的罪行也难以洗脱，须等一系列哲学问题解决后，他们才能够真正和自己的行为和解。

哲学被创造出来，是为了解决生活的问题，而不是和生活作对。由于前文提到了原始人独特的宗教理念，即那些强有力的野兽常常被认为是神，而杀死神，不仅是十恶不赦的罪行，也使这种宗教的义理受到了破坏，人们不禁自问：不生不死的神怎么忽然就被我们给轻易地杀死了呢？因此，部落的巫师们又创造出了一个新的宗教概念，人类学家泰勒把它笼统地称为"物神"。这个假想认为：每一种动物，甚至植物，都有它们的神。比如说世间所有的大象都共同拥有一个象神（物神），它不生不灭，统御象界，每一头象都会遭遇生死的宿命，但象神却不会。原始社会的猎人进而认为，只要不伤害到这位大象之神，人类就不会触犯到最严厉的自然法则。

所有的动物都可以成为枪矛的目标，而不用担心它会灭绝，因为"物神"还在。这种宗教观念几乎被世界各地的人类族群所信奉，但是"物神"到底是什么样子，每个民族却有不同的看法。一种看法认为物神存在于每一个活的动物身体里，当猎人杀死那只动物，物神就会从尸体里溜走，进入另一个活着的动物。当印第安人同死去的熊说话，黑人在为他们猎获的巨象举行追悼会，这都是在试图取得这位受到侵害的物神的谅解，当物神被安抚后，他就会大大方方地进入另一个活着的动物的身体中继续生活，而不会变成游走于阴阳界、为害世人的怨灵。

另一种看法似乎更流行于整个美洲地区，这里的人们认为这位物神是一个巨大的、实实在在的动物，而不是游走于每个身体的缥缈幽魂。它也有一个更接地气的名字："兄长"。兄长是所有同类中最为魁伟的，用雄伟的体态暗示它就是源头，是种族繁衍下去的保证。也就是说，如果能够看到一只像老虎一般大的猫，就可以猜测这就是世界上所有猫的"兄长"。兄长的概念乍一听有点脑洞大开，其实倒有现实的依据——在蚁穴中，作为蚁族源头的蚁后不要比普通的蚂蚁大出许多倍？正如同蚁后平时难得一见，兄长也十分神秘，它深居简出、韬光养晦，无论动物还是人类都难觅其踪影，但一旦出现，江湖上必有一番血雨腥风。

我们不能狭隘地认为"兄长"或是"物神"只是人类为其杀戮行为开通而进行的合理解释。可以从原始宗教中看出，兄长的地位几乎等同于"造物主"。只是原始人类的抽象思维能力尚未得到充分发展，还无法对那主宰万物命运的神秘力量做出解释。但一种恢宏的哲学构思和绮丽的想象已然出现在他们的脑海中，最终以种种惊人的尺度在他们的艺术创作中表现出来，这些天才之作反映了古人类在意识形态领域取得的惊人成就。

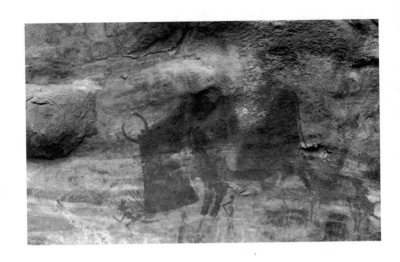

巨大的红牛
皮姆贝特卡的一处岩画——中石器时代
（作者 摄）

这幅作品的奇异之处在于动物比例的夸张：一头红色的巨牛屹立在那里，它的弯角和近乎矩形的头颅像极了立体主义的杰作。虽然我们无法辨识它和渺小的人类到底发生了什么，但它魁伟的形象满足了我们对于兄长这个概念的想象，同时这头印度人先祖描绘的巨牛使得我们不自觉地把它和大神湿婆的坐骑——神牛南迪联系起来。

在英格兰牛津郡的尤芬顿，有一件奇异的"地景艺术"，恰如其分地表达出原始人脑海中的神灵——兄长。这位神灵不再是含混的概念，也不是梦中的呓语。它屹立于天地之间，无比地清晰、健美和优雅，这是一匹在绿色草地上奔驰的白马，它被描绘得非常简练，其表现方式有如毕加索绘制的公牛。新石器时代的人类聪明地把地表的草皮铲平，露出的白垩土层塑造出这匹修长的（约115米长）的白马。它被保存如此完整，若不是考古学家在附近发现了一些石器时代的坟堆，我们甚至会认为那是昨天才完成的。

七　白马逝去

虽然获得了那么多的美誉，但如果不是从空中鸟瞰，恐怕谁也欣赏不了这幅苦心经营的作品。无疑地，这是人类奉献给神灵的礼物，它掌管这世间所有马匹的命运，是马儿们的"兄长"，世间的马儿在草地上奔跑，而这匹巨大的天马则在天空中疾速翱翔。人类描绘白马图希望吸引神灵的注意力，让他短暂地停留。是的，当马神停下来的时候，会低下头颅，用慈爱的目光俯瞰人间的马群和牧人，彼时，地上的人们也会放下手中的活计，仰望这位亲爱的神灵，并向其招手。

这奇异的作品也许是铁器时代的凯尔特人留下的，以此向马神祈求牧群的健康。虽然它时代晚近（约公元前400年），但创造它的种族尚处于刀耕火种的原始社会末期，还没有发明可记载历史的文字，这幅"史前绘画"忠实地反映了原始人类的宇宙观。当我们想象自己拥有上帝之眼去凝望着这诗意的图画时，头脑中是否有些许的混乱？当我们认为原始人只是一群茹毛饮血、嗷嗷乱叫的乌合之众时，其实应该意识到，相比于那些住在山洞里的祖先，居住在钢筋混凝土城市中的我们才是一群更为野蛮和麻木的家伙。

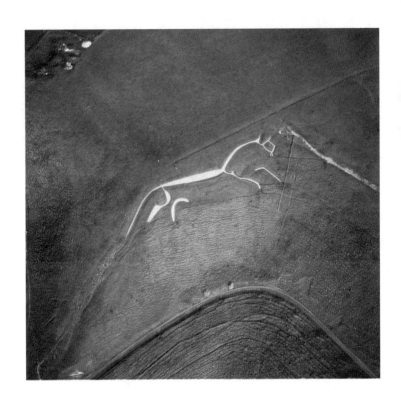

尤芬顿白马

约铁器时代

(爱德华·泰勒.人及其文化研究 [M].连树声,译.桂林:广西师范大学出版社, 2004)

在绿色的草地上画一匹白马,这是一个多么质朴又大胆的想法。无论是以专业还是业余的眼光来看,尤芬顿白马都是一幅取得了巨大成就的史前绘画作品,它那成熟的形式和完好的品相总使人们疑心这是不是一个现代人的恶作剧,但是考古学家断定:这的确是史前人类的作品,但具体有多"老",其意见尚不能统一,通过图像学比对,大多数科学家认为创作时间约为铁器时代;但一种新的研究认为时间应当再往前推1000年,属于青铜时代(约公元前 1400 ~ 前 600 年)。

别说是现实，即使在梦境中，我们都不曾见到的奇景，却一再出现在原始人的生活中：在那个黄金时代，动物们还是人类宽厚友爱的兄长，他们诗意地栖居在一起，从未想过有一天，会兄弟反目，大地上洒满兄长的鲜血——那梦中的白马，也已扬鬃奋蹄，一去不复返。

屠夫和勇士

没有任何一个国家有这么多令人惊奇的事物，也没有任何国家存在这么多非笔墨能形容的辉煌业绩。

——《历史》

第二章

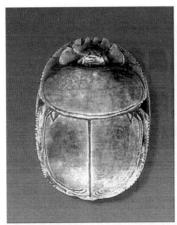
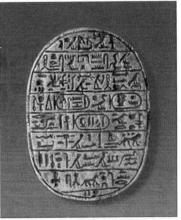
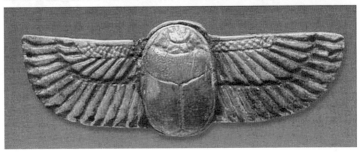

圣甲虫护身符 费昂斯材质
古埃及新王国时期

(卢卡·莫扎蒂.伦敦——大英博物馆 [M].应倩倩,译.南京:译林出版社,2006)

圣甲虫是埃及宗教中最具原创精神、也最耐人寻味的元素。将一只丑陋的、为人不齿的小虫和孕育万物生长的太阳联系起来,颇有禅宗里"粪便中寻找佛法"的智慧。由于太阳是宇宙间主控一切的力量,如同心脏在人体中的地位一样,因此圣甲虫又是心脏的象征,是往生极乐至为重要的元素。在木乃伊层层叠叠的尸布中,圣甲虫形状的护身符总是占据着心脏的位置。人们歌颂它、膜拜它,无论是在哲学上还是美学上都赋予其极高的地位。它甚至拥有一个单词——heper,这个单词是诞生的意思。

混沌沌的，又过去了几万年。这时在非洲北部的荒原上，已经亮起了文明的曙光，那亮光的地方被称作埃及。当埃及人孤独地站在这片曙光之中的时候，地球上还是那么的荒凉和沉寂，对自然的认知，他们没有任何可资学习的先例。这个早慧的民族跟随自己的感受创造了宗教，和原始人将他们所惧怕的猛兽敬为神的理念不同，埃及人并未将宗教的基石建立在恐惧之上，可贵的是，他们将对科学的探索引入宗教的范畴。

怎么说呢？当看到一只黑不溜秋的屎壳郎在干燥的土地上，用后腿费力地推着一个又圆又大的粪球时，埃及人如同昆虫学家般蹲下身仔细观察，并陷入沉思。埃及人想象着他们的太阳神"拉"在天上推动太阳一定也是这副模样，当屎壳郎的幼虫从粪球中"破粪而出"时，他们更为惊喜，觉得太阳从地平线上喷薄而出的样子也必定如此——是的，太阳神一定和屎壳郎有着某种神秘的联系。也许在一天中的某一个时候（比如早晨），变幻莫测的太阳神就会化身为一只精美的屎壳郎，于是他们将这种小虫称为圣甲虫。太阳，这个无论在哪个民族都要顶礼膜拜的天体，就这样和一个卑微丑陋的小虫联系了起来。

总之埃及人造神，不是依据虚无缥缈的幻想，而是来自于对自然的细致观察和逻辑缜密的推理。通过此法，埃及人进而发现人间、宇宙和动物其实是可以交流的，只要在它们之间架设一道名为"宗教"的桥梁，宇宙就会变成一个圆融贯通的整体。

然而，就如他们建造的金字塔一样，即使只拆除一块石头，整个体系就有坍塌的危险，这自成一体的宗教世界也是如此坚强又脆弱，任何一个生物都是不可忽视的，没有重要和次要之分，哪怕它微小如芥。

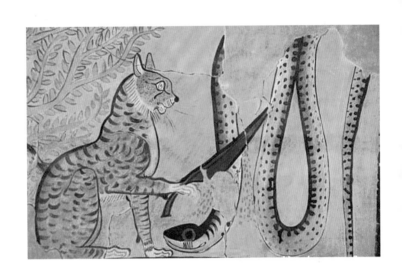

猫和鳗鱼 古埃及壁画
年代不详
（作者摄）

　　埃及人和日本人大概是世界上最喜欢猫的民族，希罗多德记载了一个趣事：埃及人在失火时不去救火，反而会去观察猫有什么反应，如果有只猫不逃跑反而跳到火里烧死了，他们就会举城哀悼，认为这是猫有灵性的表现。而在祭祀女神贝斯特的时候，他们又会把猫活活杀死以祭神。

埃及人怀着一颗赤子之心善待他们目力所及的生灵。牵一发有可能会动全身，谁知道打骂一只瘦弱的猫咪，是否会触怒天上的神灵贝斯特，而引来不可弥补的灾难呢？因此埃及人会把自家养的小动物视为自己的孩子，当家里的狗死了，他们会痛哭哀悼，并剃掉全身的毛发，而猫死了，则会剃掉自己的眉毛。

动物们的自然死亡尚且让人们如此伤心，杀生更是万万不能的。在死者的《亡灵书》上这样郑重其事地写着：我没有从婴儿口中夺过牛奶，也没有从死人的棺材里撕过布片；我没有在牧场上捕猎过野兽，也没有掏过圣鸟的巢……我是纯洁的……我是纯洁的……我是纯洁的。但即使是最虔诚的埃及人，也发现了这宗教有着可怕的漏洞，它和日常生活（特别是人们对于美味肉类的需求）之间那深深的隔阂，照这种理念搞下去，动物世界会繁荣昌盛，而人类自己就要因为缺乏蛋白质而营养不良了。

因此，那些爱吃肉的大人物觉得有必要对这个对动物过于怀柔的理念进行修正。

底比斯的祭司就是这么做的，这些聪明人告诉从希腊远道而来的历史学家希罗多德：我们的大神阿蒙虽然长成公羊的样子，但你要以为他就是一头山羊就是你傻了，在大多数时间我们是无法看到阿蒙的，你也没有见过你们的神，对不对？

但人们祈求神佑时，面对空空如也的神坛未免有些失落。就像疯狂的粉丝追逐他们的偶像，虔诚的人们也坚持要见神一面，不得已的，仁慈的大神阿蒙会选择在一个特殊的时刻出现在香客面前，但是他仍然不愿意以真相示人，于是他杀死了一头公羊，用羊头遮住了自己的面庞，并把公羊皮裹在身上。

说实在的，这个在希罗多德时代（公元前4世纪）产生的修正版

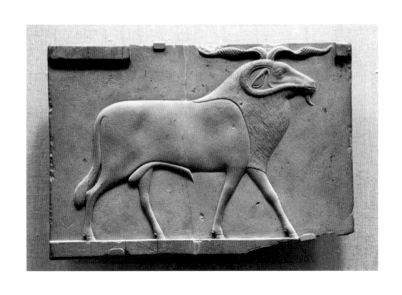

公羊　石板浮雕
古埃及新王国时期

（爱德华·泰勒. 人及其文化研究 [M]. 连树声, 译. 桂林: 广西师范大学出版社, 2004）

　　这只有着雍容仪态的美丽公羊，是阿蒙的圣兽，由于它拥有极强的生殖力而被底比斯地区的人们膜拜，是阿蒙幻化示人的形象。阿蒙本是个名声不显的小神，但当底比斯成为埃及的首都之后，阿蒙也一跃而成主宰宇宙的大神，尊贵无比。这种对于阿蒙的崇拜一直传到希腊，以至于马其顿的亚历山大大帝还率军深入埃及腹地，去请示阿蒙的神启。

使埃及宗教产生了本质上的变化，更把埃及人原有的视动物为神灵化身的教义进行了篡改——现在，动物的高贵神性被抹杀，而成为了神的面具。让我们觉得神灵是喜欢公羊这种动物的，但也仅此而已。总之，人们再也不用发愁向阿蒙祭祀的时候要用什么动物了，合适的祭品已经找到：一只健壮的，长着美丽弯角的公羊。公羊就这样从神灵本身变成了神灵的牺牲，但通过这种修正，动物的神性被大大消减，不但可以用于祭神，也可以祭人的五脏庙了。

二 被爱的和被杀害的

但对于动物的爱已深深地植入了民族情感，这是无法改变的。就这样，埃及人在矛盾中生活着：在祭神的日子里，他们一边大口吞咽裹着蜂蜜和橄榄油的烤牛肉，一边深深自责，流下伤心的眼泪。当希罗多德风尘仆仆地来到这片土地时，他敏锐地感受到了埃及宗教中的自相矛盾之处。在现实世界这种奇异的分野表现得更为强烈：同样是鳄鱼，一些人对它顶礼膜拜；而另一些人竟将之视为害兽而大肆捕杀。

底比斯及莫伊利湖周围的人们格外尊敬鳄鱼，它被认为是索贝克神的圣兽，掌管着雄性的生殖力。老百姓把鳄鱼当成宠物，家家都训养一条。鳄鱼迷们把玻璃或黄金的耳环戴在鳄鱼的耳朵上，在它的前爪上套上闪闪发光的金属镯子。被打扮得像贵妇人一样的鳄鱼每天都用活鸭子喂养（埃及不产鸡）。这些鳄鱼活着时高贵，死了也值钱：它们的尸体会被制成价格高昂的木乃伊，并埋在专门的圣墓中。如今考古学家们已经发现了数以千计的鳄鱼木乃伊，这些精心包裹、保存

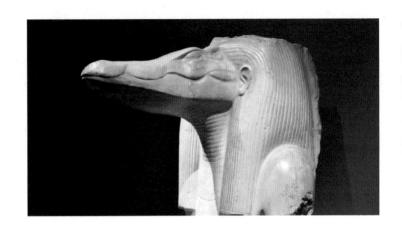

鳄鱼神索贝克
古埃及新王国时期
(作者摄)

　　据说崇拜鳄鱼神可以增强男性的生殖能力，索贝克（Sobek）的意思就是"可生育的人"。可想而知这使鳄鱼成为了多么讨喜的神灵，为了生孩子，家家户户都养起了鳄鱼。而活的鳄鱼常常被当作隆重的国礼赠送给异邦的国王。事实上，鳄鱼的神性在各种早期文化中被普遍认同，在南亚的婆罗洲，达雅克人逮到鳄鱼之后，还尊敬地称它为"老爷爷"；而印度尼西亚的卡扬人捉住鳄鱼后也不敢将其杀死，只能任其死去。

完好的木乃伊在现代人的眼里如同一个吓人的毛绒玩具。

但埃列庞提涅市的市民看到这位大神时却在吞咽着口水，他们喜欢用"红烧"和"熬汤"两种方式供养它。希罗多德兴致盎然地记述了人们捕捉鳄鱼的巧妙方法：把一块美味的猪里脊穿上钩，并让这块肉飘在河面上。与此同时，猎人会在岸上狠命打一头小猪。猪的嚎叫引来了鳄鱼，一等它吞下带钩的肉，岸上的人就拼命拉绳子，把鳄鱼拉到岸上，猎人再迅速冲上去用泥巴糊住鳄鱼的双眼。

三 穷人吃肉 富人玩耍

同样的命运也降临在河马的身上。

这种形体巨大、性格温和的野兽曾经大量生活在尼罗河中。由于它行动迟缓又长着大肚子，埃及人把它和怀孕的女性联系起来，并塑造出一个女性的神灵塔沃里特（Taweret），让她专门护佑怀孕的妈妈和小宝宝。但形象可爱的河马实际上是极为危险的动物，它们力大无穷，强大的咬合力和粗长的獠牙可以瞬间置鳄鱼于死地。河马的可爱和凶猛并没有使它拥有免罪的护身符。根据文献记载，埃及第一个伟大的法老：统一上、下埃及的纳尔迈就是在猎河马的过程中被河马所杀的，这位勇敢的战士竟殒命于河马之口，证明了这项活动的危险性。但人们对肉食的欲望胜过了一切信仰和恐惧，为了糊口，从古王国时期一直到成为罗马的行省，埃及人从未停止过对河马的捕杀。这些屠杀已经成为尼罗河畔标志性的风景。如今大肚子的河马神已伤心地离开了这个国度，在尼罗河流经埃及的那一段，再也没有了河马的踪迹。

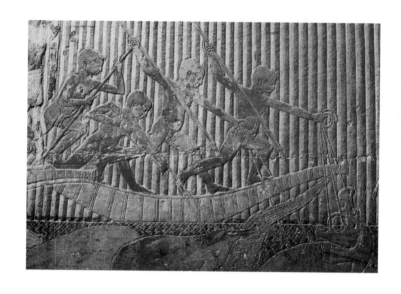

猎河马 官员"泰"墓冢的浮雕
萨卡拉出土 古王国时期
（作者 摄）

从这幅 4500 多年前的作品中可以看到，埃及人在大自然中猎取野兽时生机勃勃的景象：男人摆出激烈战斗的姿势，如同投掷三叉戟的海神雕塑一般优美。紧绷的绳索和强壮的胳膊似乎蕴藏着巨大的张力，就连那如同墙壁般、密不透风的纸莎草丛，都赋予了画面一种紧张感。艺术家在纸莎草、捆绑小船的绳索和扬起的投枪组成的纷乱的下坠直线中，画了一条不十分清晰的水平线，由此将画面分割为两个世界，水面上人类为生存而战；而那未知的水下世界，动物神灵们也在做着自己的抗争。

对所有事物充满好奇的希罗多德向人们描述了河马的样子，但他似乎没有看过猎河马的场景。在一幅古王国时期官员的墓室壁画上，我们欣喜地看到了古人狩猎河马的样子：在犹如青纱帐般的纸莎草丛中，四个深赭色皮肤的矮壮汉子赤裸着身体、站在一艘小船上，正在投入一项紧张的战斗。

站在船头的两个人用左手抓着绳索，绳索的另一端在河马的大嘴里，显然他们使用了和猎鳄鱼类似的方法，即先用诱饵钓住了河马，然后收紧带钩的绳索，迫使河马被带到水面。这头力大无穷的巨兽看见那些猎手，愤怒地嚎叫着，想要冲上去攻击他们，或是去撞击摇摇欲坠的小船。但在船尾，艄公灵巧地调整着舵，控制着小船避免和河马的正面冲突。与此同时，猎手们扬起了手中的矛（希罗多德告诉我们这些矛的手柄正是用干燥后的河马皮制作的），矛头可能是燧石，也可能是青铜。虽然河马皮坚肉厚，但借助尖锐的枪矛，猎手们强大的臂力仍然可以刺穿它们。在两个扬起矛的战士身后，一个人俯下身体，一只手把力地扯着水中的河马，另一只手把绳索一圈一圈地缠在肩上，通过这艰苦的角力，将试图逃跑的河马一点点地带离深水区。有意思的是，即使在描绘紧张的战斗，古埃及艺术家仍然是这个世界最冷静的观察者，他们仿佛要为自己的行为辩护：我们不是这个世界唯一的杀戮者，自然界的杀戮每时每刻都在进行。即使没有人类的介入，河马也会陷入和鳄鱼的恶斗之中，难分胜负。

古埃及的猎人就这样通过艰苦卓绝的战斗向滋养他们的尼罗河讨要肉食，一晃已经过去了两千多年，尼罗河还是老样子——但它已是罗马人的尼罗河。在一幅古罗马别墅里的壁画上可以看到，这条美丽的大河变得越来越热闹了，新事物正打破数千年的一成不变：埃及人简陋、优雅的小舟已经被异族的船取代，这豪华的大船配有精致的船舱，

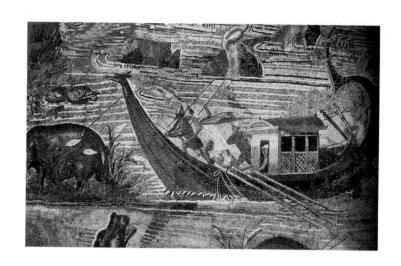

猎河马 马赛克镶嵌画
意大利南部 古罗马帝国时期
（作者摄）

埃及文化对于任何时代的人来说都是极富魅力的，罗马人更是如醉如痴，他们的努力使垂垂老矣的埃及文化重获新生。在这幅作品中，我们看到埃及和意大利南部有着地理和气候的相似性，这使得古罗马人更为认同埃及的风物，艺术家在异国情调的画面中添加了身着罗马服装的猎人，让人产生一种时空穿梭的错觉。

船头高高地翘着，上面雕着兽头。矮小的裸体猎人不见了，几个带着头盔、披着披风的高大猎人站在船头，正举起矛掷向对面的河马。唯有这河马和掷矛的姿势和几千年前一模一样。河马悠闲地站在河中的滩涂上，身上插着一支矛，远处野鸭在戏水，莲花和百合在夕阳中摇曳。这真的是在猎河马吗？我们宁愿相信这是一位罗马艺术家做的一场关于埃及的绮丽幻梦。

和穷人猎河马的粗犷不同，关于狩猎，贵族的玩法更具风情。虽然新王国时期的人们仍然相信灵魂可以不朽，肉体能够重生，但他们已然知道那都是凡人不能掌控之事，人类唯一能够做主的只有自己的生活。法老的谷物和牲畜登记员内巴蒙就是这样一位享受生活的人，白天他勤谨地工作，清点着粮食和牧群，认真地听取牧人们的申诉和抱怨，并提出合理的解决方案；而夜幕降临之时，他就换上洁净华美的衣衫，头顶香烛，和贵妇们一起观看裸体舞女们翩翩起舞。

但这纸醉金迷的生活不能阻止这位男子汉投身自然母亲的怀抱，在一个晴朗的春日，内巴蒙乘着小船奔赴猎场。和那些赤膊流汗的猎人不同，这位官员可是盛装出猎：颈项上围着青金石的璎珞，手上戴着手镯，肩上披着睡莲，有如一位王子。草丛中有一大群杂色水禽，一只鹭鸟正把它的巢安置在纸莎草丛的顶部，巢中有四枚蛋，亚麻色的鸀和海蓝色的野鸭在草丛中戏耍，绚烂的羽毛犹如宝石闪烁。但它们对这个盛装的猎手全然不知，纷纷落网，猎人斩获颇丰，他的右手紧紧攥着他的战利品——三只白鹭。

有趣的是，内巴蒙的助手并不是他的妻女，而是一只大花猫，这只神勇的猫儿昂首咬住一个正欲飞翔的野鸭，前爪和后爪各摁住一只水鸟。这些细节都是在说明一个在埃及趋于成熟的自然观：无论是对于人还是动物，"杀戮"都是生命中不可或缺的一环，"死"和"生"

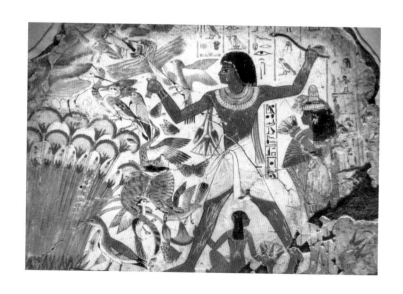

内巴蒙猎禽图（局部） 墓室壁画
新王国时期

（卢卡·莫扎蒂. 伦敦——大英博物馆［M］. 应倩倩, 译. 南京: 译林出版社, 2006）

　　内巴蒙并不孤独，在他伟岸的身后，娇小俏丽的妻子身着金黄色的纱织裙袍，手捧大束蓝色的莲花，头顶着香烛（它的作用相当于女士们的香水），正凝神注视着他亲爱的丈夫。在这位猎人的双腿之间，一个小女孩正惬意地蹲坐着，长发编成辫子被拢到一边，这是贵族孩子专用的发式。她一手挽着爸爸的腿，另一只手伸到河里去采摘莲花，对她来说，花朵显然比猎物有意思多啦！

一样是大自然生生不息的保证。

因此，合理而节制的狩猎，是没有罪恶的。因此，内巴蒙授意画师堂堂正正地表现那充满浪漫主义的狩猎场面，坦然接受奥西里斯团队的检阅。从古王国时的歉疚到新王国时的坦然，埃及人的自然观已然迈进了一大步。

四 王者之猎

如果你以为在埃及只有官僚和百姓辛苦地逐鹿于荒原之上，一国之君却龟缩在他的后花园里吟诗饮酒，这岂不荒谬？法老作为帝国内最有威望的男人，在狩猎这种可以充分张扬男子气概的事情上，他更是要出尽风头才会罢休。在一片公元前3100年的石雕调色板上，雕刻家用不太熟练的技巧将王者狩猎的场景记录下来，这是对"国王狩猎"最早的记录。

这组5000年前的狩猎队伍由19个男人组成，他们全副武装，分成两列向前推进。他们的装束几乎一模一样：全身只在腰间围着一条短裙，短裙上系着狼牙棒，手里拿着各式武器，头上戴着羊角形的头饰并留着山羊胡子，他们可能都来自一个以山羊为图腾的氏族。石板的出土地点是离底比斯不太远的阿玛纳，这更是让人联想起后来在底比斯盛行的对公羊神阿蒙的崇拜。

我们几乎可以确定这场盛大围猎的所有细节，在两队猎手的中间，有三只山羊、一头鹿、一只野兔和一只鸵鸟。这些动物被猎手包围，它们筋疲力尽、伺机突围。三只瘦小精干的猎犬被放了出来，它们前后奔忙，十分尽责地驱赶着猎物使其不能逃逸，也使猎物的包围圈更加紧凑。一个猎人跨着大步，尽力向前抛出一个套索，套住了奔跑着的山羊双角。他们并没有当场猎杀这些动物，应该是准备把山羊和鹿捉回去驯养。

但这些精彩的描述只为了烘托那个最惊人的场景：一头鬃毛散乱、龇牙咧嘴的巨大雄狮盘踞在画面最显眼的位置，由于此时艺术家的内心还没有"动物即神灵"的概念，他只是怀着单纯的敬畏之心描画出这头让他为之战栗的猛兽。但在我看来，这头并不漂亮的狮子却胜过了其后岁月中，埃及人创作的那些平滑漂亮但野性全无的狮子。而此时，雄狮头部已中了两箭，死亡的黑暗蒙住了它的双眼，它狂怒地伸出长长的前臂，轻而易举地把眼前的人如同朽木般掀倒在地。

猎人被打倒在地，四脚朝天，一副狼狈样。这位敢于和狮子近身搏斗的人虽然戴着和其他人一模一样的头饰，但他显然是这个部落里的酋长，也是最早的法老。他手上持弓，可以猜测狮子头部的两箭是由他射出，近身搏斗可以确保正中要害。在画面的末端，还有一只头中五箭的狮子在艰难地逃遁，但几乎毫无希望。

说到这里，作为一个上古文化的解读者，我们很有必要思考这场斗争的性质：由于和狮子搏斗异常危险，人们常常需要通过设置陷阱或伏击的方式才能完成，但是猎手们放弃了安全的捕猎手段，在没有铠甲只有矛和箭的情况下置身险地，这不禁让人怀疑：如果仅仅是为了捕食，为何这样大费周章？因此这有可能是酋长策划的一场大冒险，他希望彰显自己的勇力和威仪，以震慑那些野心勃勃的篡位者和邻近的部族。

不管是出于什么目的，这位酋长做出了一个榜样，要想统治万民，没有点拼命三郎的劲头是不行的。这是统治哲学，后来的统治者深谙其道。在其后的岁月里，埃及的法老们会定时出猎，并不忘将这些事迹刻碑勒石。久而久之，他们发现是否出猎其实并不太重要，关键是有没有记录下来，那些永恒的画面会产生强大的魔力，将法老定格在某个辉煌的瞬间，使那个并不出奇的日子熠熠夺目。

我们无法获知法老们行猎的具体信息，这些事件不管真实与否，都早已湮没在墓室里，在法老们那些几乎一模一样的手势和眼神之中。有意思的是，被贵族和法老雇来的艺术家也深知其中的把戏，他们懒得给这些大腹便便的老爷们脸上贴金，画面中的动物四处逃窜、急速飞驰，似乎要跑出画面，但是法老却依然胶着在画面中，他那华丽的车轮丝毫未滚动，让画外人也为他着急。虽然法老急欲扬名，但画者却出卖了真相。

但不管怎样，新王国十八、十九王朝期间的确出现了许多善于狩猎的法老。阿蒙霍特普三世，一个政治上无所建树、终身受制于祭司的法老，只能在狩猎中发泄自己的愤懑，据说在他十年的打猎生涯中勇猛地杀死了 200 头野牛和狮子，成为古埃及法老中战绩最为辉煌的猎手。年少夭折的法老图坦卡蒙也是一个狩猎爱好者，在他的陵寝中，我们可以看到许多狩猎题材的生活用品，但他到底战绩如何？无从得知，只知道最后他从马上摔下来，由于腿部感染得了败血症而死。因为骑马打猎是新王朝贵族青年的常规体育项目，我们猜测这起堕马事件多半是因为国王酷爱骑猎所致。

图坦卡蒙的继任者是他的外公：赛蒂一世。这位骁勇冷酷的老军人视打猎为花花公子的时髦玩意儿，不屑一顾。但文献记载他也曾单手执矛杀死过一头狮子。别小看这份战绩，如果不含水分，单手持矛猎狮的难度要远远大于阿蒙霍特普三世那不辨真假的 200 头野兽，比起在战车上远远地向狮子射箭，单手持矛和猛兽近搏，后世的国王中

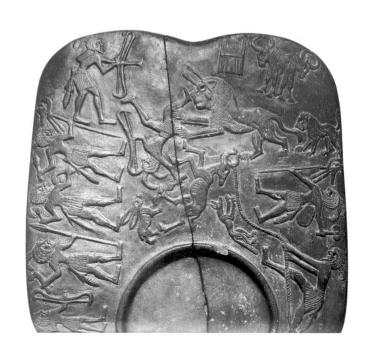

国王狩猎纹调色板

阿玛纳出土 古王国早期 巴黎卢浮宫藏

（卢卡·莫扎蒂.伦敦——大英博物馆 [M].应倩倩,译.南京:译林出版社,2006）

这块制作精美的调色板有可能是在宗教仪式上用来为神像涂饰色彩的,并在祭祀结束之后存放在神庙里,作为献给神的礼物,因此奉献礼物的人会把他认为最辉煌的战迹记述在圣物上,以此来获取神灵的嘉奖,也使自己名垂千古。与之年代相近,但名气更大的还有一块纳尔迈调色板,是一块标准的盾形石板,雕刻家以精湛的技艺记录了伟大的法老纳尔迈在战争中的胜利。

也就新亚述的亚述巴尼拔可以匹敌。他的儿子，埃及历史中最有名气的拉美西斯二世也是狩猎的好手，但由于这位伟大的君王一生经历太多征战，单纯的打猎已经挤不进他的赫赫战功了。

接下来要着重介绍的是位名气虽不大，却也战功赫赫的法老——拉美西斯三世。他是新王国最后一个常年征战的法老，这位成功拒敌于海上，最后却殒身于宫廷内乱的军事家在帝王谷中央区拥有一个极大的陵寝，昭示着他生前的显赫。除此之外，在位于哈布城的拉美西斯三世陵庙浮雕上，新王国的艺术家以一种纤毫毕现的风格生动地描绘了国王的行猎。

和以往程式化的浮雕不同，艺术家越来越热衷于对情境的表达：他们描绘了一片广袤的滩涂，这是法老圈定的猎场，太阳如浓血般的余晖抛洒在茂盛的芦苇丛中。此时秋高气爽，微风吹拂着尼罗河岸的水生植物，那些个纸莎草啊、芦苇啊在风中东摇西摆。但在长草倒伏的刹那，我们看到几个蜷缩的黑影，流着血，发出沉闷的哀鸣，和这美丽的风景产生极大的冲突——那是两头巨大的野牛，肩宽腰细，弯角上翘，和我们现在看到的西班牙斗牛十分相像，它们正是这些斗牛的北非先祖——这些彪悍的野兽的身上插着几根羽箭，那是英勇法老的杰作。法老策马冲向一只最强壮的黑牛，它十分迅捷，躲过了法老的弓矢，毫发无伤地钻入了最深的草丛。

虽然草丛可以掩盖踪影，但也阻碍了它前行。纠缠的草根绊住了

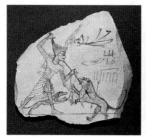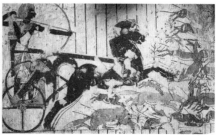

（左）法老猎狮 墓室壁画草图　　　　　　（右）法老狩猎 墓室壁画
　　（作者摹绘古代壁画）　　　　　　　　　　（作者摄）

　　统治者急于为自己扬名，在古代往往需借助大规模的狩猎活动，而近代则喜欢在城市中心竖立纪念碑，这些手段都是统治艺术的一部分。描述这些狩猎场景是古代最高等级的艺术形式，也往往由那个时代技艺最高超的艺术家来完成。但即使如此，艺术家在表现那些自己从未见过的事物时难免会有些胆怯。右图表现了许多种动物，艺术家企图以此掩盖画得并不出色的法老，他的动作僵硬，站在一辆静止的战车上。左图是艺术家在画正稿之前的草稿，现存于美国大都会博物馆。法老拿着一根弯弯曲曲的矛，戳穿了狮子的喉咙，那头狮子正跃起来扑向法老，一只细腰的猎犬正帮助他捕猎狮子。虽然这画面分外灵动，但仍然是一幅想象的场景，法老没有盔甲的保护，武器也并不合理：长矛一般会在马上和战车上使用，古代人徒步杀狮一般使用匕首和短剑。

公牛的双蹄，它重重地跪倒在草地里，这正是它的死地。这时法老扬起了长矛，如果法老是个身高一米七的男子，这支矛至少是他身长的两倍。挥舞这样一根长矛真不是一件容易的事，但法老岂是凡人？他就这样轻轻松松地把它刺进了公牛的身体，显得那么的轻松和怡然。在这里，古埃及那些不太严谨的画家给后世的解读者出了许多难题，并使国王出猎这个事件变得更加云遮雾罩。

即使如此，这也是记录法老狩猎最为写实的作品了。身材瘦高的法老站在马车上，一手握紧缰绳，一手高举长矛，没有盔甲和盾牌，也没有驭手和助手，甚至连一只助阵的猎狗都没有，在后世即使是以勇敢著称的亚述王也无法做到这样，这位孤胆英雄就以这种方式向他的前辈们致敬。

六 斗兽的起源

此时你可能会发问：这些不都是打猎吗？说好的斗兽在哪里呢？

是的，但打猎正是一切斗兽习俗的源头，当有一天打猎不再是为了填饱肚子，而仅仅是为了娱乐——不仅娱乐自己，甚至还娱乐别人，我们就要把它称为斗兽活动了。这些古人类的斗兽行为，虽然形形色色，其源头倒并不复杂：除了之前详述的狩猎，另一个就是祭祀了。而且，祭祀的血缘显然和斗兽更为亲近，虽然古埃及宗教一直标榜对动物友善，但不可否认的是，那后世盛行的血腥游戏恰恰就来源于这性情温和的宗教。

现在我们就来看看，血腥的斗兽游戏是如何从原本神圣的祭祀仪

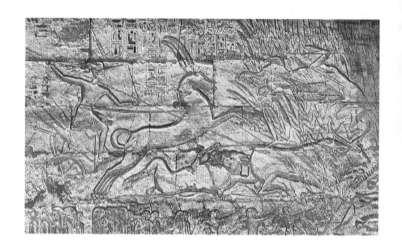

拉美西斯三世猎野牛
哈布城 新王国晚期
(作者摄)

这幅壁画上刻划了一些写实元素，比如水边植物揭示行猎环境是水边的滩涂，公牛掩映在长草之中也很有场景感。细节显示这可能是一场真实的行猎并为画家所目睹，同时细节拉近了观者和事件的距离。

式中演化过来的。

　　自从埃及的祭司们认可了动物可能是神灵的化身，而不是神本身之后，动物祭祀就被认为是一种合理的行为，对于什么是应当杀了献给神的动物，一向特立独行的埃及人倒是和别的民族颇为一致，大家都选中了倒霉的牛。首先聪明又漂亮的牛是世界上所有民族公认的，对人类最有用的动物，除此之外，牛还有一个"优点"：不知是因为视死如归还是逆来顺受，它引颈就戮的时候总是哼都不哼一声，这让屠夫们心中轻松，少了些负罪感。在古代牛还是货币，是衡量事物价值的标准，在埃及尤其如此，无论是老百姓还是法老都很在乎他们的牛，尤其是法老，每天都要命令官员清点牛的存栏数，把拥有的财富每天数一遍是法老最大的爱好。但在向神祭祀的时候是不能抠门的，再贵的东西也要舍得。

　　这头最好的牛就这样从牛栏里被牵了出来，它的身上没有一根杂毛。如果是健康合格的牛，祭司就会把纸草卷到它的角上作为标记，并把自己的封印盖在上面，如果是一头不合格的牛被拉去作了牺牲，当事人会被判处死刑。为何要研究祭祀的过程呢？这是因为，我们在这个过程中看到了那最早的，关于"斗兽"的影子。在萨拉卡发掘的伊都特公主的墓穴中，我们不止一次地看到了献祭时杀牛的场景，令人着迷。

　　言归正传，现在祭坛的火已经点着，祭司也做好了念经的准备，在一片赞叹声中，那头角上盖着封印的牛被牵了出来，屠夫领着两个乳臭未干的徒弟也来了，围观的人们一阵推搡，场子变得大了一些，是动手的时候了。

　　杀牛之前，屠夫先绑住牛的后腿，然后将牛推倒在地，如果是位艺高人胆大的屠夫，这时就可以下手了，但如果技术不太过硬，这时

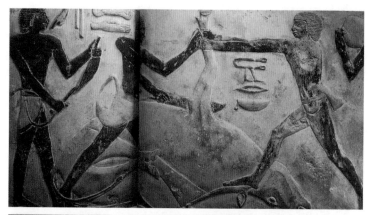

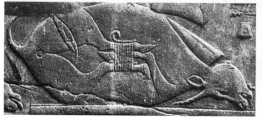

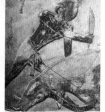

（上）割牛前腿

（卢卡·莫扎蒂.伦敦——大英博物馆〔M〕.应倩倩,译.南京：译林出版社,2006）

（下左）被杀死的牛

（作者 摄）

（下右）剥牛皮

（作者 摄）

这一组生动的着色浮雕源于埃及的古迹萨卡拉，这里有着大量专门为贵族修建的石室坟墓，其中最著名的是古王国时期第五、第六王朝贵族的墓葬。在伊都特公主墓室发现的这组壁画极为特别，它表现了祭祀活动中最刺激的一个过程，观看者仿佛身临其境，制作浮雕的艺术家通过一些细节提示观众：如果画面上，牛的舌头是吐出来的，那就说明杀牛已经死了。对于围观者来说，这硕大的公牛犹如神灵般俊美强壮，却被屠夫杀死于须臾之间，世间悲戚之事大概莫过于此。为此他们痛苦哀嚎，一边致敬这伟大雄牛的自我牺牲，一边暗暗吃惊自己竟会着迷于屠戮生命的可怕瞬间。就是这样，埃及人的灵魂深处一半是战士，而另一半是屠夫——且不去评判他们的这种心理是否合乎道德伦理，但正是这种嗜血的原动力，驱使着后世一切斗兽活动的产生。

还要把牛的右前腿一起绑在后腿上，只剩一只蹄子可以活动。祭司把椰枣酒洒在祭坛上，顿时火光冲天，这时祭司用尖锐的嗓音开始呼唤神的名字，屠夫操起一把磨好的铜刀，顺着牛的喉咙割下去，鲜血喷涌，牛就魂飞天外了。

牛死了，翻着白眼。现场一片死寂，连最顽皮的小孩都忘了说话和打闹。屠夫松了口气，在围观者崇拜的目光中，他退到一边，拿起系在腰上的磨刀石，霍霍地磨着手中的刀，一边监视着助手的行为。这时两位小伙跃步上前，其中一人几乎裸体，他急不可待地踩住牛的弯角，用两只手扶住牛蹄，那郑重的神情就好像牛还没死一样，这让观者忍不住觉得好笑。另一个人用手稳稳地攥着牛蹄，拿一把比杀牛刀还要大的刀，割下那只牛的左前腿，然后把它埋在具有防腐功效的粉末中。

古埃及人持有一种神秘的理论，他们认为左前腿是牛身上最好的部位，是牛这个物种最为重要的力量来源。虽然这块肉远不及西餐厅里的"菲力牛排"好吃，但这并不重要，因为这坚韧的前腿肉是留给牙口好的神仙们受用的。和牛前腿相比，牛头被视为汇聚诸恶的部位，在割牛头时，通过祭司念的咒语，将所有参加祭祀的人可能会出现的灾祸都转移到牛头上。但敏锐的观察家希罗多德提醒道：务实的埃及人也不会浪费这个牛头，他们会提着它到集市上去卖给在那儿做生意的希腊人，他们不信这个邪，如果那天没有希腊人，他们才会把牛头扔到河里，让河水带走那些罪恶。这一理念适用于各种用于献祭的动物，因此在埃及，所有动物的头都是不能吃的。

在割下前腿和牛头后，人们要剥下实用的牛皮。等这些最重要的事情都做完之后，围观的人们还要祈求神灵保佑来年风调雨顺。但是所有的一切都没有最后一个环节更让人热情高涨：那就是分食。大家先把牛肚子里的东西扒出来，只留内脏和脂肪。再割下牛腿、臀部和肩部，这些肉质坚实的部分可以用于制作腌肉。接下来的做法就像欧洲人烤火鸡一样，埃及人兴致勃勃地把他们认为最好吃的东西：面包、蜂蜜、葡萄干、无花果等统统都装进牛肚子里，用火烧烤这头牛，并浇上大量的橄榄油。在烤这头牛时，人们一边捶胸哀悼，一边默默地咽着口水，吃这顿大餐前他们已经断食多天！牛肉烤好了，宴会开始，集体狼吞虎咽。需要说明的是，埃及人宰杀献祭的都是雄牛和牛犊，母牛则可以幸免，因为它们是美丽仁慈的女神伊西斯的圣兽。

人们酒足饭饱，已是夜色阑珊，白天杀牛时的血腥记忆，已被充盈胃部的美食所抵消，人们恢复了内心的平静。当围观者三三两两踏往回家的路上时，他们不知道，这种对血腥和暴力的向往已经像程序一样写入了他们的 DNA，会像病毒那样一代代复制和传播下去。

猎狮者的传说

第三章

他们吼叫如同母狮，咆哮如同少壮雄狮。

——《圣经·旧约》

当埃及的法老们驾着轻型战车在旷野上追逐猛兽，扬起阵阵尘土时，他们新奇的装束、潇洒的英姿立刻在地中海世界掀起了一阵模仿的狂潮，但埃及人没有想到的是，对这时髦玩意儿中毒最深的，竟然是一个看似最不解风情的民族——居住在底格里斯河上游偏远地带的亚述人。他们是一群彪悍的山民，线条分明的脸上写着坚毅和冷酷。对于这个有点吓人的邻居，富于文采的犹太史学家是这样描述的："他们必急速奔来。其中没有疲倦的、跌跌的，没有打盹的、睡觉的，腰带紧绷、鞋带整齐，他们的箭快而锋利，弓也上了弦，马蹄如坚石，车轮像旋风。他们吼叫着，如同母狮，咆哮如同少壮雄狮。他们疯狂扑食，猎物无人能够救回。"这段文字出自于犹太民族的典籍《圣经·旧约》，由于《圣经》的影响深远，抑或这"行军图"太有画面感，竟让亚述人在世界文明中留下了持久的恶名，这无论是犹太人还是亚述人都没有想到的。

很久以来，在两河流域这个群雄辈出的地方，亚述人只是一个不起眼的小民族，但他们并非池中之物。到了公元前 7 世纪，亚述人雄起了——蓄须高冠的国王们南征北战，横扫中亚，所过之处城垣灰飞烟灭。亚述帝国终于迎来了迟到的春天，但这个春天是辉煌的。在波斯人创立更大的帝国之前，亚述人曾创造了地中海世界最大的国家。

后人往往简单地认为亚述人的成功依靠的是他们的胳膊比别人粗，命比别人硬。殊不知他们并不只是粗莽的武夫，同时还是精于算计的心理学专家。当别的民族声泪俱下地控诉他们的罪恶时，却没有猜到这其实是亚述统治者高超的统治艺术。换句话来说：亚述人的残暴，有一部分是"装"出来的。

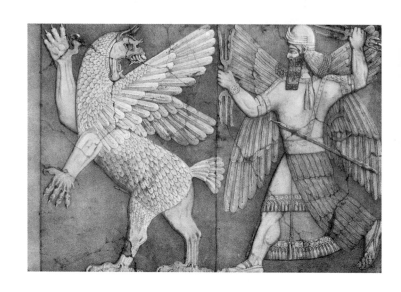

天神猎狮　雪花石膏雕刻
（作者摄）

　　在古代亚述，国王的行为被认为是对天神的模仿，这件宫殿浮雕展示了一个不知名的亚述神灵，他可能就是亚述王国的守护神——阿淑尔。除了身生四翼，手持双头三叉戟，他和国王的装束十分相似。和他战斗的神兽是狮子与鹰的结合体。虽然亚述人是一个善战的民族，但表现神灵战斗的画面却不多。

亚述人自诩为地球上最可怕的战士，他们认为让自己显得吓人，打仗和统治就会容易一些。对于失败者的处理充分体现了他们的这种战争哲学：坚决抵抗的敌军会被活活悬刺在尖桩上，排成死者之林；尸体砌入城墙（难怪他们的城墙有 20 米厚），他们还喜欢把头颅堆积成山，在战败者的国度上撒上荆棘的种子和盐，使其彻底地荒芜。从一个著名的浮雕上甚至可以看到，在御花园这样优美静谧的地方，竟然悬挂着敌酋腐败发臭的首级。

　　但有一种东西在死者的白骨下霍霍生长，如野草、如烈火，那就是敌人的仇恨。

　　反叛四起。忙于平叛的亚述人终于明白，即使是惨烈的死亡艺术也无法让战败的敌人长久臣服。必须在被压迫民族的心中种下忠诚的种子，让他们心甘情愿，而不是被迫地做亚述国的臣民。为了达到这一目标，亚述的国王们全副武装，早早地出发了。他们要到那炙热的平原上猎狮，并学习埃及人的套路，将神灵和父辈曾经做过的事情发扬光大，再找最好的雕刻师把这事迹镌刻在质地纯净的雪花石膏上，最后，把这些珍贵的石板嵌上宫墙。当各国的使臣来朝时，无论是已经臣服的还是即将臣服的，都要经过这些嵌着石板的长长宫墙，一步一个脚印地感受国王猎狮那激动人心的历程，殷勤的侍从会在旁指点那些最为重要的情节。当他们最终见到国王时，是否在仇恨和畏惧之外，多了一些崇敬？当使臣回到了故乡，猎狮的传说也会随之流传开来。

　　经历过长久的锤炼，"国王猎狮"已变成了一系列复杂事物的综合体，并上升为一种高贵华美的艺术。它远超狩猎和游戏的范畴，而具有深远的政治意义和哲学意义。亚述王国毁灭久矣，早在亚历山大东征时期，亚述人历经几个世纪营建的大城已经覆盖在黄土之下，但在厚重的尘土里，那石板上的"猎狮"图历久弥新，超越爱与仇恨而永存。

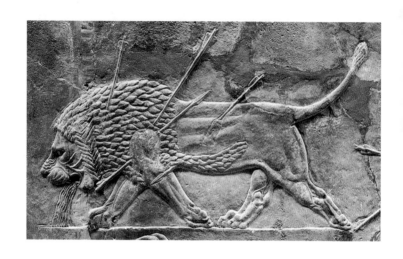

中箭的雄狮　雪花石膏雕刻
出自尼尼微北宫　时间不详
（于殿利．巴比伦与亚述文明［M］．北京：北京师范大学出版社，2015）

　　生活在底格里斯河流域的狮子具有强大的生命力，这头雄狮身中四箭，口吐鲜血，仍然坚强前行。其中一箭在头上，一箭在腹部，两箭在肩部。这些细节显示了亚述人对于血腥事物的热爱，他们饶有兴趣地表现了箭穿狮身的细节，使画面倍加真实。肩部中箭的方向和其他处的方向是相反的，有可能由国王的助手射出。

当我们登上底格里斯河上游的荒原，放眼望去，但见黄沙漫漫风萧索，零碎矮小的植物点缀着这萧瑟荒凉的背景。很难想象两千多年前，这里曾经芳草萋萋、动物成群。在这儿栖息游荡的众多动物中，狮子最为凶猛可怕，它们是亚洲狮子的古代亚种之一，长着长鬃利爪、前肢短小、身材颀长，比非洲狮略小但更凶猛。它们一度数量众多，常常成群结队地漫游于水草丰美的河谷地带，捕猎羚羊和水牛。

亚述民族的先祖是一群强悍的牧民，成日赶着瘦小的山羊和牛群，往来于这片土地，饥饿的狮子不仅夺取落单的牛羊，甚至扑杀牧人，对牧民们的生存和生活造成极大的威胁。愤怒的亚述牧民如果逮住了这些狮子，常把它们当成罪犯，钉死在十字架上，立在路边，任其腐败。他们的氏族首领，这群有资格住在帐篷里的人（"国王"之意为"住在帐篷里的人"）向来被认为是最强有力的，他们的使命不仅是带领人民征战，同时也包括组织大型的猎狮活动，为民除害。这种远古遗风即使到了新亚述帝国最强盛的时期，也依然盛行。

其实在古代历史中，世界上各个民族都存在着通过行猎来宣扬王室威仪的习俗。但是为了国王的安全，大多数国家的行猎只是装装样子：扈从把已经被射了许多箭、半死不活的动物赶到国王的面前，由国王补上最后一刀。然后大家齐声叫好，班师回朝。对于居于深宫的统治者来说，行猎就好像小孩子的春游，充满了诱惑力，往往会带上大批嫔妃、随从、食物和乐队，喜气洋洋地开往皇家猎场。

对于这样自欺欺人的狩猎，强大的亚述王是不齿的，他们喜欢身先士卒、亲力亲为。在亚述盛期，国王行猎的流程是这样的：先让人

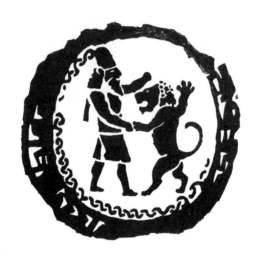

"王室之印"的封泥

出自尼尼微 约公元前 715 年

（作者摹绘古代封泥图案）

　　这枚封泥刻画了一位亚述国王，头戴垂有缨穗的王冠，身着短裙，正与一头猛狮搏斗，他一手攥着狮鬃，一手握着匕首刺入狮子的胸膛，看起来胜券在握。封泥周围的铭文写着"萨尔贡取自 belpihati 官员的 ilku 贡赋"。印章精美的细节，精准的比例，都说明其为王室所有，它可能是王宫内行政用章的一种款式，也可以证明"猎狮"已经成为王室的 logo，变成了某种约定俗成的东西。

捕捉野生的狮子，养在笼子里。到行猎那天把狮子带到旷野上放掉。像提格拉·帕拉舍一世早先在野外直接狩猎的好年头已不复存在了。这样的做法可以避免在打猎时打不到足够的狮子，或者根本无狮可打。后世的亚历山大远征波斯时，就很渴望来一次真正的亚洲式猎狮，但运气不好，即使他横扫亚洲，也始终没有遇到一只野生的狮子。这件事也说明，很有可能在大帝东征的两百年前，中东地区的狮子就已绝迹，成为了这个帝国的随葬品。

三 胆怯的狮子

虽然亚述帝国早已烟消云散，但现代人想要看真正的亚述式猎狮，似乎也不是件太难的事情，至少比亚历山大大帝要容易得多呢！因为直至19世纪，考古学家们才从尼尼微城的废墟下发掘出那些刻有国王猎狮图案的石板。来吧，让我们一起拨开那厚厚的尘土，像梦中人般走进那宫墙上的石头板子，跟随不可一世的国王——亚述巴尼拔一起去猎狮！

在天刚蒙蒙亮时，行猎队伍就已经从王宫的后门出发了，在出发前可能还有一个小小的祭神仪式。王宫的后门有一条长长的走廊，走廊两边的墙壁上装饰着国王出猎的精彩浮雕，出猎的人们如果看到自己和那画中人一样做着相同的事，会觉得自己获得了某种不可思议的永恒。

国王永远是出猎队伍中最雄壮的风景，他戴着高帽，使他本来就很高的身材显得更高挑，英俊的面庞，长而浓密的胡须上抹着香膏、打着卷儿。他穿着精致的、长及脚踝的短袖羊毛长袍，虽然还贴身穿着铠甲，但是看起来并不臃肿。这长袍的重要性可能超乎现代人的想象，国王甚至在猎狮时都必需穿着它，而不像卫兵们身着的露出小腿的、轻便的袍子。但亚述国王不像娘娘腔的埃及法老那样戴着五光十色的珠宝璎珞，他们认为男人唯一的装饰就应当是他们粗壮的胳膊和那箍在胳膊上的黄金臂环（有时候是一个手镯），臂环上有时雕刻着一朵玫瑰，有时候是一条蛇，那是王室和神灵的象征，任何人不得僭越。国王庄重地登上装饰着青铜饰件的木头战车，驭手驾着四匹马，就这样像模像样地奔赴猎场了。

随员绝对没有女人，但奇怪的是男人也不多，最多的是太监。他们多才多艺，可以充当驭手、猎手、艺术家、书记官，甚至祭司。太监不是真正的男人，虽然他们忙得像陀螺，国王仍然可以自吹是他一个男人完成了狩猎的全部过程。亚述王的太监们可算是古代历史中出镜率最高的太监了，这些漂亮的人物，梳着光亮的长发卷，穿着精致的衣裳，养尊处优，皮肤光洁，不像战士那样蓄着卷曲的长髯。虽如此，他们仍是身强力壮、腿脚轻捷的武士，出猎时背着网，带着绳索。如果不是猎狮而是追捕鹿或者羚羊，他们还会牵着大型的猎犬，这些猎犬的后裔我们现在仍然可以在土耳其的乡村看到。猎犬们奔跑着、吠叫着，口角喷着泡沫，如同它们的主人般渴望一场血腥的屠杀，牛皮狗绳绷得像弓弦一般。开场仪式是粗野而喧闹的，空气中弥漫着雄性荷尔蒙的味道。

猎场在城外，步行一个时辰左右就到了，这是一片开阔的平地，不远处有一片稀疏的椰枣树林。现在太阳完全出来了，没有一丝风，正午的空气炙热而沉重。国王将在这里完成他的猎杀表演。狮子们将无处藏身、无处逃遁，因为卫士们会堵住出口，用长矛和短剑驱赶它们。

现在国王和卫士都准备好了，他们死死盯着那一个个椰枣木做的大狮子笼正被太监们费力地运到场地的边缘。

狮笼子打开的方式有点特别，它是向上拉起来的一道闸门，拉开的是一个小孩子，因为要站在笼子上才能完成这个工作，而成人的重量可能会压垮狮笼。这个灵敏的孩子必须在门一开的瞬间，很快地躲到狮笼上的一个小笼子里，并把自己关起来。这是专门设计的，以免他为疯狂的狮子所伤。

现在笼子被打开了，狮子们被放出来了。

大多时候，它们吼叫着，勇猛地冲向那个蓄意杀死它们的人——国王，拼个你死我活。这时总会有勇敢的侍从，他们冲到国王的前面，迅速排成战斗队形，并训练有素地高举着长盾牌以挡住狮子的攻击，国王在他们的掩护之下，安全而准确地完成射击工作。对于国王来说这项工作已让他身心俱疲，狮子们一个又一个地冲上来，就像接踵而来的烦心事，一箭还射不死。为此国王命令在他射箭时，让太监站在他身后演奏美妙的音乐，让这枯燥的公事有点乐趣。

但有时也会有意想不到的事出现。最后一只被放出来的狮子目睹了前几个同伴的惨烈下场，它吓尿了，决定不再自取灭亡。它发现只要不攻击那个不停射箭的家伙，就不会有生命危险。于是无论士兵们怎么敲响盾牌，它都趴在那里岿然不动。王者不杀手下败将，这只狮子已经认输，如果国王再将它射死不免有点胜之不武。

但冷场不会维持太久，它必须死。还是太监总管足智多谋，他命令一个级别不高的小太监上马，向狮子挥舞皮鞭以激怒它。这位内心崩溃的年轻人骑在马上，浑身发抖，汗水湿透了衣裳。而狮子呢，在他对面趴着，眯缝着眼睛，摇着尾巴。它似乎知道骑在马上的人是个打酱油的，不足为惧。狮子虽然没被激怒，但是国王却被激怒了！他

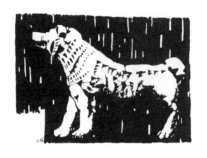

陶狗俑
出自尼尼微 约公元前 645 年
（作者摹绘古代浮雕）

根据仪典的规定，陶土狗俑必须十个为一组，每两个涂成同一种颜色，共五种颜色（白底红斑、红色、牙黄色、蓝绿色和黑色），这些颜色有着特殊的含义，与宗教仪式有着密切的关系。狗的身上刻着文字，比如"勿犹豫，咬！"等。这种狗正是国王出猎时所带的猎犬，在出猎时有可能会带上十只这样的狗，但是在猎狮时我们很少看到狗的身影，它们可能是用于猎取较小的动物。

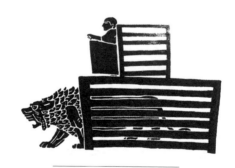

猛狮出笼 石膏浮雕
出自尼尼微 公元前 645—前 640 年
（作者摹绘古代浮雕）

这是亚述巴尼帕国王时代猎狮系列浮雕中的一幅。表现了雄狮出笼的那一刹那：狮子怒吼着，露着獠牙，竖着鬃毛，狮脸上满布着吓人的皱纹。它伸着头，带着急切的神色，显示出它很不适应被囚禁的生活。站在狮笼上方的孩子神色凝重，但也未显露出丝毫的惧怕。

快步上前，向太监示范到底什么叫"激怒"狮子，他从后面扯住狮子的尾巴，狠命一拉，尾巴几乎被扯断！这只本想逃命的狮子又惊又痛，像弹簧般跳起来，身子扭成了一团麻花，狮爪在空中胡乱挥舞（如果你养过猫，一定会对这个动作很熟悉）。

结局可想而知，国王完成了工作。他手起刀落，鲜血甚至没有一星儿沾染他的白袍。而胆小的狮子心不甘情不愿地走入了漆黑的地府。那位负责记录的雕塑家并没有表现国王是如何杀死这只狮子的，太多的类似画面已经让人视觉疲劳，而他创出了新意。他成功了，狮子的怯懦、太监的敷衍和国王的骁勇如同一幕滑稽剧，多少遮掩了这场屠杀的悲剧意味。

四 神灵闻见肉香

椰枣木的大笼子空了，日影稍微西斜。距离狮子被放出来，大约过了一个时辰。国王在两个太监的帮助下更衣，脱下了沾满灰尘的长袍，并洗干净手和脸，梳理了被弄乱的胡子。太监们仍然忙碌，有些人在搭灶生火，同时许多大物件从一辆大车中搬出来。显然在屠杀完成后，国王要照例举行某种仪式，但我们至今无法弄清这仪式的意义所在：是为了安抚狮子哀怨的灵魂，还是以屠杀取悦残忍的神灵？当然也可能都不是，也许只是简单地庆祝国王的胜利，并天真地认为这会是日后战事顺利的吉兆。

一个造型奇特的柱状青铜香炉被抬到了空地上，这香炉有一人高，顶部很像中国汉代的博山炉，炉子里焚烧着昂贵的乳香和没药。一个

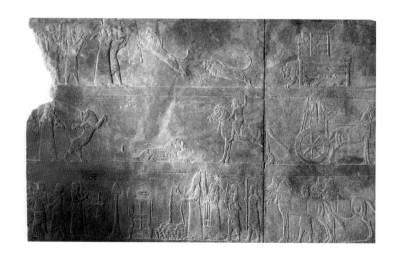

屠狮图 石膏浮雕
出自尼尼微 公元前 645—前 640 年
（上海博物馆提供）

这是亚述巴尼帕时代众多猎狮浮雕中的一幅。作品出奇地安静：没有纷乱的激战，也没有尸横遍野。狮子不大情愿地扑向国王，而国王在表演屠狮时，动作是那么地娴熟，神情淡定，似乎国王和画师都厌倦了这类有惊无险的表演，才会特意呈现这平静的一幕。

制作精美的木头祭桌也被抬了出来，放在烛台的旁边，木头是从黎巴嫩进口的香柏，桌子虽然看起来厚实，但实际上很轻便，还有淡淡的香味。在这个缺少树木的国度，这桌子也算奢侈品了，为了保护它，四条桌腿装上了青铜的狮爪，桌面上铺着华丽的桌布。祭桌上摆着一个青铜的大食盆，盆里盛着吓人的狮腿和狮头，旁边似乎还有一捆大葱。大葱可用于提味，这暗示人们，这些狮肉是经过了烹饪的熟食，待会就要被分而食之。

　　国王一袭新衣，毫无倦意。他潇洒地站在祭桌前，左手拄着弓，右手拿着碗，正把酒淋在他身下伏着的狮子尸体上，酒、烤肉和没药的香气驱散了血腥的味道，飘向天空。在亚述人的想象中，重口味的神灵此时也会从云彩上俯首享受这美好的一刻，像苍蝇闻到了血（苏美尔史诗《吉尔伽美什》正是这么说的），而这正是祈求神灵眷顾和庇佑的好时机！可怜的狮子尸骨未寒，它们被摆放得整整齐齐，尸身上的箭已被拔除。

　　有趣的是，国王似乎过早地执行了仪式，因为在国王的前面，3个太监正急急忙忙地把第五只狮子的尸体搬来仪式的现场，这个生动的小插曲再一次展现了亚述巴尼拔王急躁的性格。两个作为乐手的太监拿着拨子，正聚精会神地在七弦琴（这种琴固定在腰间）上弹奏着胜利的乐章，同时也在安抚狮子的魂灵。对于国王来说，主持仪式并不比猎狮轻松，因为他得保持着笔直的身姿站很长时间，并念诵祈祷的诗章。两个矮小的太监在国王的身后吃力地举着遮阳伞，为他遮挡底格里斯河上游酷热的阳光。国王的身后还有3个太监守候着：一人持弓，一人持矛，还有一人照管着马匹。两匹从北国乌拉尔图进口的马儿神采奕奕，装备着华美的马具，国王显然很看重这些马。据说，亚述人发动的很多战争，就是为了抢这些好马。

对了！介绍了这么多，却差点儿遗漏了这场演出的男二号，国王的长子，未来的国王。这位王子真是非常低调，他的装束和胡子几乎和国王一模一样，看起来十分老成，简直就像国王的孪生兄弟。王子的出场相当迟，只在最后的祭神仪式上露脸，他规规矩矩地站在那儿，两只手交握在胸前，也不说什么话，他知道今天是他老爹的主场，不能抢镜。国王在向神灵献祭之后，还要在仪式上对这位王子交代一番：狮子就像我们亚述国的敌人，是永远杀不完的。你上台后也要年年猎狮，不得疏懒。这作为一个重要的信号传达给在场的所有人：将来你们要服从他，就如同今天服从我一样。

五 猎狮者的廷宴

我们很想知道，在猎狮仪式结束后，那些狮子的尸体是怎样处置的，因为这关乎到亚述民族对于猎狮习俗的真正看法。亚述人喜欢在战争后把敌人的尸体暴露于荒野，让秃鹫啄食他们的肚肠，也常常把敌人的首级割下来，以便于记录杀敌的数量。但狮子的尸体却没有遭受如此命运。它们没有被遗弃在荒凉的猎场，也未被就地焚烧或掩埋。在亚述国王的眼里，它们即使死了，也比活着的埃及人或阿拉伯人有价值。

它们的肉还能分食。既然是打猎，那么打来的猎物自然是要吃的。许多证据证明，亚述人是个务实的民族，他们不会浪费国王辛苦打来的食物。现在日头已经西斜，一定要赶在天黑之前返回宫中。亚述人一天只吃两顿：早饭和晚饭，辛苦了一天之后，国王还没有吃饭呢！

饥肠辘辘的国王早已骑马踏上归程。在他的身后，五六个太监喜气洋洋地抬着——不，准确地说，是抱着狮子巨大的尸体，温柔又慎重，就好像它是位美娇娘，或是位凯旋的将军似的。用这种笨拙而费力的运输办法，无非是要显示猎物的尊贵，并不是所有的猎物都有如此待遇的，瞪羚和野山羊就是被粗暴地捆在竹竿上，四脚朝天地扛着走的。归途是快乐的，年轻的太监们有说有笑，平日严肃的太监总管此时也不会严加干涉。有意思的是，在国王忙着猎狮的时候，并不是所有太监都有事做，有人趁着这会儿有空，就去爬树掏鸟窝了，甚至还抓到了归巢的老鸟，那一定是他还未进宫时，在家乡常做的事。亚述人爱吃野味，他们甚至会雇佣专业猎手，去捕捉美味的飞禽。

现在，国王抓到了狮子，太监抓到了鸟，各取所需，欣然而返。

到这儿有必要说明一下，所有存世的猎狮图在表现了太监抬狮子回宫之后就戛然而止了，也许是亚述人觉得其后的事情："吃"太不值一提了吧！但这过于突然的中断对于几千年之后的观者来说，未免有些遗憾。好吧，为了让剧情继续，请允许笔者的思绪在空中飞一会儿……我猜测狮子们先被抬到了后宫，在王宫的空旷庭院里展示，让没有资格参加狩猎的人和国王的嫔妃兴奋地欣赏一下狮子的雄伟身躯，接着它们被送进御膳房，大卸八块，由御厨们做成美味的狮子料理。为什么要这样猜测呢？因为在打猎刚结束时，人们就已经象征性地取下狮子的某些部位做成了熟食祭神，他们既然认为神灵喜爱美味的狮肉，这就说明亚述人有烹制和食用狮肉的习俗。

当晚，皇宫召开了盛大的庆功宴。无数青铜烛台把宴会厅照的灯火通明，俊美的男女侍从鱼贯而入，伴随着竖琴悠扬的乐曲，大盆大盆的佳肴摆上了厚重的木桌。狮子肉作为压轴的高贵美食，因为那是尊贵的国王辛苦获得的食物。除此之外还有面包、啤酒、野味和水果。国王、王室、朝臣和将军相对而坐，一边吃肉，一边高举金杯痛饮，

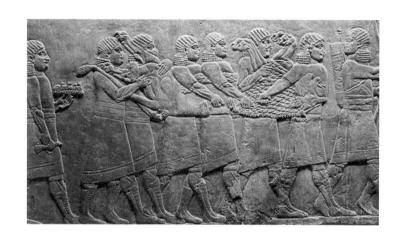

猎归图　石膏浮雕
出自尼尼微　时代不详
（作者摄）

　　六位年轻的宦官抬着一头雄狮的尸体，这种略显笨拙的方式似乎显示着对于狮子的尊重。一个小队长背着弓箭在前面神气地指挥着运送的队伍。最后面的那位宦官手捧着装满食物的盘子，还抓着一只正在挣扎的小鸟。

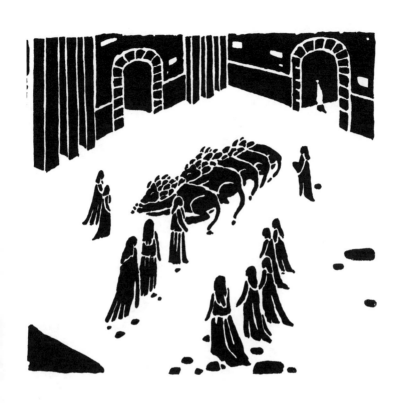

狮子们在内廷　钢笔纸本

（作者 绘）

随着狮子的尸体轰然倒地，内廷的女眷们都蜂拥而出，涌向庭院。这是一个阔大的、四方形的广场，平整的白垩土地面，被夕阳染成了耀眼的橘色。狮子们被码得整整齐齐，远远望去，像是被孩子们丢弃的玩具，它们黄色的身体和蓝色的宫墙像是童话里的色彩。

亚述的女人们并不胆小，她们站得离狮子们很近，仔细观察着它们毛茸茸的巨大头颅，惊叹于它们强健的肌肉和魁伟的身形。一个年轻的太监悄悄地告诉皇后：这只离她最近的狮子想要偷袭国王，正是他射出有力的一箭，保护了国王。

酒杯的底部正是一个精雕细镂的狮子头。他们天真地相信，如此一番，狮子的力量和勇敢就会随着酒肉注入了自己的体内。与此同时，在狭小的寝室里，太监们亲密地围坐在一起，吃着美味的烤乳鸽。

而狮子可怕的头颅则被剥皮保留，并经过防腐处理（亚述有很多技艺高超的硝皮匠），作为某种特殊的纪念品悬挂在宫殿的墙上，或是铺在皇宫精致的石头地板上。那一夜，国王睡得很熟，但在城外的荒原，悲伤的狮吼连绵不绝。

六 战车碌碌向狮群

国王的任务已经圆满结束，那我们不如趁机参观一下国王的"秘密花园"吧。当然啦，这并不是真正的花园，但在国王眼中这里堆放着的东西比花儿要重要得多。这是国王的军械库，它设立在皇宫深处，要穿过几个庭院才可到达。打开吱吱呀呀的大门——嗬！白天打猎派上用场的那些个东西，可不就整整齐齐地摆在那儿吗。在这些宝贝中，国王最看重战车，在他去世时，战车会被放入墓穴，永远地陪伴国王。现在它停在那儿，轻巧结实，闪烁着青铜的幽光，似乎一个成年人就能把它轻松地拎起来。我们的介绍就从这战车说起。

据说轮子最早是两河流域的人发明的，那么车子也应当是他们的发明。早先苏美尔人创造了四轮战车，亚述人的战车却只有两个轮子，有人认为这种新型战车是从埃及人那里学来的，而非苏美尔战车的苗裔。这种战车重量轻、体型小，所以其机动性、灵活性都大大增加，唯一的缺点是站在上面保持平衡似乎不大容易，为此亚述人把这种战车的轮轴安放在车的末端，这样当人站在末端就能和向前冲的马匹形成某种平衡。虽然当时每个国家都有战车，但亚述人的战车显然是最快的。在亚述纳西帕二世时，车的容量似乎不大，刚好能站两个人：一个是国王，另一个是驭手。

说真心话，亚述老百姓的生活水平还是不低的，至少家家户户都有车。在这种大环境下，皇家工匠加大了技术研发的力度，所以御用战车的设计一直走在时尚前沿。时间一晃过了两百年，到亚述巴尼拔国王（也就是上文猎狮事件的主角）时期，他的战车已经变大，可以站四个人了。这种升级版战车的轮子直径几乎增加了一倍，轮辐从六根变为八根，牢固性大大提升。金属轮辐似乎是分体铸造的，然后插入中间的"米"字形金属车轴，车轴的轴心铸有精美的玫瑰花饰，那是王室的标志。车轮边缘开始设有锯齿，为防止打滑，包有皮带（也可能是金属片）加固木质车轮。

这种战车由于比原来高大，使得乘车的国王终于有了点国王的样子。他可以居高临下地打击敌人或狮子，不仅打击力度增加，也更能保护自己。在早前亚述纳西帕二世行猎时，狮子和公牛能轻易地把前蹄攀在车轮上进攻国王，但亚述巴尼拔王狩猎时，狮子们也都高攀不上了，它们必须极力跃起，才有可能施展致命一击。

在亚述纳西帕二世到亚述巴尼拔的两百年中，狩猎用车的材质也有所改变，将原来的木质车身改为金属框架，结构更为结实，在车身前还装有金属扶手。但是车身的重量却并未因此变得过重，因为木头的围护部分被更换为坚韧的皮质，原来的箭囊和放置战斧的工具袋被挪到战车的外侧，现在由于车内空间变大也放在里面了。

但我们以之展开研究的那些古代浮雕实际上只是精美的视觉幻像，却不是全部事实。如果仔细观察，会发现原来的两人战车使用三匹马

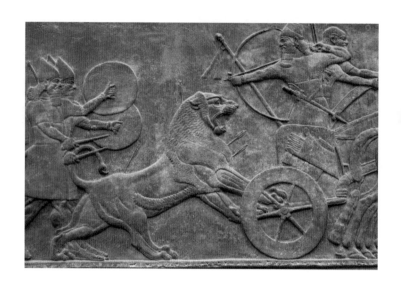

亚述纳西帕二世猎狮图（局部） 石膏浮雕

出土于尼姆鲁德西北王宫 公元前 883—前 859 年

（于殿利.巴比伦与亚述文明［M］.北京：北京师范大学出版社,2015）

　　图中展示了亚述纳西帕二世使用的老式战车，这种战车较为低矮简陋，只能装载两个人，增加了狩猎的危险，但也衬托了国王的勇武。有一些值得注意的细节：几位战士手持圆盾，正把狮子驱赶向国王，这表明狮子并非是一种鲁莽的动物；车上有一根法杖，带着两条缨穗，是王权的标志，也是大神马尔都克的象征，它可能安插在车的插孔内，作为王室用车的标志。在画面右侧，三匹马具精美的驭马踩踏雄狮，象征对于敌人的征服。这种具有象征性的画面也是亚述纳西帕二世时代的典型艺术风格。

拉车，改进后的大车由于站着四个人（除国王和驭手之外，还有一个卫士和一个太监），其重量大大增加，因此拉车的马儿也必然要增加，但在许多亚述巴尼拔国王狩猎的浮雕中，拉着这种豪华战车的马儿却只有两匹，这种不符合常理的现象可能是画工为了使人们的目光聚焦于国王猎狮而故意简化的。

七　猎狮者之兵

看完战车，我们继续来看看国王的兵器。但见国王黑漆漆的军械库里，库存最多的就是一捆捆的羽箭，和挂在墙上一张张的大弓。它们虽然其貌不扬，却是国王最重视的武器。无论是乘战车作战还是狩猎，国王似乎多以射手的身份出现，即使在狩猎结束之后的祭奠仪式，他都紧握着手中的弓。在飞驰的战车上射箭，是国王最常用的作战方式，亚述人对于弓箭的重视不仅和历史更为悠久的埃及人一脉相承，也延及了后来的波斯民族，在波斯阿契美尼德王朝发行的银质钱币上都印有国王持弓奔跑的图样，这说明奔跑和射箭是当时人们最为重视的本领。这和重视重装步兵的希腊民族大不相同，在希腊人看来，弓箭手只能作为前哨部队扰乱敌阵，但无法实施重大的打击。

仅次于弓箭的武器是宝剑，在宫殿浮雕上可以看到，即使是神灵也佩戴着宝剑。虽如此，它仍是个好看甚于实用的工具，常常神气地悬挂于国王的腰间。毕竟对于国王来说，漂亮也是很重要的事情！这剑十分细长，金柄上装着珍贵的铁刃（在古代，纯净的铁同黄金一样珍贵），没有剑挡，剑鞘上装饰着两只狮子头。没有剑挡说明这种剑

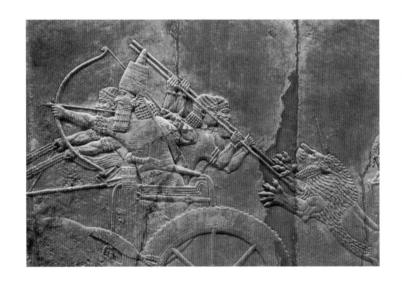

亚述巴尼拔猎狮　石膏浮雕
出自尼尼微　约公元前 645 年
（作者 摄）

　　这件作品的创新在于没有直接表现国王屠狮。狮子们扑地而死，剩者负隅顽抗，但是国王却显示出对于失败者傲慢的漠视，他的眼睛望着前方。他把结果这些高贵猛兽性命的特权随意地交给了太监，而在以往这是不可想象的。统治者的傲慢，恰恰就是这个王朝覆灭的肇始。

并不常用于冲刺，而更多用于砍杀。有意思的是，我们竟然没有在军械库找到那把漂亮的剑，抠门的国王一定把它藏在了他的内室，这可是一笔大额的财产。人们很少看见国王佩剑行猎，也许是因为野兽的冲撞力比人更大，速度比人更快吧！当你还在拔剑时，它们就已经将你扑倒了。

这时，国王需要使用更为短小有力的武器和野兽近身搏斗。在亚述纳西帕二世猎野牛时，我们看到这位斗牛士使用了一把锥子似的短刀，在野牛冲上车轮的刹那，他左手抓住野牛的犄角，右手用力地把匕首刺入公牛的天灵盖，利刃穿透了野牛坚厚的脑壳，那得需要多大的力道啊！如果这一击不成，国王的腰上还别着一个小锤，可以用它砸烂牛的脑壳（在存世的浮雕中，这个小锤似乎从未用过）。从国王腰间别锤而不是装样子的宝剑来看，杀死野牛的任务似乎比杀死狮子更为艰巨。人们可能会质疑：为什么不用弓箭呢？这大概是因为野牛皮粗肉厚，细细的箭头对它的杀伤力太小了！试想在驭马下，就伏着这样一头野牛，国王足足射了五箭才把它射死，当国王正忙着对付它时，另一只野牛就已乘机攀上了车轮。

最后要介绍的武器是长枪，它们三三两两地斜倚在库房的墙角，似乎和周围的武器格格不入。这种希腊重装步兵必备的武器在此时却最不受重视，一般由国王的助手使用，用它刺向狮子，以阻挠它们攀上车身，有时狮子过于凶猛，仅凭两个太监的力量无法阻挡，这时国王也会反过来帮他的助手，挥动长枪扎向雄狮的头颅。在猎狮中使用长枪到亚述巴尼帕时代就变得频繁起来，这可能是因为战车变得高大，狮子们难以攀缘，和野兽近身搏斗的危险时代已经过去，这种和敌人保持距离的武器就能派上用场了。

使用长枪猎狮的方式后来竟一代代流传了下来，直到 19 世纪，喜

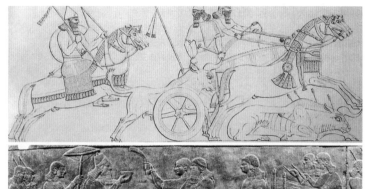

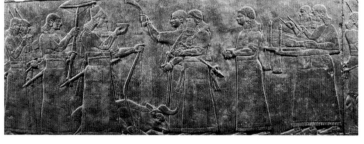

（上）亚述纳西帕二世猎野牛
根据浮雕的复原绘画
（作者摄）

（下）亚述纳西帕二世庆祝打猎胜利
公元前 883—前 859 年
（作者摄）

这两张图使亚述纳西帕二世猎野牛的故事丰满了起来。猎后，国王饮酒庆祝，对面的宦官为他摇扇，宦官旁边站着未来的国王——夏尔马内舍，他留着长长的胡子，交握着手，看起来和他的父亲一样老成。猎获野牛的行为似乎不带任何宗教意义，属于普通意义上的狩猎。

爱表现异国情调的法国画家德拉克罗瓦画北非摩尔人猎狮的作品中，摩尔人也是骑在马上使用长矛围猎狮子的。除此之外，还有一些不太常见的武器，比如战斧，由于它比较重，一般是放在箭囊里，这种古老的砍人利器在战争中威力极大，但在狩猎时却难觅它的踪影。这也许是因为使用战斧去砍狮子好似莽夫的行为，和亚述帝王所钟情的英雄美学格格不入吧。

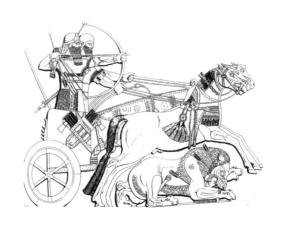

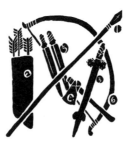

①长矛 ②装在箭囊中的弓箭 ③配有狮子头剑挡的宝剑 ④战斧 ⑤两把匕首 ⑥弓

（上）全副武装的亚述国王
（作者摄）

（下）猎狮装备
（作者绘）

　　我们在看古代亚述石刻时要清楚一个基本问题：它是纪实艺术而非自由创作，在此前提之下，我们通过研究浮雕来了解古代风俗习惯就显得特别有意义。我们可以看到，亚述人猎狮就好像吃西餐一样讲究，吃不同的东西用不同的工具，绝不混淆也不会忙中出错。他们用箭射击那些远处的动物；用长矛抵住那些企图攀上战车的狮子，而不是上来就杀死它们；当然有些狮子或是野牛已经冲上战车，国王就会使用匕首刺向牛头，或是用战斧劈开牛的天灵盖——虽然后一种打法是可能存在的，这从浮雕上那放在箭囊中的斧头可以猜测到，但在实际的过程中，国王可能会顾及他威严而庄重的形象，选择不使用斧头，不要像屠夫般杀死狮子。

悲剧的诞生

第四章

你爱谁曾久长？你爱过那浑身是劲的雄狮，却使它在陷阱里遭殃。

——《吉尔伽美什》

一个男人到底要走多少路，才能称为一个男人？

一个国王到底要杀多少狮子，才能称为一个国王？

是超越他的先王，以无比的热情去创造新的屠杀记录，还是墨守成规，仅仅将狩猎狮子作为例行公事？这是每一个亚述国王继位后都要面临的问题。可能是因为遗失，或是考古学家的翻译工作还没有完全涉及这个领域，关于国王狩猎成果的记录并不太多，这使得我们怀疑并不是所有的亚述国王都进行了这项危险而奢华的运动，而留在这份英雄谱上的人，都是那些最杰出的君王。

目前最早的猎狮记录来自中期亚述的著名国王——提格拉·帕拉舍一世（公元前 1114—前 1076 年）。他宣称：受爱我的尼尔塔之命。他在位期间曾在亚述西部地区猎杀了 4 头野牛、10 头大象和近千头狮子。由于这位国王刚一登上王位，就向西北方进军，一举击败了北方民族穆什库人，因此推测他的狩猎活动可能是在战争间歇中完成的，带有强烈的威慑作用。

从这份数据中，可以看出当时亚述人的生态观：狮子位于生物链的顶端，在自然界野牛的数量虽然大大超过狮子，但国王只猎了 4 头野牛。所猎野牛和狮子数目极不对等，说明在当时，牛作为最为有用的家畜，在亚述人心中的重要性大大超过狮子，由于野牛可以和家养的牛交配，繁殖出更为优异的后代为人类所用，因此也受到了相应的保护。而狮子则被简单地视为畜牧业的敌人，遭到了肆无忌惮的屠杀。

在新亚述王国开始勃兴的时候，一位强有力的君王——亚述纳西帕二世（公元前 883—前 859 年）在定都卡尔胡城（其遗址今名为尼姆鲁德）之后，为了装饰宫墙和炫耀武功，首次向后人展示了亚述

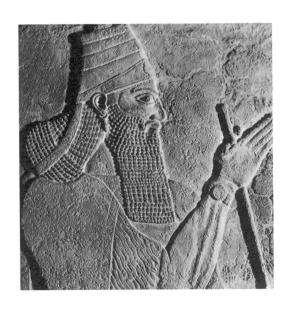

提格拉·帕拉舍三世像　石膏浮雕

出自尼姆鲁德　约公元前 744 年

（于殿利 . 巴比伦与亚述文明 [M] . 北京：北京师范大学出版社，2015）

　　提格拉·帕拉舍是一位杰出的谋略家，在他上台后，首先将巴比伦从阿拉米人的重压之下解放出来，从而告诉巴比伦王，亚述王是巴比伦的保护者，接着他远征叙利亚，进攻新赫梯和阿拉米人的联盟，并于公元前 742 年把西北叙利亚甚至腓尼基并入亚述的版图。这些商贸国家的财富也源源不断地流入了亚述。考古学家在哈达图发掘出国王的行宫，此地也可能为征服叙利亚的桥头堡。这是一座精美的建筑，比亚述纳西帕二世在卡拉赫的宫殿稍小。宫殿附近有一座伊什塔尔女神的庙宇。

人狩猎的全部过程，并开创了把狩猎事迹镌刻在宫殿墙壁上的惯例。和后来的君王有所不同的是，他将手伸向了所有他所能接触到的动物，而不单单是狮子。在一份出土于尼姆鲁德的碑文中记载，他仅在一次狩猎中就射杀狮子450头、野牛390头、大象30头以及鸵鸟200只。

在英雄谱中，这似乎是一个最不靠谱的君王。他个性豪放、喜爱玩乐，尤其是喜欢和老百姓一起玩乐。在卡尔胡的宏伟新宫落成典礼上，就有近70000人受邀参加国王的酒宴，其中包括大量兴高采烈的老百姓，而热闹的庆祝活动持续了10天。10天又算什么呢？在这位国王的统治下，有足足15年的时间未动干戈。对于那些认为时间就是用来打仗的亚述国王来说，这种"热爱和平"的活法也算是脑洞大开了。

在打猎上，亚述纳西帕二世也延续了"独乐乐不如众乐乐"的作风，把皇家独享的娱乐活动扩展为一项大众娱乐。猎狮活动变为国王带领之下的整个王族的集体狩猎活动，近卫军和军队的高层也参与了这项活动，而野兽是事先准备好的。猎杀大象是一种新的狩猎项目，带有强烈的异国情调，这些大象可能是其他国家进贡的。为了安放珍奇的动植物，国王甚至还在新都建立了动物园和植物园。

亚述纳西帕二世去世之后，野兽们消停了一段时间，虽然此后的国王个个龙精虎猛，但是他们似乎无意在猎兽活动中消磨时光，因为要征服的国家实在太多了！直至一百多年后，又涌现出一位了不起的国王——提格拉·帕拉舍三世。人们一致认为他是亚述帝国的真正缔造者。这是一位智勇双全的君王，在他统治的17年中（公元前744—前727年），除了无数次辉煌的征战之外，其猎狮的纪录也鲜有人能够匹敌。据记载，他曾徒步猎杀狮子120头，乘车猎杀狮子达

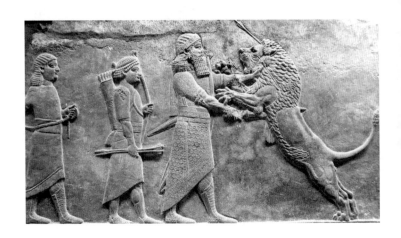

亚述巴尼拔王猎狮像 石膏浮雕
出自尼尼微 约公元前 645 年
（上海博物馆提供）

国王身着华丽的铠甲，脚蹬精致的长靴，一手扼住狮子的颈脖，用金柄宝剑刺穿狮子的身体，身后的助手显然对这种场景司空见惯，他们拿着绳子平静地站在旁边，等着收拾残局。

800 头！也就是说，他平均每年要在猎狮的仪式中宰杀 53 头狮子。相对于亚述纳西帕二世的夸夸其谈，提格拉·帕拉舍三世的猎狮数据显得真实可信。

长江后浪推前浪，如果说提格拉·帕拉舍三世开创了亚述帝国的极盛时代，那么亚述巴尼拔王（公元前 668—前 631 年）则是让整个世界都匍匐在他的脚下，从爱琴海绿色的海岸到阿拉伯燃烧的沙漠——普天之下，莫非王土！在尼尼微的王宫前面，三个强悍的埃兰国王和一个阿拉伯国王像狗一样被拴在亚述巴尼拔的战车上，战栗不已，更别说剃着光头的埃及人、贩卖珠子的腓尼基人和脖颈笔直的犹太人了。但这一切都无法满足国王，他带着匕首出发了，像一位传说中的英雄，他要去挑战那野兽的王者，让人们见识他的本领！

国王惊人的勇敢、自信，他要和狮子近身肉搏，掐着兽王的脖子，如屠夫般熟练地划开它的胸腔，感受喷涌的热血和胸膛里的热气，毫不在意是否会弄脏了他精致的战袍。在他尼尼微的王宫中，关于猎狮的雕塑作品也是存世最多的。虽然我们并未找到关于他猎狮数目的记载，但是雕塑却透露了一些信息：一幅大型石膏浮雕显示了国王在猎狮结束后的祭神仪式，在国王的脚下匍匐着五头雄狮的尸体。

另一幅大型浮雕表现了国王车战群狮的场景，画面中足有六头雄狮倒地，每一只狮子身上都有数目不等的箭，一只身中两箭的狮子不甘死亡的命运，一跃而起扑向国王，但是高傲的国王目不斜视，只是执着地追捕着远处的狮子。而他的近卫军和太监将会把这些负隅顽抗的狮子一一处死。

二 悲剧的诞生

国王为什么要猎狮？难道就像教科书上说的，国王把它作为变相的军事演习？

这是现代人的想法，而且只答对了一半——不，国王的野心还不止这些。在两河流域，盛行着一种古老的观念，人们认为一个伟大的王者不仅要统御着幅员辽阔的帝国，也应当具有驾驭自然界的神秘力量，这种愿望有时会直接体现在国王的名字上。传说中一位苏美尔国王的名字叫"麦巴拉吉西"（Mebaragesi，约公元前 2700 年），其苏美尔语的意思就是"自然和人类社会的权力充满了王座"。这个名字不仅让帝王们的野心表露无遗，也暗示了：既然国王能够同时统御两个不同的世界，那么他必定是天神的宠儿，获得了命运的垂爱。

王统四方的亚述王深谙此理，因此他们不仅要作人主，也要作兽王。出于这种原因，早前为国王们视为猎物的大象、野牛、鹿和鸵鸟由于等级不够而统统逃出劫难。而倒霉的狮子，它们傲立于食物链的顶峰，成为了王室狩猎唯一猎物。

来吧，只有你配与我决斗！狂热的国王握着剑柄，这样叫道。当温热的狮血浸润双手，高度分泌的内啡肽让国王兴奋，这让他感觉自己征服了另一个截然不同的世界，获得了宇宙间某种神秘的力量。而御用的文人和哲学家也把国王和狮子之间的对决包装成文明对野蛮的光荣征服。大量制作的猎狮图也成为了他们常常进行的侵略战争的象征，从而告诉人们：亚述人所发动的战争乃是文明人对于野蛮人的征服，是正义之战。

但随着时间的推移，亚述人对猎狮这一行为的看法有了奇怪的转变，被他们简单地视为野蛮凶狠之物的狮子，在狩猎之时表现出的优异品质和复杂情感，使他们看到了另一个自己：狮子们有的狡黠、有的鲁莽。在狩猎中，它们中箭倒地，但又不甘失败，它们时而怒吼着扑向国王、时而哀鸣着挣扎站起，无论是试图逃离险境还是勇敢地直面死亡，最后都无一例外地被逼上绝路，悲哀地走向它们的宿命。动物和人类一样，都在顽强地抗争那强加在它们身上的悲剧。戎马一生的亚述人醉心于血腥的杀戮游戏，却很少停下来反观自己的人生，但在狩猎中，那注定作为失败者的狮子却如同一面镜子，清晰地折射出战争的荒唐和宿命的悲凉。

原本只为突出国王勇敢的猎狮雕刻被艺术家们诠释得更为丰富。一种新的主题出现，那就是表现失败者命运的作品。这对于亚述人来说本不是新生事物，因为他们早就喜欢表现秃鹫衔着敌人的肚肠疾飞，或是插在尖桩上像一串串烤肉般的尸首。但这些让人心生厌恶的画面除了张扬胜利者暴虐的狂喜之外并无特别之处，那不是伟大的艺术。

真正伟大的艺术诞生于悲悯之中，是胜利者对失败者的悲悯，甚至还有失败者对胜利者的悲悯。悲悯是人类宝贵的情感，是上帝之爱的体现，其价值远胜于帝王的胜利。奇特的是这悲悯之花，竟首先开在了这以残暴著名的土地上。狮子躺在血泊中，用没有来及闭上的眼望着骄傲的国王，好像在说：杀死我对你就那么重要？胜利有什么意义？不知道国王是怎么想的，但侍立在一旁的艺术家，捧着一叠埃及进口的纸莎草纸，却已陷入沉思。

被狮子感动的艺术家们开始琢磨一种新的艺术样式，来表达他们悲喜交集的复杂情感。慢慢地，一种关于爱和恨、生与死、喜与悲的活剧诞生，艺术创作加入了个人情感，而不只是对历史事件的冷漠记录。这种被后人称为"悲剧"的东西诞生，早在那些古希腊戏剧家创作悲剧之前，已经在绘画和雕塑领域，由敏感的亚述艺术家率先实现了它。

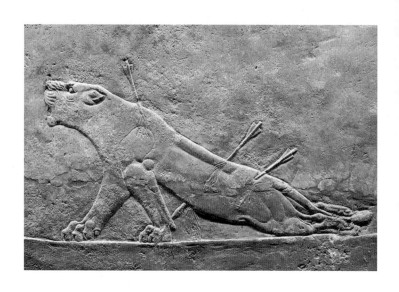

受伤的母狮 石膏浮雕

约公元前 744 年 出土于尼尼微

（于殿利.巴比伦与亚述文明 [M].北京：北京师范大学出版社,2015）

这是亚述艺术中最为著名的一件作品。母狮的形象哀婉动人，千百年来它已成为不屈服于命运的象征，也是美术史中塑造得最为成功的动物形象之一。

新的东西想要立起来，就得破坏旧的。亚述艺术家所创造的新形式内涵过于丰富，必须破坏那宁静单纯的古典艺术才能完成。这古典艺术正是亚述人的老师——古埃及人创造的。埃及人创造了田园牧歌般的图景，可那无情的猎狮者非要艺术家在牧歌里刻下狮爪般尖锐的线条，染上狮血般鲜艳的颜色，在这猛烈的冲击之下，曾完美地传承了那么长时间的古典模式支离破碎。它破碎得那么彻底，想找回一块碎片都不可能。

在亚述艺术家看来，是"暴力"肢解了古埃及的艺术，但也是它催生了新的美学形式。因此，营造悲剧的前奏，始于对暴力的描绘，而暴力始于紧张感。亚述人发现：人和动物一旦紧张，肌肉就会绷紧。但他们并没有滥用这一技巧，只有在最为重要的对象上，才会强调肌肉的表现，比如神、国王和狮子。在猎狮图中，无论是奋力搏斗的国王还是他们的老对头——狮子，都无一例外地显现出膨胀饱满的肌肉感。艺术家希望传达出：这是一场激烈紧张的战役。

如果对比同时期的另一幅浮雕作品，艺术家刻画了国王和王后坐在御花园中行乐的场景，可以看到，那个平日里在战争和狩猎中大秀腱子肉的国王此时却高卧畅饮，毫无猛男的样子。这说明在亚述艺术中，发达的肌肉是一种激扬的生命状态的体现，但并非是一种程式化的表达。

然而亚述艺术家是那么争强好胜，他们不仅要胜过埃及艺术，更不能容忍有无动于衷的看客。为此他们不断地推陈出新：比如说"喷血"。亚述人的老师——埃及人曾表现了大量的战争场面，但是在杀人的画面中是看不见血的。而在艺术史中，亚述人率先表现了杀戮时

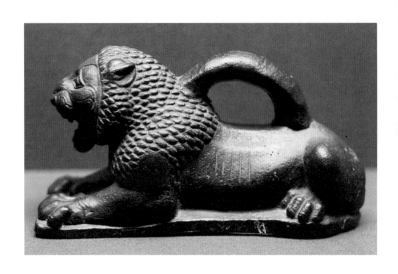

狮形青铜砝码
出自尼姆鲁德 西北王宫 公元前726—前722年
（作者 摄）

人们通常认为描绘过分发达的肌肉是亚述艺术的固有特色。其实不然，在许多出土的亚述装饰品和生活用品中，动物和人像都被表现得纤细秀美，比如这件狮子形的青铜砝码，狮子就显得敦厚安详。这种青铜砝码共发现了16枚，每8枚为一组，是夏尔马内舍五世所造。

的鲜血的。狮子身上喷出的鲜血被艺术家创造性地用阴刻的小竖杠密集排列成伞状，短促、尖锐的线条使人感受到鲜血不是一股股流出，而是激烈地喷涌，如同热闹的喷泉，或是一阵夏日的急雨。我们必须发挥想象力，把这些雕刻还原成原本的样子：当时，这些血是用铁锈或朱砂制成的颜料涂抹成鲜红色来表达的，其视觉效果非常震撼。在提倡中庸敦厚的古代两河流域艺术中，还未尝有过如此刺激生动的表现。

如果读者就此认为亚述艺术是纯然的暴力和血腥，那也不正确，因为这血雨腥风的制造者——国王，就呈现出反常的、超然物外的宁静，但这宁静是杀伐者的宁静，是不祥的，与之相对的是垂死者的狰狞。

在较早的猎狮画面中，狮子虽然张着血盆大口，其面部却呈现出古风式的宁静，狮子的鬣毛整齐，像被修剪过。这是从埃及人那儿学来的漂亮活，没有根基亦不真实。亚述艺术家知道，死亡是可怕的，而濒死者的挣扎最为可怕，而没有经历过大风大浪的埃及画师根本不了解。

观千剑而后识器，在看了一百头狮子在他们面前倒毙之后，亚述艺术家颤抖地握着凿刀，自信能够描绘这非凡瞬间，让观者感受到灵魂的悸动。当死亡之箭刺穿狮子的身体，当生命的气息要随之溜走，身体经历剧烈的震颤！一开始，伴随着鲜血的喷涌，身体像筛糠一样抖动着；但很快这种颤抖涌向头部，鼻子出现四条皱纹，脸颊青筋暴凸，接着一阵阵剧烈而可怕的哮喘：哗啦啦，大口鲜血从嘴里喷出！狮子的眼睛深陷在眉弓中的阴影里，射出阴冷、绝望的绿色光芒。

那是濒死者的目光，你凝视着它，仿佛就会看到国王的战车碌碌地驰过干旱的原野，伴随着利箭嗖嗖的呼啸声，狮群们横七竖八地倒在地上——犹如一个农夫熟练地挥舞着镰刀，收割着金色的庄稼，残酷的国王也欣喜地扬起屠刀，迎接那哀鸿遍野、血流成河的收获季节。

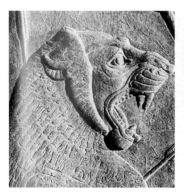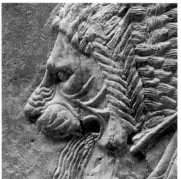

早期和晚期的狮子面部刻画的比较

（作者 摄）

左图比右图早了两百年，那时的艺术家显然受到埃及艺术的影响，狮子的眼睛有一圈眼线，像是一个精致的宠物。但右图中这种漂亮的装饰化轮廓被省去了，狮子的眼睛深陷在眉弓的阴影中，射出阴冷恐怖的光芒，这种变化一方面源于细致地观察，而更多的是对内在情感的深入表达。

从埃及师傅那学来的窄条状构图已无法展现狩猎场上多维度的时空体验，艺术家试图刻画更为宏伟的狩猎画卷，他们在画面上画出许多的水平分割线，雕刻出整个狮群倒地的惨状，一种死亡的黑暗笼罩着画面，让人窒息——相比之下，国王的胜利是那么的微不足道。

正如哲学家所言：悲剧的意义在于把有价值的东西毁灭给人看。基于这种理念，狮子被赋予人性，它们不再是野蛮的畜生，而是高贵而强大的动物之王。它们濒死的惨状让人痛心疾首，它们的死亡勇敢而悲凉。一些极为震撼的作品脱颖而出：其中最为著名的就是那幅受伤的母狮。由于在腰上中了两箭，这只母狮的后腿瘫痪，无力地垂在地上，但是它却用两只粗壮的前腿支撑起身体，昂头怒吼。

在这个时刻，真正的悲剧作品诞生了。因为在这幕剧中，珍贵的"怜悯"闪烁着人性的光辉，像一颗耀眼的芒星，悬挂于亚述帝国那黑暗的文明史中。它超越了亚述艺术血雨腥风的表象，直击人类淳朴软弱的内心，并超越在此之前的一切古代作品。

四 爱与杀戮

虽然在亚述人统治时期，两河流域的狮子们遭受了毁灭性的杀害，但作为西亚众多民族的一员，亚述人仍然保留着一种古老的情愫：那就是所有西亚民族对于狮子的热爱。在一个著名的传说中，曾养育了亚述国王亚述巴尼拔的美丽女神——伊士塔尔（也是两河流域民族都十分热爱的女神）曾经爱恋过一头"浑身是劲"的雄狮，但她任性而又反复无常的情感却使的情郎——雄狮落入了陷

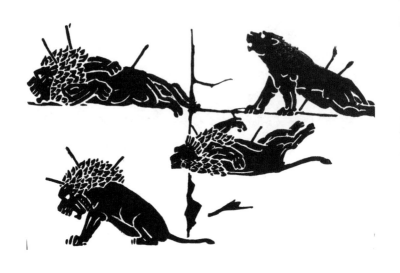

各种尽显悲壮的猎狮场面　石膏石雕
多完成于新亚述帝国晚期

（作者摹绘古代浮雕）

　　在亚述巴尼拔时代，猎狮主题和表现形式都出现了许多新的特征。国王刺杀狮子的方式变得多样化，狮子的动态，包括它们中箭而死的状态都超出以往程式化的表达。艺术家喜欢表现利箭刺入狮子身体的状态，比如刺入腰部和臀部的箭让狮子的后腿瘫痪，刺入喉部的箭让狮子大量吐血等。这种描述和古希腊史诗《伊里亚特》中对战争场景的描绘是非常相似的：诗人荷马喜欢表现肌肤如同锦缎的年轻战士们刚刚还生龙活虎，但转眼就被利刃刺穿，哀号着，头朝下倒在尘土之中，被拖入哈迪斯地府的惨状。古代残酷的生活使人们对于生之苦痛、死之惨烈比今人的感受要强烈得多。

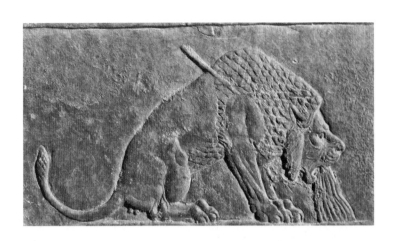

濒死的雄狮　石膏石雕
出自尼尼微北宫 约公元前 645—前 640 年
（上海博物馆提供）

　　狮子蹲坐在地上，一支箭从它的背部刺入，洞穿胸口，伤口致命。狮子面颊深陷，青筋暴突，陷入一阵可怕的哮喘之中，鲜血如同瀑布般流淌，预示着它将不可逆转地走向死亡。

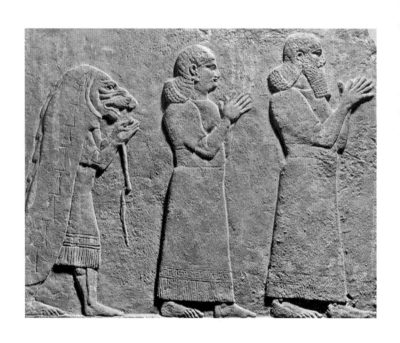

庆祝胜利 石膏石雕
出自尼姆鲁德中央王宫 公元前 730—前 727 年
（于殿利.巴比伦与亚述文明［M］.北京：北京师范大学出版社,2015）

　　这个残片是庆祝战争胜利的场景，引人注目的是左边那个披着完整狮子皮的人，他可能象征着伊士塔尔所喜爱的狮子。亚述人精于鞣制皮革，他们曾用敌人的人皮裱糊宫殿的墙壁，并使用皮革制作战车和服装。披着狮皮的仪式传统可能传到了希腊，以至于我们看到的神话英雄赫拉克勒斯就是身披狮皮的形象。

阱，惨遭猎人的杀害。或许是基于这个古老的神话，亚述人在祭奠伊士塔尔女神时，会有一个人（可能是祭司）披着狮子皮，虔诚地手持一根皮鞭走在仪式的行列中。狮子的头颅遮住了他的面颊，使他看起来既像一头直立行走的狮子，也像披着狮皮的猎人。

"女神恋狮"的故事出现于《吉尔伽美什》这部著名的史诗中，它是大英雄吉尔伽美什在数落伊士塔尔女神时无意爆出的"猛料"，这似乎暗示了：勇猛俊美的狮子既然能够博得不死神明的钟爱，那么狮子本身也应当是具有神性的动物。因此在亚述人看来，人类和狮子的战斗，不能仅仅被认为是简单的捕猎，而更是一种仪式，象征着人类和神灵的博弈。

"与神搏斗"的愿望普遍存在于许多古老民族的意识形态里，而以色列人首先把这种神秘莫测的概念用清晰的语言叙述了出来。在《圣经·旧约》中记载着以色列人十二个支派的先祖：雅各，就曾在一个黄昏和一个挑事的天使搏斗，直到天明他才艰难地打败天使，天使于是告诉雅各应当改名为"以色列"，它的意思就是"与神搏斗"。这个流传甚广的故事说明两河流域的人们素来将战胜神灵视为超越自身、净化灵魂的一种手段，并以此作为民族精神的一部分，而不像世上其他民族认为这是对神灵的冒犯和亵渎。基于这种逻辑，亚述人的猎狮也由此蒙上了神秘主义的色彩：国王们打败了女神钟爱的狮子，以更为勇猛和富于魅力的形象出现在女神的视野中，取代了女神对狮子的爱。因此猎狮，只是因为人无法忍受女神对雄狮的专宠，但这并不妨碍亚述人喜爱甚至崇敬狮子。

除了女神伊士塔尔，在亚述的宗教中，许多神和狮子都有着不解之缘。最为著名的是"乌迦路"，又叫大狮神，他有着狮子的头颅，总是野性地怒吼着，露出利齿，他粗壮的颈脖上没有狮子的鬃毛，尖

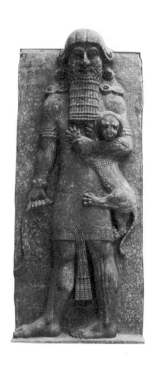

吉尔伽美什 石膏石雕
新亚述帝国时期 巴黎卢浮宫藏
（上海博物馆提供）

　　吉尔伽美什是古代乌鲁克的国王，他的英姿吸引了"大女神"伊士塔尔，她百般勾引他，但这位帅哥不为所动，反而历数女神的艳史，指责她是个放荡的女人。这使得傲娇的女神大怒，派下天牛作恶。但吉尔伽美什和他的朋友恩启都最终合力杀死了女神的帮凶，桀骜不驯的恩启都甚至还撕下牛腿掷向女神，以示羞辱。这使得天神们决定让恩启都病死，以平息女神的愤怒。吉尔伽美什悲痛欲绝，他启程去找寻人类始祖，询问永生的秘密。但是历经千辛万苦的他并未得到不死的方法，反而还把他在深渊中得到的仙草弄丢了。在史诗的结尾，他和阴间的恩启都对话，恩启都告诉他阴间的悲惨生活，故事就在这种凄惨的氛围中结束了。

　　吉尔伽美什和狮子也有着不解之缘，人们描述他有着"狮子的面容"，照片中的雄伟雕塑可能是被放在亚述宫殿的入口处，和人头牛身的宫门守护神结伴。英雄手揽雄狮犹如抱着小猫一般，足见其威力巨大。

尖的耳朵像羚羊般警觉地高耸。这个神半裸上身，胸前斜配着宝剑，一手持鼓槌（也可能是个权杖），另一只持匕首的手则高高扬起，似乎要刺向某人。乌迦路围着一个埃及式的短裙，系着一个羽状的长腰带，在他结实的小腿之下是一双鹰爪。乌迦路像一个剃光了狮鬃的光头狮子，他赤裸上身，下着短裙，这三个特征明确显示了他的血统——来自于炎热的古国埃及，因此他可能是被本土化了的埃及神灵。亚述作为一个世界性的大帝国，具有吸纳和消化异质文化的强大能力。乌迦路的可怕形象和装备暗示着他是一个王宫的守护神，为阻止着邪灵入侵，往往成对出现，人们常常在石雕上看到他们的繁忙身影，这说明其级别并不高。

除了乌迦路之外，还有一个神叫做"乌尔玛里路"（Urmahlilu），他长着人的上半身，戴着高高的帽子，留着整齐的胡须，发式很讲究漂亮，有时手持权杖，或是拄着长矛，威风凛凛；他长着雄狮的下身，这似乎代表着他同时拥有狮子的勇猛和人的智慧。乌迦路和乌尔玛里路这两个神显示了亚述人对于狮子那带着神性光芒的力量羡慕不已。他们把狮子拆成头和身体两部分，分别和人的身体结合，创造了两个守护神祇。

人类虽然在狩猎中战胜了狮子，但这并不妨碍人对于狮子神秘力量的膜拜。在一件极为著名的象牙饰片上，亚述艺术家雕刻了一个被母狮袭击的非洲人，他仰面朝天，无力的双手支撑着地面，处于昏迷状态。一头母狮咬住他的颈项，并用左臂温柔地挽着黑人沉甸甸的脊背，防止他倒下去。在杀戮背后，一大丛纸莎草野蛮地生长着，在夕阳中摇曳着它们硕大的花朵。

人们常常疑惑这本该恐怖的一幕为何被亚述的艺术家表现得如此美丽和梦幻：死者几乎是躺在狮子怀里的，没有惊恐、没有痛苦。作

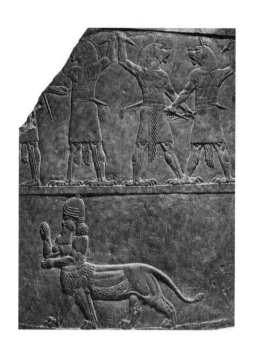

乌迦路和乌尔玛里路 石膏石雕
出自尼尼微北宫 公元前645—前640年
（上海博物馆提供）

在这块石板上部是三个乌迦路神，他们长着狮首、人身和鹰爪，汇聚了人的智慧、鹰的迅捷和狮的凶猛，他们成组出现，手持短刀到处巡视，是王宫中级别较低的守护神。

石板下部是乌尔玛里路神，他长着人的上身，看起来和人类更为相似，级别高于乌迦路。值得注意的是，亚述艺术家第一次将人的上半身和兽的下半身结合起来，且结合得天衣无缝。它的灵感来源可能是苏美尔文明中人身蝎尾的"蝎人"。乌尔玛里路的形象给周边的民族很多灵感，希腊人就借此发展出新的半兽——马人。马人源于希腊人对北边平原地区那些习于骑马射箭的野蛮民族的恐惧，它们的奇特形象被富于艺术细胞的希腊人塑造得更为成熟和优美。

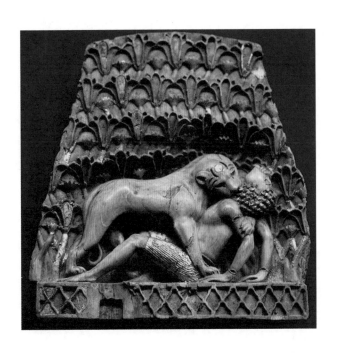

母狮和非洲人 象牙饰片
出自尼姆鲁德西北王宫 约公元前 9—公元前 8 世纪
（作者 摄）

　　这件家具上的象牙饰片被认为是亚述艺术登峰造极的一件作品。它十分华丽，非洲人的短裙被饰以金箔，头发是密集的小金球，就连纸莎草的茎也是用金箔装饰的。纸莎草的蓝色花朵可能是珐琅彩，中间还有着红玉髓的莲花。母狮子的头上镶嵌着一颗天青色的宝石，使它像是一位尊贵的女王。这件作品透露出的宗教情绪使人推测它是腓尼基工匠的作品。

为凶手的狮子像大猫般驯顺，它明明是在咬住死者的咽喉，却小心翼翼地，好像在叼着它的幼崽。这离奇的景象似乎透露了古亚述人奇特的宗教观：猛兽是上天的使者，是神灵和人类的联络者。被它们袭击并非是多么悲惨的事，恰恰相反，这是被神灵眷顾的体现，是一种神秘的福分。

在猛兽的噬咬下，灵魂被直接引渡到幸福的天堂，甚至就连残留的皮囊，也因为被神接触而变得神圣，要隆重地下葬，甚至连亲属都无权触碰。这种观念对于残忍的猎狮习俗不失为一种有益的补充，人类将生命还给了狮子，自然界完成了它奇特的平衡。

五 有狮相伴的日子

亚述人认为狮子是一种极具雄性美感的动物：它们巨大的头颅长鬃飘扬，扑食时迅如闪电、漫步时优雅威严，自然界再也找不到什么动物比它们更具王者气质，更神秘、美丽和强大。亚述的历代国王对于狮子的爱尤为深厚，以至于宫殿中遍地都是狮子的装饰。周围的民族也深知亚述人的这一嗜好，他们咬牙切齿地称亚述的都城尼尼微为"血腥的狮窟"。

"狮窟"尼尼微是新亚述帝国最后一个都城，也是最为辉煌的一个，虽然它早已掩埋于黄土，却时常勾起人们的情思。一个出土于尼尼微北宫的重要雕刻让人们对尼尼微的想象有了依托。它展现了一个辉煌城市的形象，拥有三层城墙和一扇小门，有两层厚重的外墙，内墙里是一座雄伟的宫殿，宫殿装饰着石质的带翼公牛巨像，刻有成对的狮子为座基的廊柱，为"狮窟"的称号增添了生动的注解。那些雕刻成石狮的柱墩看起来非常生动，但它们更像雕塑作品而不是承重构件，它们是如何支撑起比自身粗大得多的柱子呢？有可能这些柱子是木头而非石头的——但具体的真相还是得等建筑史学家来考证。

亚述人就是这么痴迷地、不厌其烦地绘制着狮子，他们不仅在建筑构件上运用了狮子的形象，他们希望家里也能布满狮子，因此长了腿的家具也被看做狮子的化身。其中较为典型的是狮爪形的桌腿，不仅给四只腿的大桌安装上青铜锻造的狮足，就连三只腿的小圆桌也不放过（这种狮子脚爪的桌子样式传承千年，一直到近代，欧洲的古典家具仍然使用如此样式）。在许多杀完狮子的奠酒仪式中，太监们把这种狮爪小祭桌搬到现场，在血淋淋的猎场上，真假狮子的鲜明对照让人产生亦幻亦真的感觉。

亚述的男人们不认为狮子是他们独有的宠物，他们大方地让女人也沾沾狮子的光，创造性地把狮子和美女结合，让女人的长发变幻成狮子的鬃毛，希腊人将这种亦雄亦雌，非人非兽的怪物称为"斯芬克斯"，她多出现于象牙雕刻的饰件，再被嵌入乌木家具上。斯芬克斯纤细秀美的形象似乎显示出亚述人温柔的一面。除此之外，愤怒的狮子还被做成了精致的小金饰，串成串，戴在贵夫人白皙的胳膊上，或是铸成青铜的砝码，用于称重。国王更是将之作为王室的标志，郑重地刻在青金石或是玄武岩的滚印上。

但这些都无法体现亚述王室对狮子的狂热，这种爱好经历代帝王的熏陶，已经深入血液和骨髓，无法逆转。在这个庞大王国最为隐秘和幽美的地方——御花园，也有狮子的身影，骄傲的国王要日夜与狮子为伴，让狮子成为他的大猫！需要说明的是：在这里，狮子们终于得到了应有的尊重，它们不再被关在粗糙狭小的笼子里，而是自由

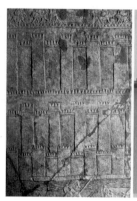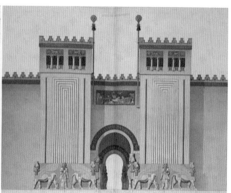

（左）尼尼微的城墙和宫门　　（右）　尼尼微王宫宫门想象复原

（卢卡·莫扎蒂.伦敦——大英博物馆［M］.应倩倩，译.南京：译林出版社，2006）

　　左图的石雕作品可能昭示了梦幻般的尼尼微城的真相：一条河水湍急的护城河（可能是底格里斯河）围绕着城墙，城墙由突出的碉堡和普通的墙体交错而成，顶上有犬牙般的雉堞，每座碉堡上都驻扎着守城的士兵。内墙比外墙略高，在城中还有更高的"核堡"，一共有三重城墙。核堡包围着一个神秘的宫殿，拱形入口由一对翼牛守护，翼牛旁是一对雄狮，狮子的背上驮着巨大的柱子。这些超现实的景象使人感觉穿越回了遥远的古代，眼见这座让先知约拿足足走了三天三夜的大城。

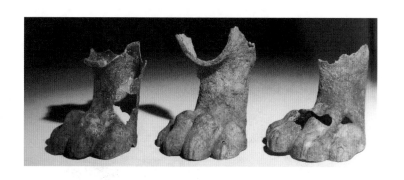

狮爪桌腿
出自尼姆鲁德 约公元前 9—前 7 世纪
（于殿利.巴比伦与亚述文明 [M].北京：北京师范大学出版社,2015）

这三只相似的狮爪是用青铜片锻造的，安在木头的桌腿上，由于两河流域缺少优质的木材，青铜的桌腿会使木桌更经久耐用一些。

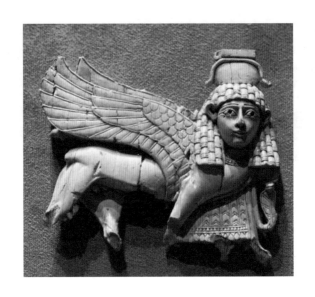

象牙斯芬克斯饰件
出自尼姆鲁德 约公元前 9—前 8 世纪
（作者 摄）

斯芬克斯是一个带有埃及色彩的神祇，她头顶日轮，肩生双翼。胸前的围裙上有一条眼镜蛇，象征着智慧和永生。这些象牙构件都是腓尼基艺术家的作品，他们是打磨象牙的好手，也是见多识广的旅行家，因此在为他们的新主人——亚述国君所创造的艺术品中，不由自主地呈现出融会贯通的特点，倒是和帝国所追求的国际性相符合。

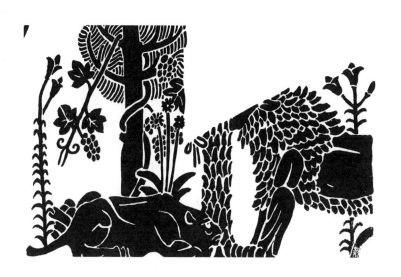

花园中的狮子

出自尼尼微北宫 公元前 645—前 640 年

（作者摹绘古代浮雕）

亚述王的园中生长着棕榈树、百合花和雏菊。葡萄蔓生在高大的柏树上，野趣盎然。雄狮和往常一样，矜持于自己高贵的形貌，王者般昂着它巨大的头颅，似乎不屑臣服于它面前的母狮。在灼热的正午，百合花散发着浓烈的香味。这既是亚述王的御花园，也是历史上最早的皇家动物园之一。

107

步于芳草鲜美、浓荫蔽日的花园中。它们成双成对，时而昂首吼叫、时而俯身休憩，饥时有仆人投放的活物，渴时就喝清凉的泉水。在静谧的夜晚或是某个安详的午后，身着便装的国王也许还会步入园中，和这大自然的王者促膝对话。这种养尊处优的神仙日子并不亚于那些养于深宫的妃嫔和宦者们，再想想那些毙命于国王刀剑之下、践踏于车轮之中的野生同类们，不禁让人感慨这天壤之别的命运。

牛背上的小英雄

第五章

我又看到宙斯显赫的儿子米诺斯，他手里拿着黄金权杖，坐在那儿给鬼魂们审判。

——《奥德修斯纪》

现在我们将目光从两河地区那片荒凉的土地上移开，投向景色怡人的爱琴海，在那万顷碧波中坐落着一个珍珠般的岛屿——克里特。这里有一个困扰人们几千年的谜题，需要我们解开。要知道，克里特岛可不是一个籍籍无名的地方，早在埃及人和苏美尔人相继点起文明的灯盏时，居住于克里特岛的商人们也已荡起轻舟，翩然来往于这些最早的国度。克里特是一个大岛，岛上同时存在着许许多多小城邦，在岛的北部有一个强大富饶的城邦，很久很久以前，传说中的米诺斯国王统治着这里。

据说米诺斯是海神的儿子，曾向父亲乞求给他一头用于献祭的公牛，向臣民们证明他奇异的出身，以巩固统治。海神波塞冬听到了儿子的祈祷，驱使一头雄健的公牛从海浪中走出。这牛太漂亮啦！米诺斯看傻了，竟然舍不得用它来当祭品。一番内心挣扎后，他杀了一头普通的牛代替神牛献祭。"为了区区一头牛，你居然敢敷衍自己神圣的父亲，瞧你这出息！"海神迁怒于他的儿媳，使米诺斯的妻子帕西淮疯狂地爱上了这头神牛。

这是一个绝妙的报复。着魔的王后天天对牛谈情，成为人们窃窃私语的主题。但这头公牛可没有着魔，它只喜欢母牛。王后无可奈何，只有求助于聪明的建筑师代达罗斯，造了一个木头的母牛，将皇后藏入其中。由于母牛造得太逼真，神牛上了当，并致使帕西淮怀孕，生下了一个半牛半人的怪物米诺陶。被公牛戴了绿帽子的米诺斯羞愤不已，只能偷偷将这怪物关在一座阴森森的迷宫里。

后来由于米诺斯的儿子在雅典遇害，盛怒之下，这位权威煊赫的国王率领复仇的舰队试图攻下雅典，但是天上的神祇不愿两座城市陷

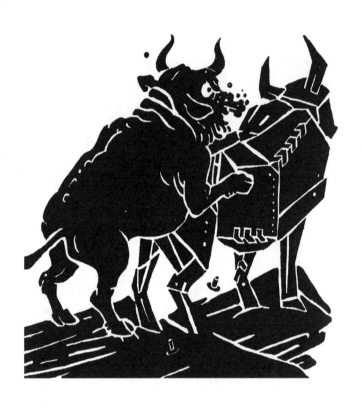

皇后和神牛的故事 钢笔纸本

（作者 绘）

　　米诺斯迷宫和牛怪的故事，从文化发展的角度看来，乃是级别较高的雅典文化对于较为原始的克里特文化的一种诠释和解读，在雅典人看来，人不会爱上牛，除非这个人受到了诅咒；同样，牛也不会爱上人，除非错把她当作了母牛。因此所谓的"人兽奸情"是一系列诅咒和欺骗的产物，而不是什么正常的东西。

　　但雅典人不知道，神奇的人牛相恋恰恰是米诺斯的王国赖以生存的精神保障，虽然国王因此戴了绿帽子，但是人们愿意相信奇异的丑闻，如果这丑闻来自于神意，则恰恰是神灵赋予国王不同于常人的地方。

入战火，他们从中调解，最后订下了这样的约定：雅典人必须每九年选送七对童男童女供凶残的牛怪享用，以维持两国之间的和平。这对于雅典显然是不公平的条约，但迫于米诺斯王强大的军力，他们只有忍气吞声。等到第三次进贡时，事情发生了转机，雅典王子忒修斯决定终结这件事。他自告奋勇前去克里特，而米诺斯王的女儿阿里阿德涅则爱上了这位英俊的英雄，并送给他一个线团。经过一番恶战，英雄最终杀死了牛怪，依靠线团的指引，带领剩余的童男童女顺利走出迷宫，和美丽的公主启程回国。

虽然后来又发生了许多意想不到的悲剧，但目前为止，这是一个编造得很完美、流传很广的故事。故事里出现的王子、公主和妖怪都是童话里常见的套路，现在也不会有大人相信它的真实性了："神话嘛，是给小孩子们看的，大人们有大人们的事情。"然后把这些老旧的书籍往书架最高的地方一塞，也就无人问津了。就连考古学家也失去了兴趣，使得克里特岛的杀牛怪事件被尘封搁浅，久久无人提起。

在这悠长岁月中，被塞在书架顶层的神话也在苦苦等待那些相信它的人，它郑重许诺：若是有谁能解开其中的秘密，他就会获得美人和财宝。到了19世纪，这个人终于出现了。他就是德国人海因里希·施里曼，一个集冒险家、盗墓者和考古学家身份于一体的人，更重要的他还是希腊神话的狂热爱好者。

正是因为坚信特洛伊战争的存在，施里曼竟然发现了真实的特洛伊城，证实了诗人荷马的《伊里亚特》不是编造的神话，而是被吟唱成诗歌的历史。他也由此获得了财富、声誉，以及他的"海伦"——一位在希腊遇见的美人，后来成为他的妻子。

显然他也对米诺斯和牛怪的故事很感兴趣，被施里曼列为第二个研究目标。正当他雄心勃勃地要揭开这个谜团之时，却意外生病辞世了。

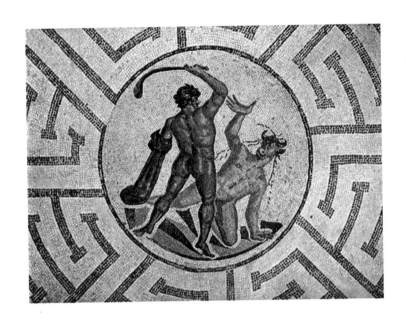

忒修斯杀死牛怪 古罗马镶嵌画
(斯特凡诺·马吉.希腊——众神的殿堂[M].张宝梅,译.石家庄:河北教育出版社,2013)

在整个米诺斯的神话中,忒修斯杀死牛怪的故事大部分是虚构的,它所具有的象征意义远大于人类学意义。在希腊人眼中,忒修斯和牛怪的搏斗具有象征性。它是开明而强健的希腊文明和落后而野蛮的克里特文明之间的对决。忒修斯先用膂力杀死怪物,又用线团走出迷宫,显示出希腊人的勇力和智慧都优越于克里特人的。这个桥段也凸显了希腊人对于英雄的认知:他必须智勇双全,而不是个没脑子的莽夫。

114

一个和他兴趣相仿的浪漫主义者很快接手了他的工作，他就是来自英国的阿瑟·欧文斯，和施里曼一样是希腊文化的爱好者，但并非考古学家。

施里曼主要研究特洛伊战争，而欧文斯浸淫于更为久远的忒修斯入迷宫、杀牛怪的故事无法自拔。他早年做实业赚了些钱，就自己组织了一个考古队，兴冲冲地来到了希腊，觉得是那牛怪在召唤他。1900 年 3 月 23 日，这位业余的考古学家大胆地选择在克里特岛北部的凯夫拉山上开挖了第一铲子。也许那天刚好是个黄道吉日，也许是命运垂爱那些不忘初心的人，总之这第一铲就挖对了地方，工人们当天就找到了宫墙的遗迹和一些工艺品，这里的宝贝埋藏得出乎意料地浅，几乎每天都收获满满。这个让人兴奋的工作持续多年，传说中的米诺斯的王宫终于重见天日。

和神话中描写的几乎一模一样，这座王宫最大的特点就是复杂多变、扑朔迷离的布局：房屋和院落之间曲折多变，石阶使不同的楼层之间变得畅通、错落有致，建筑廊道迂回、宫室交替，进入之后就很难找到出口。在初来乍到的雅典王子忒修斯看来，它不是一个迷宫又是什么！而这幽暗的迷宫据说是建筑师代达罗斯的作品，造完迷宫之后，他自己也晕头转向找不到出口，于是他和儿子制作出翅膀飞了出来。但这些都没有吓到闯入迷宫的欧文斯，他不仅兢兢业业地重新绘制了代达罗斯粗心遗失掉的迷宫平面图，最重要的是，他似乎还发现了传说中的牛怪！

那是一幅面积颇大的壁画，在刚出土的那一刹那，色泽依然鲜艳，但马上灰飞烟灭，只留下一面黯淡的土墙。这种让人崩溃的体验很多考古学家都经历过，也习以为常了，但对古文化如痴如醉的欧文斯无法忍受这种幻灭，他决定使用一种以前考古学家并不认同的方法来复原壁画，那就是依照头脑中残留的印象，在第一时间找个画家把它摹画出来。

三　牛背上的小英雄

当我们看到这幅画时，不难理解欧文斯当时激动的心情。

在海蓝色的背景上，三千多年前的场景如同电影般展开，一只公牛出现在画面的正中，它挥动四蹄，极速奔驰。这是一头极美丽的牛，它有着浅赭色的花纹，身躯异乎寻常地长，它低着头，修长的犄角呈现优雅的弧度。左边，一位留着黑色长辫，雪肤花貌的女人用手扳住牛角，她的勇敢给人留下了极深的印象，在牛宽厚下凹的脊背上，还有一个深赭色皮肤的男人正翻着跟头，他那纤细结实的双脚在空中晃动，像燕子的尾羽般轻盈，从身材来看，他还只是个孩子呢。牛屁股正对着一位长身玉立的女人，她踮起双脚、伸出双手，好像要接住那翻跟头的少年似的。

虽然画面被复原得很清楚，但要理解它背后的风俗却非易事。

有些学者试图对此作出合理的解释，他们说这是一个运动的全过程而非运动的瞬间，这是古代画家常常使用的小窍门：把事件的产生、发展和高潮统一在一个画面之中，使绘画如同一系列电影的分镜头，这样就可以详尽而准确表述一个完整的事件了。如果我们使用这一方法来解读这幅壁画，那就比较容易理解了：首先是运动员向公牛快速

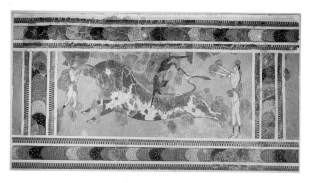

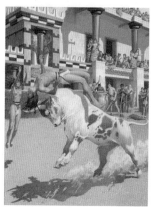

（上）克诺索斯王宫的斗牛壁画　　　　　　　　（下）斗牛活动的现代复原图

（斯特凡诺·马吉.希腊——众神的殿堂［M］.张宝梅,译.石家庄：河北教育出版社,2013）

　　斗牛壁画是克里特文明中最富魅力，也是最重要的作品，它显然脱胎于埃及艺术，但艺术家将埃及的漫漫黄沙更替为清凉的海水。在人和动物的表现上更为自由，人体和牛的躯干都修长得不像话，显然这是一个在艺术趣味上十分细腻优雅的民族，似乎很难把这一切和牛怪吃人的野蛮风俗联系起来。从画中可以看到：位于牛首尾两端的年轻女人长有雪白的肌肤、丰满的胸部，应当是斗牛者的助手，也有可能是神祇的女祭司。她们的所作所为充满了疑点，尤其是那位女子紧紧扳住牛角，让少年在牛背上自由而安全地翻着跟头，显得那么的不可思议。但有一点可以肯定，这是一种在克里特岛上盛行的竞技项目，勇士们斗牛为戏，以勇气、技巧和智慧献祭永生的神灵。

跑去，在接近牛的一刹那，运动员扳住牛角，凌空一跃，在空中翻了个跟头，落下时稳坐在牛背上。如此一来假说似乎从逻辑上可以成立，而且现在的西班牙还有很多青年擅长类似的斗牛活动。这组动作的完成要比想象中困难得多，它需要运动员在注意力高度集中的状态下，完美控制身体的爆发力和速度方能安全完成。

欧文斯爵士是希腊神话的爱好者，他想当然地将这幅壁画和他所钟爱的"英雄杀牛怪"联系了起来，并试图指出：克里特斗牛在漫长的历史中被来自希腊本土的旅行者讹传成了忒修斯杀死牛怪的故事。但事实真的是这样吗？

仔细想想，就会发现这种说法漏洞百出：神话中正义的英雄杀死了作恶多端的牛怪；但是壁画中的牛并没有作恶，运动员也没有要杀它的意思，他们是在玩，而且玩的是一种高级又危险的游戏，如果游戏失败，运动员会受到致命的伤害。看样子只有那些顶级的体操运动员才有可能躲避锐利的牛角和粗重的牛蹄呢！因此在本章节中，我们要把这种竞技和我们常见的亚述人猎狮，以及古罗马斗兽这些以杀戮动物为趣味的血腥风俗区分开来。显然，在克里特文化中，斗牛的中心在于"牛"，而非"英雄"。

四 宇宙之牛

了不起的英雄忒修斯就这么从我的研究中被剔除了，要解开谜团，必须回到牛身上。虽然学者们各抒己见，但有一个观点是统一的：那就是远古的克里特人对公牛极度崇拜。在岛民们丰富的想象力中，公牛粗壮的四蹄踏着土地是大地的使者；

但它们也能熟练地泅水（不要忘了宙斯化为公牛将欧罗巴带入大海的故事），因此也是海洋和河流的圣物；它们弯曲而美丽的犄角有时会被克里特人包上金箔，宛如闪闪发光的天体，象征着天空！

牛啊，岛民们在心中默念：拥有了你，也就有了全世界！

在克里特人看来，牛就是神本身！米诺斯冒着丢失王位和触怒海神的危险，也不愿杀死海神派来的神牛，而他的妻子帕西淮比他还要痴迷。即使妻子和牛生下了牛怪，米诺斯也没有加害于它，只是把它锁在见不得光的迷宫之中，并为了它的吃食，不惜与近邻雅典为敌，向他们索要无辜的童男童女。

上古的克里特人对于牛的崇拜和迷恋的情愫清晰地保存在这则神话里，如果试图剥去米诺斯神话中荒诞不经的成分，并假设真的存在这头牛，那么它绝不是普通的牛，它可能就驯养在皇宫之中，作为皇家的圣物，受到皇室和人民的崇拜。与其说克里特人崇拜海神，还不如说他们崇拜的就是就是这头养尊处优的牛。

史学家希罗多德曾言：几乎所有希腊人的神灵都来自埃及。

根据他所著《历史》一书的记载，古埃及人也极度崇拜一种神牛"阿庇斯"。此牛相貌极为特殊：额前有黑底菱形白块，背上有一只展翅的秃鹰图案，舌头上有圣甲虫一样的纹路，尾巴是双色的。一旦有这种样子的小牛出生，埃及人就认为是神灵"阿庇斯"下凡了，会把它供在神庙里，并设有专门的祭司侍奉它。由于埃及和克里特文明的传承关系，几乎可以肯定，在克里特岛受到特殊崇拜的牛也可能是一头类似于"阿庇斯"的神牛，人们在海边发现了这头黑白花色的公牛，并认为它就是海神派给他们的代理者。斗牛壁画上那海蓝色的阔大背景昭示了神牛与海洋的联系，在牛两边伺立的修长女子是神牛的祭司。

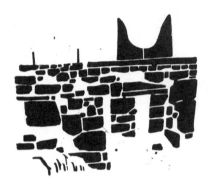

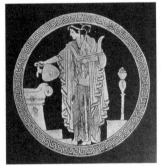

（左）克诺索斯王宫中的牛角型檐饰
（作者摹绘古代遗迹）

（右）希腊瓶画中的牛角型贡品篮
（保罗·卡特里奇. 剑桥插图古希腊史[M]. 郭小凌，等，译. 济南：山东画报出版社，2005）

克诺索斯的宫殿（公元前二千纪）位于一个不大的丘阜上，平面布局杂乱，以一个长方形院子为中心，有许多采光通风的小天井，一般是每个采光天井和它周围的房间自成一组。由于丘阜高差大，各组房子顺着地势错落，呈一层至四层不等，内部遍设楼梯和台阶。这座已有近4000年历史的宫殿建筑群在建筑史和规划史上具有极为重要的意义，但这里并不打算讨论其建筑学价值，而是重点关注那些不同于后世的奇怪装饰。在王宫的入口处和那些最重要的宫殿屋顶，都竖立着石雕的巨大牛角，这些完全不具实用价值的构件都涂饰着金粉。如果把入口看做是建筑的头脸的话，那这装上牛角的门脸真的很像砖石砌筑的牛头。虽然考古学家声称克里特岛上没有真正的神庙，但那些装着牛角的建筑就可以被视为神牛本身，王宫不仅是国王居住地，也是人们膜拜的对象。这种将宫室赋予极度象征意义的做法虽然没有影响到后来的希腊建筑，但牛角檐饰的美学意味仍然被微妙地保存下来，希腊人在祭祀时使用的贡品篮，就是一个制作考究的牛头形象，和克诺索斯的牛头檐饰几乎一模一样，这也间接说明了克诺索斯王宫的牛角是宗教场所的标志，如同十字是教堂的标志一样。

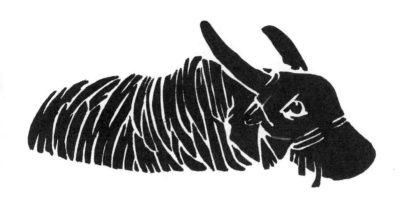

神牛阿庇斯的木乃伊

（作者摹绘古物）

　　阿庇斯是创始之神布塔健壮体格的象征，早在第一王朝就在文书中被提及，是古埃及最早的神灵之一。阿庇斯一般以两种形象示人：一种是黑白花皮毛的公牛，一种则是牛首人身的形象。后一种形象很可能正是牛怪米诺陶的直接来源，而阿庇斯黑白的皮毛则与克诺索斯王宫斗牛壁画上的巨大公牛相似。

现在我们知道了，神牛本身就是被崇拜和献祭的对象，这时必须思考一个问题：当崇拜一位化身人形的海神时，可以用牛来做祭品；那么如果崇拜的对象是头牛，是不是就应当反过来，用人来献祭呢？的确，有理由相信：在克里特岛独特的神牛崇拜中，人就是祭品。

但这祭品不一定是活人的生命，人的一切好东西都可以拿来献祭，比如人的运动精神。显然，在克里特时期，希腊人就已经具有了一种思想，即是把完美的体育运动当做一种神圣的东西献给神灵，他们想当然地认为神灵在观看比赛时也是如痴如醉的，和凡人一样。有所不同的是，后来的希腊人的体育运动非常纯粹，比如赛跑、摔跤，和现在的运动相差无几，虽说是献给神灵，但运动本身却无任何神秘色彩。但对于克里特人来说，体育运动还具有一定的原始性，它还和宗教仪式纠缠不清，换句话说，献祭仪式就是以竞技运动的方式呈现出来的。

我们的假设是：欧文斯发现的斗牛图其实就是献祭的场景。灵巧强健的少年郎在雄牛宽阔的脊背上轻快地翻着跟斗，这是一种介于体操和舞蹈之间的运动，牛背就像一块平衡木，是一块快速且不规则运动着的"平衡木"。少年在牛背上翻着跟斗，完成各种高难度的动作，人们屏神凝息地观看着，拳头里捏着汗。每完成一个精彩的动作，便会获得阵阵喝彩。这头养在神庙里的公牛平时养尊处优惯了，恐怕也不大运动，这会儿在围场上气喘吁吁地奔跑着，似乎有点不耐烦。它晃动粗壮的身体，想甩掉少年，但是这并不容易，少年忽左忽右灵巧地移动着支撑点，极力保持平衡。最后，耗尽体力的牛放慢了脚步，少年也不再翻筋斗，而是安静地坐在牛背上，向围观的人致意。

在整个过程中，两位高大美丽的女子守候在运动场，通过她们和神牛长期建立起来的亲密关系，确保这项活动的正常举行，避免突发性的灾难。她们既是神牛的祭司，也是神牛的饲养员。克里特人就是通过这样的"斗牛"（也许更准确的描述是"逗牛"，虽然这种说法显得不够虔敬）来取悦那头海神派来的神牛。

在这神圣又充满趣味的斗牛仪式中，不仅包含着古人类驯服野牛的记忆，更是含有朴素二元论的哲思：少年代表年轻的人类，而巨大的神牛象征威力无边的海洋。古代的克里特人乘坐不大的商船，在酒绿色的爱琴海上航行，他们用橄榄油和葡萄酒换取木材、金属和纺织品。海洋给航海者带来了财富，当然也会带来灭顶之灾。人和海洋的关系就像是这斗牛游戏，你来我往都遵循着神秘的法则，人类凭着智慧和勇气，冒着九死一生的危险，穿过命运的罅隙，借助海洋获得财富和荣耀。但是人类一旦出现失误，或是不够虔敬冒犯了海洋，就会受到毁灭性的打击，而公牛象征的海洋，本身却不会减损什么。

这种竞技行为有极大的危险性，在古代就已造成了大量的伤亡。可以想象那些绘画没有表现的内容：一旦男孩失手、摔落在地，便会遭到公牛疯狂的践踏，或死或伤，甚至一旁的女祭司也不能完全幸免。这时，女祭司就会带着颤抖的声音，庄严地向人们宣布：神灵愤怒了，来年国家将有灾难，但少年以他的血肉之躯为国家和人民挡过了一劫。

值得注意的是，竞技中时而出现的流血事件可能才是献祭的重点，米诺斯王的神权统治，必以某种令人惊骇的方式呈现，像晴天霹雳般打破日常生活的宁静，体现在流血、死亡和离奇的故事里，而不是轻描淡写，似是而非。人们在血光之中，瞥见神灵的凶暴，意识到"水能载舟亦能覆舟"的道理；而那一国中最为强健、灵巧和俊美的少年，会被选出作为海神的祭品，以鲜血抚平海洋的暴怒，换得了来年的平安和富足。

不要忘了，血腥的祭祀活动一直都是所有古代文明不可或缺的一部分。

即使是文明开化的希腊也不能免俗，考古学家常常提醒人们不要对古代遗迹做浪漫主义的粉饰，庄严美丽的帕特农神庙前是杀牛宰羊的祭坛，每逢节日，这里就会变成充斥动物惨叫、血流遍地的生死场。在《伊里亚特》中，荷马也曾提到：愤怒而残忍的英雄阿喀琉斯曾亲手杀死十来个特洛伊城的贵族青年，以他们的死祭奠战死的帕特洛克罗斯。

六 牛头怪之谜

人们不禁发问：虽然克里特文明中可能存在着血祭的风俗，但如何判断它的真实性呢？难道仅凭那张斗牛的壁画和学者的推理？那壁画上一派安定祥和，牛背上的小运动员已经安全地跳了三千多年的体操，很难想象他可能转眼就会陷入血光之灾。

一抔黄土掩风流，也掩盖了多少血腥，漫长的时间让一切显得醇和了，光凭田野考古提供的美丽残迹不能揭示全部的事实，一定要综合所有线索，特别是那些荒诞不经的神话。对了，现在我要重提被丢在一边的忒修斯神话，但仍然不想去研究那位显赫的英雄（他毕竟属于一个更为晚近的时代），倒是对他杀死的牛颇有兴趣。

牛头怪是整个神话的亮点，他恐怖的形象、离奇的出生、嗜血的习性和幽深的住所……不仅让听众觉得毛骨悚然，同时也让人沉溺于暗黑的想象而无法自拔。和他相比，其他角色：国王米诺斯、皇后帕西淮、建筑师戴达罗斯，就连牛头怪的爸爸——神牛都弱爆了，甚至英俊的英雄忒修斯与之相比都黯然失色。

但同时，听众凭着直觉认为：牛头怪是整个神话中虚构成分最大的角色。

事实真的是这样吗？考古学家曾在德国施泰德洞穴中挖出了一件石器时代的艺术品：象牙雕刻的狮头人身怪，这说明在极古的时代，人们就有如此创意。比克里特文明还要久远的古埃及文化中更是有大量兽头人身的怪物。用各种各样的兽头安在人的身上，来创造各路神仙，已成为古人造神的套路，这并非克里特人的首创。

我们可以脑洞大开地想象一下：既然是人和牛交合的产物，为什么是牛头人身而不是人头牛身呢？原因很简单，因为这个怪物是真人扮演的。这位演员戴着一个牛头的面具，像过万圣节时一样。这面具可能由沉重的青铜打造，但更可能是皮毛质的，看起来就像一个真的牛头。这种骇人的装扮也为著名的希腊大英雄赫拉克勒斯所采纳，这位英雄戴着一个用真狮子头剥制的头盔，使他行走起来像是一个狮头人身的怪物。

戴着个骇人的牛面具，人们就相信他是牛生的了？要解释这个问题，还真的不简单。打个比方吧，不知道大家有没有去过科技馆里的恐龙展厅？里面弄得黑漆漆的，放着几头塑胶大恐龙，由机器控制，眼睛发着光，摇头摆尾的，还发出粗野的吼叫声，在恐龙旁边，放着一些石头和远古蕨类植物的塑胶道具。有时候你明知道这是假的，进去了还是会觉得害怕得要命。常常有人壮着胆子进去，又尖叫着跑回来。

这就是氛围的重要了。当一切虚假的东西都动员起来，造就了巨大的幻境，谎言就成了真。

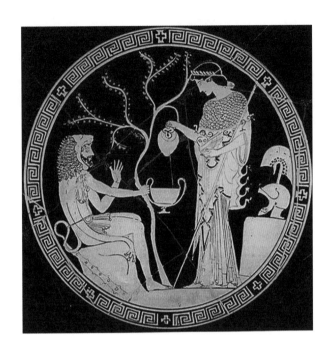

戴着狮头盔的赫拉克勒斯 古希腊瓶画

(保罗·卡特里奇.剑桥插图古希腊史 [M].郭小凌,等,译.济南:山东画报出版社,2005)

希腊英雄赫拉克勒斯的身份极其复杂,他的身上具有许多古代神灵的特征。希腊人认为英雄的故乡是希腊北部的色雷斯山区,这一地区的文明程度大大低于希腊半岛。而戴着狮子头盔确实具有蛮荒之感,赋予英雄一股狂野之气,和那些斯文秀气的希腊英雄忒修斯、柏修斯和阿喀琉斯相比,赫拉克勒斯具有显著的异域特点,带有氏族时代的遗存。但在更晚一点的古罗马著作《埃涅阿斯纪》中,佩戴狮皮装饰似乎是拉丁平原上喜欢炫耀武力的男子常常使用的装束,他们不仅披挂狮皮,还把狮子的獠牙和狮爪鎏金,更增英武之气。

牛头怪也是这样。在神话中，这个神秘人物一次也没有在光天化日下露过面，而是被国王关在一个极诡异的地方——迷宫。迷宫的特点就是进来了就出不去，就连建造迷宫的建筑师戴达罗斯和自己的儿子最后也迷失在迷宫里。每隔七年，就有七对童男童女作为牺牲品，悲惨地死在里面，迷宫里堆满了死者的骨骸。神秘人生活在黑暗的迷宫，这才算一个完整的恐怖故事。这个传说可能在极为久远的时代就已经存在了，这也是首次踏上克里特土地的人听到的最具本土特色的鬼故事。它产生了强大的心理暗示，把恐惧的种子早早地埋在了人们的心里。

说到这里，我们应该明白，牛头怪正是一个米诺斯王显示神迹的道具，他的扮演者很可能真的是国王的儿子，他既是王子，也是整个王国的大祭司。平时他住在王宫里，但在某个特殊的节日，也许是祭祀海神波塞冬的日子，这位身份特殊的大祭司就会戴上一个真牛头剥制的头盔，去往一处阴森的场所主持宗教仪式，在这个仪式上，有无辜的儿童被杀害，这些儿童可能是战争中的俘虏，像神话中说的那样，来自异国他乡。

虽然在逻辑上无懈可击，从人类学的角度也有大量类似的案例可循（具体可参阅 G.G.A. 莫瑞的论文《荷马以外希腊史诗传统中的人类学》，本章理论的构建，很大一部分借鉴了该文的研究成果），但必须承认：在上文中描述的大部分内容，尤其是神牛和牛怪米诺陶的故事属于笔者的推想，这也是本书中唯一没有得到考古学证实的内容。

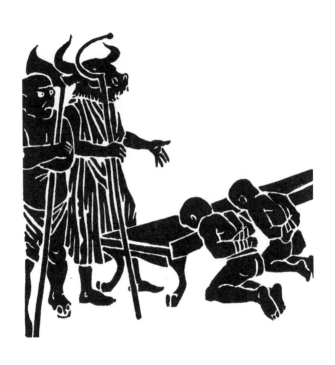

大祭司为海神举行血祭 钢笔纸本

（作者 绘）

　　凭什么说牛头怪真实的身份是一个祭司呢？这是因为古代其他民族存在大量类似的风俗，比如在埃及，主持木乃伊制作仪式的祭司会戴上豺狗头的面具；在亚述，主持伊西斯女神的献祭活动的祭司戴着狮子头的面具；戴着牛头面具的大祭司应当就是埃及阿庇斯牛的某种变体，它是随着以血祭为核心的新宗教而诞生，它由个性严苛的国王米诺斯创立，是神牛崇拜的升级，通过屠杀异教徒让人们知道，触犯其神权统治的代价，这也证明了本来温和质朴的古代宗教正随着米诺斯王权势的扩大转化为一种森严恐怖的统治利器。

牛头怪虽然可怕，但这只是有人希望他显得可怕，可怜的大祭司是国王统治秘密的一部分，一个终身不得显露真面目，始终隐藏在腐臭牛皮下的傀儡，不足道。更为可怕的是那笼罩在迷雾中的国王——米诺斯，他不仅是这些神话事件的幕后主使者，也是云遮雾罩的克里特文明的谜底——他的统治是那样的神秘而令人印象深刻。后来的希腊人甚至让他做了冥府的判官，在中世纪诗人但丁的眼里，他竟化身为一个有着巨大尾巴的魔鬼。

但想要剥开神话的外衣，去了解真实的米诺斯王，那就先得了解米诺斯国王的乡土——克里特岛，早在公元前二千纪时，文明昌盛的克里特岛上就已经分布了一百多个城邦，米诺斯所领导的克诺索斯王国是其中的一个，此国的富庶强盛，远胜于邻国，号称"众城之城"。而米诺斯作为国王，其威望也不是岛上其他城邦的首领能比的。在整个克里特岛遭遇别的民族入侵时，米诺斯就会成为克里特岛军事联盟的领袖，率领盟军联合抗敌。这身份在古代希腊地区被称为"共主"，其地位超脱于普通的国王。在希腊历史上，率领希腊联军入侵特洛伊的迈锡尼国王——阿伽门农就是这样一位著名的"共主"。

"共主"有着显赫的出身，他们往往是神的后裔。在荷马讲述的特洛伊战争中，只有阿伽门农的梦境才是有价值的，能够被预言家解析，当做未来的昭示。人们相信神灵会托梦于这些强者，但其他国王和英雄的梦并没有如此功效。因此"共主"统领着群雄，不仅靠着强盛的国力和煊赫的权威，更倚靠神灵的佑助和喜爱，若有人胆敢反抗"共主"，那简直就是冒犯神灵。

我们说神灵佑护着"共主"，并不只是随便说说。在极古的时代，人们非常单纯，他们无法想象远在天边的抽象神灵，也不会轻信一个供在庙里的石头雕塑。他们信仰一位神灵，是因为他们真的看到了"活"的神，但又不能经常看到。克诺索斯王国的百姓真心相信米诺斯是海神的儿子，因为在一个特定的节日，他们就会被允许来到宽阔的皇家大广场，在蓝天和烈日之下，观看海神遣来的神牛和一个皮肤黝黑的英俊少年玩耍，旁边还站着两个美丽的祭司随侍。

虽然供奉神牛的习俗来自于隔海相望的埃及，但已经在岛上流传了很长时间，人们早已接受了这个国家是由一个国王和一头牛统治的事实。可是牛就是牛，它不会帮助国王撒谎，它吃着青草，哞哞地叫，高兴了就在泥地里打个滚。人们如果见到这样的景象，就很难相信这个蠢家伙是海神派来的神使。这让担心自己王位的米诺斯不大放心，他明白只是创造一个神牛的神话是不够的，谎话必须用谎话来圆，于是这位金牌编剧为神牛的故事又编造了更为离奇的续集，那就是皇后帕西淮和神牛之间的奸情。

国王准确地抓住了人性的弱点，那就是人们喜欢丑闻，也更愿意相信丑闻。如果这个丑闻与一个大人物相关，那么流传的深度和广度更是会呈几何级数递增。为了维持他的神权统治，国王情愿自己沦陷为人们茶余饭后的谈资。那又有什么关系呢？在那个人和神还经常来往的时代，神灵会常常变成野兽，和人间的女子交欢。最常做这事的神就是宙斯。他时而化成公牛，时而变作天鹅。因此，这种人兽之间的奇异恋情在古希腊人看来，不仅不违反常伦，反倒是凡人受到神灵青睐，并和神灵结合的有效途径（在人类学研究中，古人类的这种行为有一个不大好听的名字——兽形奸情）。因此米诺斯国王编造这个故事，虽然对于他自己来说不太光彩，但也不像现代人想象的那样耻辱，毕竟这是他的家族蒙受神恩的标志。接着就是牛头怪的诞生，这是埃及式宗教的变体：一头牛虽然可以成为神，却不能成为一个国家的大祭司，并主持宗教仪式，但一个王子却可以，人们传说这个奇怪的青年就是王后和神牛私通生下的孩子，见过他的人都战栗着说：他真的长着一个牛头。

于是，在阳光灿烂的白日里，海中涌现的神牛和俊美少年为戏；在阴森曲折的地宫中，狰狞的牛怪噬咬着儿童的尸体。就这样，神秘的克里特岛如昼夜更替般上演着两个截然不同的神话，而米诺斯王就像一个小说家，不仅撰写了这个充斥着爱恨情仇的奇异故事，也创造了一个与神牛有关的家族谱系。整个事件逻辑紧密、合情合理、亦真亦幻，有着超乎凡人的想象力，它不仅维护了米诺斯王王国的稳定，也超越了王权，从某种意义上来说，它甚至超越时间获得了永恒。

永恒的猎户

他为世上英雄之首，他在上帝面前是个英勇的猎户。

——《旧约·创世纪》

第六章

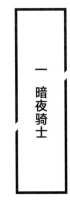

据说在小亚细亚有个桑布罗斯山，山上有座巍峨的神殿。每年某个月圆之夜，神殿里的祭司会把一匹好马牵到森林中某个指定的地点，同时放上大量弓箭等武器。当晚，能听见林中传来野兽的呼号和迅疾的马蹄声，而在梦中，祭司们会得到神的指示。第二天早晨，按照指示找到那匹骏马，它漫无目的地走着，汗流如注、气喘吁吁。森林中一派杀伐景象，到处都是野兽横陈的尸体。仔细地检查一下，会发现死兽身上的箭正是昨晚他们准备的，显然在无边暗夜里，一个神秘的猎手曾策马而来，实施了这场杀戮。

他是谁呢？祭司们告诉外乡人，猎手就是他们所供奉的神：英雄赫拉克勒斯。

这是古罗马著名史家塔西佗在其著作《编年史》中提到的一个故事，这个故事中的主人公，在地中海文化圈中恐怕无人不晓——他力大无穷、身披狮皮、手持大棍，这世上似乎没有什么事情会难得倒他，因为他的力量甚至胜过了不死的神灵。传说这位英雄出生于伯罗奔尼撒半岛的阿尔戈利斯，母亲是著名的英雄柏修斯的孙女，父亲是神王宙斯。这双重高贵的身份并未给他来什么好运，恰恰相反，他一生坎坷、四处流浪，虽然能够力扼雄狮、诛杀强敌，但这煌煌功业都是在命运的逼胁之下完成，助他摆脱了兄弟的奴役和陷害。而由于天后赫拉的敌意，他每每狂性大发，误伤无辜，事后又得创造更多的功业，以赎清自己的罪行。但宙斯钟爱赫拉克勒斯，甚于所有他在人间的孩子，在英雄将要陷入不可挽回的宿命之时，天神们将他带上天际，使其成为不死的神灵和苍穹之上闪亮的星宿——猎户星。

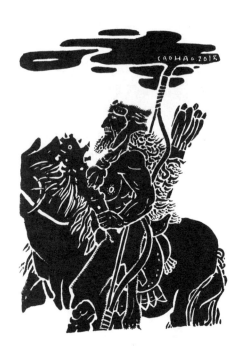

暗夜骑士赫拉克勒斯 钢笔纸本

（作者 绘）

对于赫拉克勒斯在古代普遍受到欢迎有其历史原因：首先赫拉克雷代族的殖民统治使其威名远播，尤其是后来亚历山大的东征使赫拉克勒斯的名字传得更远，比如印度和阿富汗。在犍陀罗艺术中可以看到，赫拉克勒斯的某些特征已被艺术家吸收运用。比如佛陀身边的持金刚菩萨，袒胸露臂、腰系虎皮裙，颇有赫拉克勒斯的风骨，甚至还包括中国石窟艺术中常见的肌肉虬结的力士形象，都可能和英雄有着些许血缘关系。

从另一个角度来看则源于在这个弱肉强食的世界里，人们对于力量的崇拜，而英雄则是力量的化身。世界上许多民族都有自己的大力神，但在希腊人心中，这就是赫拉克勒斯。比如著名的腓尼基城市提尔，有一个守护神美克特（Melqart），因为和赫拉克勒斯相近，就被亚历山大当做了赫拉克勒斯，因急于入城祭拜，被拒后愤而攻城。

当想要述说发生在古希腊世界的斗兽事件时，赫拉克勒斯是我们无法绕过的人，因为在他立下的十二件大功中，有八件与野兽有关。这些功绩前无古人后无来者，即使在英雄辈出的希腊也无人能出其右，虽然提修斯杀过可怕的牛怪，伊阿宋杀死了东方巨龙，梅里格尔刺死了长鬃挺立的野猪，帕勒罗丰杀死了怪物咯迈拉，但我们仍然会为赫拉克勒斯的故事着迷，不仅是由于他单枪匹马杀死了那么多野兽，更因为他猎兽的方式与众不同，相比于其他英雄更加令人印象深刻。

在赫拉的妒意之下，这位英雄被迫为他的堂兄——迈锡尼国王欧律斯透斯打工。这位国王让他做的第一件事，是制服迈锡尼附近的涅墨亚巨狮。在赫西俄德的《神谱》中，这头狮子是怪物之母厄客德娜和她自己的长子俄耳托斯所生，天后赫拉养大了狮子，并嘱咐它看守涅墨亚的森林。结果它反而在那儿伤害了赫拉自己的部落。由于欧洲的狮子在很久远的时代就已灭绝，所以后世的神话编纂者对于希腊半岛如何跑出一只狮子感到十分困惑，他们在狮子的来历上大做文章，除了《神谱》的记述，也有人声称它是从月亮上掉下来的，不管怎样，英雄出发了，背着弓和箭，手持标志性的、疙瘩溜秋的橄榄木大棒。

一路上没有遇到一个人，英雄到达森林之时，感受到可怕的死寂。他在密林中艰难寻觅，直到傍晚那只狮子才出现。看起来这只巨兽刚刚结束晚餐，嘴角还残留着血迹。赫拉克勒斯躲在草丛中向它连射数箭，都被它的身体弹了回来，他这才想起狮子的皮毛是普通的弓箭无法刺穿的。但此举暴露了他的藏身之处，狮子怒吼着扑过来，初出茅庐的英雄没有丝毫退却，他扔下弓箭，抢起大棒猛砸狮子的头颅。没有什

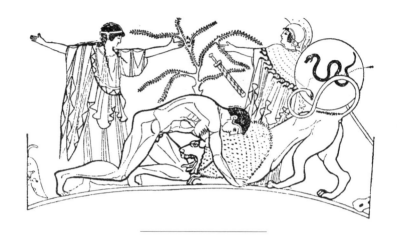

赫拉克勒斯力扼雄狮　古希腊瓶画的摹本

来源：《马克思·恩格斯著作中的希腊神话》

（斯特凡诺·马吉．希腊——众神的殿堂 [M]．张宝梅，译．石家庄：河北教育出版社，2013）

扼杀尼迈阿雄狮是英雄所做的第一件事，向世界证明他是一个智勇双全的人。除此之外这件事也设定了英雄的装扮行头：一身狮皮，手持大棒。这身看起来十分野蛮的装束表明赫拉克勒斯神话历史久远，它可能源于氏族时代，并以神话的形式寄托了赫拉克雷代族对一个真实存在的、了不起的老族长的回忆。

么生物能够抵挡这位宙斯之子，狮子应声倒地，赫拉克勒斯赶紧扑上去，抱着狮子的脖子，徒手扼死了狮子。

狮子一死，英雄就开始剥它的皮，可是费了好大的劲，这皮竟然完好如初，最后赫拉克勒斯用狮子的爪子割开了它自己的皮，并用这华丽而坚硬的狮皮做了新的胸甲和头盔。他就这样穿戴一新回到了故乡，国王欧律斯透斯看到他扛着狮皮的样子，竟然吓得躲进了一口大锅里。

首战告捷。故事的开始赫拉克勒斯就显示出他和其他希腊英雄的不同之处：从不蛮干。尤其是他剥狮子皮的做法更显示出以子之矛攻子之盾的思辨智慧——一个奇特的英雄被塑造出来，希腊人巧妙地在这粗壮的野蛮人的身体里装入了哲学家的智慧。

紧接着，善于思考的赫拉克勒斯又开始追踪他的第二个猎物：一条大水蛇。它生活在勒耳拉沼泽里。这条大蛇有九个头，其中有一个头是不死的，如果斩掉它，又会从伤口处长出两个头来。如果说剥狮皮显示了英雄哲学家的气质，而在斩杀大蛇时他又像个聪明的农夫富于生活的小智慧，在侄儿的帮助下，英雄用烧红的树枝灼伤蛇头断处的伤口，使它不能再生新的蛇头。但是在这件事他得到了侄儿的帮助，被欧律斯透斯宣布功绩无效。

英雄处理着接踵而至的离奇任务：不是去捉一只金角铜蹄的鹿，就是制服那些嗜血为生的马，要么去冲刷一个臭气冲天的牛圈。到最后他竟然下到冥府，像恶作剧似的把那只看守冥界之门的大狗带到了阳间，只是为了给他那不成器的哥哥看一眼。即使是在服苦役，英雄还是以他的智慧带给人们许多欢乐：阿特拉斯为赫拉克勒斯去摘取金苹果时，让赫拉克勒斯帮他顶会儿天，这位被罚顶天的巨人忽然尝到了自由的滋味，再也不愿意在那儿顶天了。于是他把赫拉克勒斯所要的

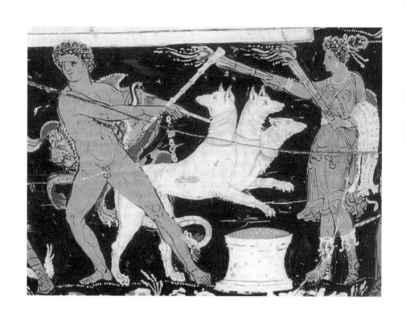

制服地狱犬 古希腊瓶画
出土地点不详

（作者 摄）

　　制服地狱的守门犬刻耳柏诺斯是英雄所作的最后一件事，向世人预示他将征服死亡。进入阴曹地府是许多古代文学作品中都有的桥段，在赫拉克勒斯之前有伊士塔尔女神、奥德修斯做过此事，在他之后又有埃涅阿斯和但丁。但赫拉克勒斯所要竞争的是同为希腊英雄的提修斯。在这里他显然胜过了他，因为提修斯想抢劫冥后没有成功，而赫拉克勒斯不仅把地狱犬带到人间，还拯救了被冥王囚禁的忒修斯。他不仅是英雄，还是英雄的拯救者。

金苹果往地上一丢，对英雄说："你帮我顶天顶得挺好，要不你就继续顶吧。"英雄那惯用的农民式智慧又冒了出来，他不慌不忙地对阿特拉斯说："可以，但你先帮我顶一下。让我搞个草垫子放在肩膀上，这样就不会硌得慌……"看到这里，读者们不禁笑出声来：好个阿特拉斯，这天活该你顶。就这样，赫拉克勒斯那俯拾即是的智慧，给各个时代的人都带来了欢愉和惊喜。在人们的眼里，赫拉克勒斯不仅是不可战胜的英雄，也是在我们的生活中随处可见的，那些坚韧、勇敢、乐观又有点狡猾的普通人。

三 英雄不问出处

若仍要执着地追问，英雄的故事和他诛杀的猛兽是真实存在的吗？抑或只是希腊人漫无边际的想象？如果只是把希腊神话当做神话，那么这些问题大可不必费心，但我们一定得意识到，今天的神话故事，在古代却是人人笃信无疑并融入血液里的信仰。神话的内容和结构必然存在着某种玄机，透露出神话编纂者想要传达的信息。事实上，大多数的古希腊文化的研究者都已经承认，希腊神话不能简单地解读为神话，它们和很多考古发现惊人地吻合。

因此，当我们在这一章试图揭秘古希腊人的斗兽风俗时，所有的前提是：赫拉克勒斯必须是一个真实的历史人物，如同名气稍逊于他的英雄阿喀琉斯和提修斯一样真实存在过。英雄勇斗怪兽的故事也应当是真实事件的寓言化。那么赫拉克勒斯到底是什么时代的人，又是从哪里跑出来的呢？在这一点上，历史学家尚没有达成共识；希罗多德认为他是

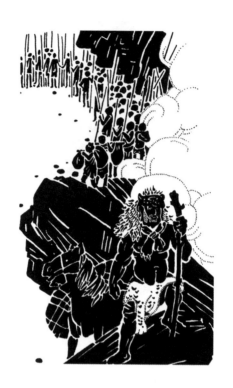

赫拉克雷代族的远征 钢笔纸本
（作者 绘）

　　和世上其他原始民族喜欢以猛兽为图腾不同，赫拉克雷代族的图腾是制服猛兽的猎人，也是他们的老族长赫拉克勒斯。他们以一生征战不息的赫拉克勒斯为精神坐标，在公元前 1220 年左右展开了意义非凡的远征，经过一番苦战，把家从文明的边缘地带——马其顿和色雷斯地区搬到了曾经的文明昌盛之地——伯罗奔尼撒半岛。在这里，他们不仅脱去了野蛮的外衣，通过和那些早已进入文明时代的四邻贸易与征战激发出自身的才能，最终成为地中海世界的后起之秀。

　　在赫拉克雷代族迁到伯罗奔尼撒半岛的过程中，吸纳了诸多小民族，比如当时还名不见经传的多利亚族，但它日后却发展为希腊语族中最为强大者，并产生了斯巴达、科林斯等伟大而富饶的城邦。多利亚族那围绕军国主义而形成的，奇特的国家组织形式和民风，莫不为其他的希腊民族所学习。而赫拉克勒斯的故事体现了赫拉克雷代族和多利亚族的民族气质：崇尚武力和战争，并自愿为此而放弃一切，包括舒适的享受和对金钱的追逐。

埃及人，他言之凿凿，说希腊人信奉的所有神祇都来自埃及。而且在埃及，赫拉克勒斯不只是位英雄，更是一个伟大的神灵；但《亚历山大远征记》的作者阿里安认为，埃及人的赫拉克勒斯和希腊人的赫拉克勒斯并非同一人。从考古资料来看，他的推断比希罗多德恐怕要靠谱一些。

在现代的希腊史专家哈德蒙看来，赫拉克勒斯极可能是一个生活在马其顿西南山区说希腊语的部落领袖，活跃时期约在公元前13世纪，稍晚于特洛伊战争。他之所以声名远播，是因为在他死后，他的后代以其名为部落命名，进行了一场旷日持久、意义非凡的远征。这个部族骄傲地自称"赫拉克雷代"（意为赫拉克勒斯的后代），其领导人就是赫拉克勒斯的几个儿子，他们不满足于故乡的狭小贫瘠，带领族人打打杀杀，一路南下，先后殖民于帖撒利山区、科林斯地峡，最终入主伯罗奔尼撒半岛的东南端，田地丰饶的阿尔戈利斯地区，取代了世代盘亘于斯的迈锡尼族。

虽然这是一次入侵活动，但赫拉克雷代族却对伯罗奔尼撒的原住民迈锡尼人说，赫拉克勒斯其实本就是伯罗奔尼撒的阿尔戈利斯人，他是被他的哥哥——无能的国王欧律斯透斯迫害，没有办法才流浪远方，并客死他乡的，我们作为他的后人，只不过是回到父辈曾经居住的地方，又有什么错呢？这样一来，巧舌如簧的入侵者摇身一变，成了为父报仇的好男儿，说得老实的迈锡尼人哑口无言，目瞪口呆：原来我们被入侵是活该啊？研究者认为：正是为了强化这种思想，赫拉克雷代族定居后，就开始围绕"英雄被迫害"的主题，充实和完善了赫拉克勒斯的故事。

因此，我们今天看到的赫拉克勒斯的故事，有可能是赫拉克雷代族的精神自传：一方面隐含着赫拉克雷代族的统治哲学，另一方面是他们殖民和征服的历史。赫拉克雷代族的文明程度要远低于原来的岛民迈锡尼人，他们的故事更多的是以神话而非史诗的形式流传。在赫拉克勒斯的一生中，最为人所称道的就是那"十二件大功"。在今天的神话研究者看来，头六件大功发生的先后顺序和地点都是耐人寻味的：第一件大功就是扼死涅墨亚巨狮，第二件是斩杀勒耳拉沼泽的水蛇，第三件是活捉刻律涅亚山的金鹿，第四件是厄律曼托斯山上的野猪，第五件是冲刷伊利斯国王的牛圈，第六件是射杀斯廷法罗斯湖的怪鸟。这六件大事所涉及的地点皆位于赫拉克雷代族刚刚入主的伯罗奔尼撒半岛，我们有理由相信这正是赫拉克雷代族征服当地土著的一种形象化表达。

因为在古代的伯罗奔尼撒乃至整个希腊世界，部落常以他们喜爱和崇拜的动物命名，部落首领也常常以动物名作为自己的诨号。最著名的例子是公元前 6 世纪，西夕温僭主克里斯提尼在打败了阿尔戈斯的三个部落西莱斯、迪马尼斯和潘菲洛伊之后，给他们以"猪人""驴人""野猪人"的诨名，这些诨名的灵感来自于这些战败部落所崇拜的图腾。不管怎样，这些侮辱性的称号让周边民族印象极为深刻，以至于在这位僭主死后六十多年，这些诨号仍然存在。

由此可见，称呼被自己打败的部族为野蛮的兽类，是一种悠久的传统。赫拉克勒斯打败的狮子、水蛇、野猪和鹿等，很可能就是指以这些动物为图腾的当地部族。在故事中，赫拉克雷代族一方面在强调主人公的智慧，另一方面也在不遗余力地宣传那些原住民是多么的落后和糟糕，除了关于兽类的譬喻，伊利斯国王臭气熏天的牛圈也是一例，但赫拉克勒斯并没有打击伊利斯的国王，这是因为地处伯罗奔尼撒半岛西北部的伊利斯并非赫拉克雷代族的势力范围，他们属于另一个族群，归属于来自埃托利亚的奥希鲁斯的子孙——奥希利代。

在清剿了伯罗奔尼撒当地的反对势力之后，赫拉克雷代族继续分裂繁殖，很快小小的伯罗奔尼撒半岛容不下他们了。越来越多的后人打着赫拉克勒斯的名头到处殖民，富饶的克里特岛即是他们的下一个目标，这种侵略行为是在赫拉克雷代族的一个后代——阿尔达门尼斯的率领下完成的，时间约在公元前1050年。他们先是占据了克里特岛中部的肥沃地区，接着是整个岛屿。但是在神话中，这次重要的侵略活动却被一笔带过，简单地演变为赫拉克勒斯制服了克里特的疯牛，这大概是因为入侵克里特的过程比较轻松，不太艰辛，在入侵队伍到达之前，这里的岛民早在一种尚不清楚的灾难中一蹶不振。

在漫长的历史中，赫拉克雷代族的子孙们到处殖民，并把沿路听到的传说并入赫拉克勒斯的故事，比如说阿玛宗女王的金腰带、阿特拉斯女儿看守的神秘果园。于是这个故事越编越长，赫拉克勒斯走到了天涯海角，并在直布罗陀海峡立下了赫拉克勒斯石柱，从此这个地方便被认定为是世界的尽头。出于神话编纂者不可捉摸的目的，闲不住的英雄又去攻打了特洛伊等其他地方。渐渐地，赫拉克勒斯不再是那个人们喜爱的、为民除害的角色，露出了侵略者的狰狞面目，故事本身的结构也变得越来越复杂和臃肿。

四 动物的譬喻

但如果我们秉承一种过分理性的研究方法，非要把所有的神话附会成某个历史事件的象征，不仅显得生硬和教条，也把那些鲜活浪漫的部分给一笔抹杀了，毕竟人们喜欢神话，并不取决于是否是真事，而是因为它们深刻有趣、充满想象力。的确，在赫拉克勒斯的神话中，有一些是并不能找到相应的历史事件，如果换一种思路，将其视为寓言，其结果又会怎样呢？

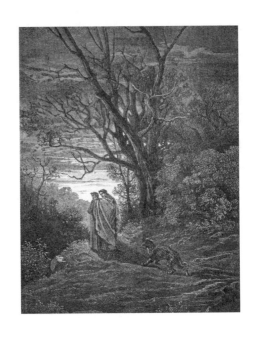

但丁在森林 铜版画

多雷绘 19 世纪

(但丁.神曲 [M].田德望,译.北京：人民文学出版社,2011)

　　文学评论家认为，是维吉尔的《埃涅阿斯纪》启发了《神曲》，而荷马的《奥德修斯》启发了《埃涅阿斯纪》。在这三部杰出作品中，有一个显著的共同点就是它们都是以游历为主题，人们在漫无止境的流浪中经历了许多人和事，并悟出了人生的哲理，到《神曲》诞生时，但丁直接认为人生就是一场游历。另外一个共同点即是诗人们使用了大量的譬喻和象征，只有深入到作品的研究中，才会理解作者这些譬喻的内涵。在《神曲》的开篇，但丁描述了自己在密林中的奇遇：有三只动物——狼、豹子和狮拦住他的去路，它们分别象征着人性的三大弱点：贪婪、淫欲和暴戾。这个桥段的设置使得但丁的奇遇与奥德修斯在女巫基耳凯处的奇遇联系起来，上古时代的思想就这样曲折而隐晦地影响了文艺复兴时期的诗人。

神话里是否藏着什么东西，是睿智的希腊人想要告诉我们的？解决这些问题需要展开更多的阅读，而奥德修斯的故事或许有所裨益，因为它比赫拉克勒斯的故事还早，后来的神话都深受其影响。

话说从特洛伊战争中回返家园的希腊英雄奥德修斯和他的战友在漂流的途中曾来到过一个海岛，这是女巫基耳凯的住所。这位美丽的女巫正在自己的寓所中放声歌唱，在她的门外，游荡着成群结队驯顺的狮子和灰狼。流浪的英雄们叩响了基耳凯的房门，受到女巫的盛情款待，并饮用了添加了大麦、奶酪、蜂蜜的美酒，但他们不知道这美酒中还有女巫的魔药。当药力发作之后，翻脸不认人的女巫拿出了一根棍棒，开始击打她的客人，可怜刚才还英气勃勃的好汉们，转眼就跌倒在地，长出了鬃毛，变成了一只只肮脏的肥猪。女巫把它们赶进了猪圈，还随手丢下了橡子和山毛榉的果实。直至一个警惕性较强而没有上当的伙伴跌跌撞撞地跑回去，把实情告诉了奥德修斯，这些因贪吃而被变成猪的战友们才得以解救。这才发现，那些在女巫屋外游荡的狮子和狼也曾是人类。

这一个片段包含了一个希腊民族普遍认可的哲理，并确立了后来那些故事的基调，即贪婪会使人失去人性，从而和畜生无异。换句话说，人和动物的分别在于：人是能够克制自身的贪欲的，而动物不能。因此在希腊人看来，动物之所以是动物，就在于它们都是贪婪的：猪是因为贪吃，山羊是因为淫欲。

我们也完全可以推测，在赫拉克勒斯神话中出现的那些奇异野兽：狮子、九头蛇、野猪、疯牛和食人马也可能是一种意象的表达，它们不仅仅是强大自然力的化身，更有着道德上的任务，同奥德修斯队友变成的动物一样，怪兽们象征着无止境的贪婪、凶暴或是淫邪。它们将软弱的人类推向堕落，其危害性远甚于在希腊本土其实并不多见的

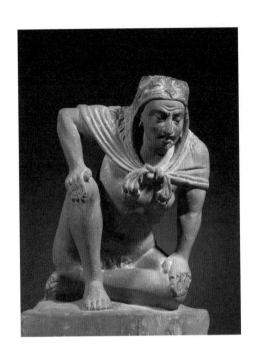

沉思的赫拉克勒斯 石雕
阿富汗犍陀罗地区出土
（作者 摄）

虽然赫拉克勒斯做出了那么多丰功伟绩，但那具有强烈悲剧色彩的故事仍然让人们深深叹息：如果英雄能够时刻保持神志清醒，那该多好！在赫拉克勒斯的神话随着亚历山大的入侵而东传时，他那暴戾、不顾一切的作风显然引起了东方民族的不适，这尊出土于阿富汗犍陀罗地区的赫拉克勒斯石雕似乎表达了这种情感，艺术家表现了一个沉思的英雄，他以一种东方才有的坐姿——安逸式踞坐，以手抚膝、眼光下视、眉头紧锁，似乎处于搏斗之后的憩息之中。英雄的肌肉放松下来，看起来并不那么发达，大棍也不在身边。终于，艺术家不再为英雄那光鲜的外表所迷惑，而是看到了一个真实的人，他会疲倦，也会对自己的所作所为产生困惑：这一切都有意义吗？甚至在他剃光了神气的大胡子后，可以从他的皱纹中读出这位中年男子的满腹忧思。

猛兽。猛兽所具有的象征性，一直以来都存在于文学创作之中。还记得《神曲》的开头，但丁在密林里遇到的狮子、豹子和狼吗？它们分别象征着人性的三大弱点，阻挠着人类寻求真理和光明的道路。

而破除这些人体内的兽性是很难的，和中世纪的诗人寻求神和圣贤的指引不同的是，古希腊人依赖一种节制的生活方式。最著名的例子是苏格拉底，据说他吃的食物极其简单，对此他解释说人如果勤于锻炼，那么饥饿就是吃饭时最好的调味品。这种做法并非只有德行高尚如苏格拉底才能做到，事实上每个希腊人都是如此。丹纳在他的著作中描述过，现代希腊人的饮食仍然非常简单：一片香肠、一条小鱼、几粒鹰嘴豆就是他们的早餐，他还经常看到四五个强壮的汉子围坐在一起，津津有味地共吃一个小小的烤羊头。

而英雄赫拉克勒斯却走向了另一条完全不同的路，也成功地扼制了贪婪、凶暴和淫邪，他制服这些不仅仅靠克制，更多的是靠勇气和智慧。相比于那些清心寡欲的圣贤，他显示出更为主动积极的精神，坦然面对狂暴的猛兽，也敢于直视自己的命运，从未想过逃避。这种大无畏精神也是古希腊民族精神的珍宝，虽然人们也知道它也极有可能在控制不当的状况下走向不好的一面。

更要命的是，希腊人还发现用勇气和力量去制服野兽，可能并非最佳的办法，以暴制暴只能导致更大的危险！正如尼采所说：当你凝视深渊的时候，深渊亦在凝视着你。英雄杀死了恶龙，但最后英雄也变成了恶龙。赫拉克勒斯也面临着这一厄运：不错，他是剥下了狮子的皮，又用蛇的毒液涂满了自己的箭头，但一种看不见的东西，却随着那些猛兽的消亡，而进入了他的身体，使他有如被他杀死的野兽一样凶残。这噩梦纠缠着他的一生，使他一次次地发狂，又如同孩子一般脆弱无助。他残忍地杀死了自己的朋友、老师和妻儿，所有爱他和信赖他的人都离他而去，到最后竟成了形影相吊的孤家寡人。

五 驯马少年

但英雄并不孤独，因为他的血脉从未断绝，他的子孙像天上的繁星一样多。这些人不仅统治了希腊半岛的南部，足迹甚至遍及地中海沿岸。但无论是赫拉克勒斯还是无所不知的宙斯，都不会想到他们煊赫的功业会在多年以后被一个黄毛小子超越，他甚至胡子还没有长全呢。他自称是英雄的后裔，而且是铁板钉钉的那种。赫拉克勒斯如果泉下有知，不知该是惊骇还是安慰。他就是马其顿王国的亚历山大二世，史称亚历山大大帝。据说他是马其顿王卡拉努斯（公元前794年即位）的第22代子孙，而卡拉努斯又是赫拉克勒斯的第16代子孙，因此算起来亚历山大就是赫拉克勒斯的第38代子孙。

除了善于征战，亚历山大还有一种不为人们熟知的本领，那就是和动物交流并统御它们的能力，这不由让人们联想起他那显赫的、善于制服猛兽的祖先。同样的，亚历山大和赫拉克勒斯一样，都以高明的手段来显示他们战胜野兽不是靠粗野的蛮力，而是来自让人艳羡的智慧和细心的观察。

普鲁塔克讲过一个有趣的故事：沙利人斐洛尼库斯将一匹名为布西法拉斯的骏马带到亚历山大的父王腓力二世面前，索价13塔兰同，相当于300个雅典水手的年薪，是个非常惊人的价钱。可是当人们试骑这匹马的时候，发现这匹烈马根本无法驾驭，它总是高举两条前腿，试图把想骑它的人摔下来。正当人们一筹莫展时，年少的亚历山大走过来，当着他的父亲和骑手的面，声称他可以驯服这匹马。在得到许可之后，少年立即抓住缰绳把马头转到太阳的方向，因为他早就观察到这匹马之所以惊恐不安，是因为看见了自己移动的影子，这孩子的聪明劲儿，真有些赫拉克勒斯的风骨呢！就这样，通过敏锐地观察，小心地试探，他终于大胆地跃上马背，收紧缰绳，用一种威严的声音激励它，老练地用脚后跟的压力驱策它，把这匹马驯化得服服帖帖。这些动作是如此连贯自然、一气呵成，使得那些年长的骑手都惊讶地鼓起掌来。

据说他的父亲高兴地流下了眼泪，激动地抱住亚历山大说道："我的儿！去找一个配得上你的王国吧，马其顿对你来说实在是太小了！"当然那匹骏马也荣升为王子的坐骑，成为历史中最具传奇色彩的马儿之一。它一直为它的主人忠诚服役，跑遍了大半个地球，辅佐主人立下赫赫战功，无愧于它那惊人的身价。直到接近 30 岁高龄，才寿终正寝。在它的一生中，除了亚历山大，谁也没有骑过它，这也让人不禁联想起他的先祖也曾制服过一头克里特疯牛，逼迫它泅水越过海峡来到伯罗奔尼撒。这只桀骜不驯的牛也和名马布西法拉斯一样，只听命于那个驯服它的人。

六 寻找狮子的国王

据说在亚历山大的父亲腓力二世结婚以后，曾梦见用一个印章盖在了妻子奥林匹阿斯的身上，而那个印是一个狮子的形状。皇家占卜官，也是日后亚历山大最为信任的占卜官亚里斯坦德断言，这是王后有了身孕，将要生出一个像雄狮一般骁勇

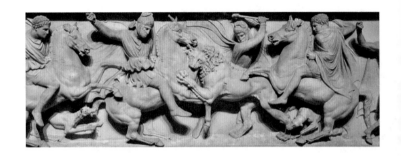

亚历山大骑马猎狮 亚历山大石棺雕刻
希腊化时期

(斯特凡诺·马吉.希腊——众神的殿堂 [M].张宝梅,译.石家庄:河北教育出版社,2013)

    从雕塑中可以看到,亚历山大身着波斯服装,手持一根遗失的长矛,刺向一头可怕的雄狮,狮子的样式具有典型的波斯阿契美尼德时代的艺术风格,艺术家真实地表现了亚历山大征服波斯后,为波斯文化所吸引的情况。和国王徒步狩猎的图像不同,这件浮雕表现了国王骑在一匹跃起的战马之上(此马不一定是名马布西法拉斯,因为亚历山大只有在最重要的战役中才会使用它),这匹马没有配鞍鞯和马镫,这也给后世的军事研究者提出难题:希腊人是如何在没有马具的情况下,控制骏马并在马上狩猎的呢?虽然还没有弄清楚这些问题,但从亚历山大驯马的故事可看出,他从少年时代就精于骑术,事实上在作战中他也是以骑兵的身份出现的。虽然希腊人精通各种战术,但骑兵力量薄弱一直是其硬伤,而马其顿骑兵的崛起不仅弥补了这一缺憾,还在东征波斯中力克了亚洲骑兵。

和强壮的男孩。且不说这个传说是否真实，但亚历山大的一生确实和狮子这种动物有着莫大的渊源。

据说他在东征波斯的路上就一直在寻找野生狮子的踪迹，但一无所获。虽然国王喜爱狩猎，但也只是猎狐射鸟，从未遇到过配得上他的大型猛兽。直到有一天，他的总督为他献上了两头刚捕获的波斯狮子，这是一种体型巨大、毛色灰黄的狮子，比亚述国王常猎取的狮子还要魁梧得多，虽然在现代的动物园还能看到这种狮子，但在亚历山大时代它们就已经是珍稀品种了。狮子被装在木头笼子里，摇晃着巨大的脑袋，低沉地吼叫着。

亚历山大按捺住激动的心情上前观看，并命令士兵打开笼子让他看个清楚。士兵们用颤抖的手打开了狮笼，在一片肃静中，那头骨节粗大的雄狮走了出来，好奇而警惕地盯着周围的人，吓得围观者都赶紧后退一步，亚历山大却猛扑上去，用双臂死死扼住了狮子毛茸茸的颈项，把狮子的头颅压到了地上，再用膝盖死死地顶住，那只可怜的狮子还没有反应过来，就被压在地上抬不起头。

亚历山大趴在那头大狮子身上，姿势有点尴尬，但还是回头向他的伴友们露出了一个得意的微笑。人们惊呆了，一时不知道是该救他还是让他独立完成此事。要知道国王对自己的勇力极为自负，在他小的时候，有一个小伙伴就在围猎中刺死了一只袭击他的野猪，忠心救主反而被发怒的亚历山大抽了一顿鞭子，还牵走了他的马（这是一种很严重的侮辱），这是人人皆知之事。但此时国王显然支撑不住，那头狮子马上就要站起来了，他的伴友利西马科斯冲上去，想要助国王一臂之力，士兵们也抽出短刀，跃跃欲试。

"别过来！"亚历山大怒吼，脸涨得通红。说时迟那时快，在那头狮子正要站起来的时候，亚历山大扳住它的头，"轰隆"一声，把它掀翻在地，尘土飞扬，狮子的肚皮露在外面，剧烈起伏着，样子有些滑稽。"你们把它牵回笼子吧。"亚历山大有些吃力地站起来，他拍了拍手上的灰尘走向他的朋友，轻蔑地把那头狮子丢在身后。士兵们赶忙跑过去，把垂头丧气的狮子牵回笼子。

不管怎样，这次国王斗狮的事件给在场的马其顿高阶军官留下了极深的印象，他们苦苦劝告国王，下次不要只身涉险了。但同时也对于国王也产生了新的认识，那就是无论是力量和胆识，自己都远非国王的对手——亚历山大绝非有勇无谋的愣头青，他恰恰就是要选择这么一个众人都在的场合，用与狮搏斗来震慑他们，以此消灭军官们可能会萌生的僭越念头。

人们认为亚历山大之所以这样热衷于与狮搏斗，是在极力仿效他那传说中的先祖赫拉克勒斯，这种猜测是中肯的，因为在全国发行的银币上，就镌刻着国王带着狮子头盔的英武容貌，这显然就是年轻版的赫拉克勒斯，而且他在征服印度之后，曾召集部下开会，严肃地探讨过他的功业是否胜过赫拉克勒斯。随着他东征的深入，亚历山大开始接触更多进贡来的狮子，一旦他兴致来了，总要和这些兽王们比划比划，这样一来，单从猎狮的数量来说，他远远超过了他的先祖。

就这样，狮子不仅成为国王仿效赫拉克勒斯的工具，也成为了国王的象征，至少他身边的人是这么认为的。有一次人们看到一只平素里十分温顺的驴子，忽然发起狂来，竟踢死了一只威武的狮子，而这头狮子是国王作为爱宠驯养起来的。人们惊恐地窃窃私语，认为这不寻常的事情是个凶兆。果不其然，亚历山大不久后就在一次通宵达旦的宴饮中染病，不几日就撒手归天。国王的死不仅招致了一个及其庞大的马其顿帝国的终结，也为英雄搏兽的高贵时代划上了仓促的句号。

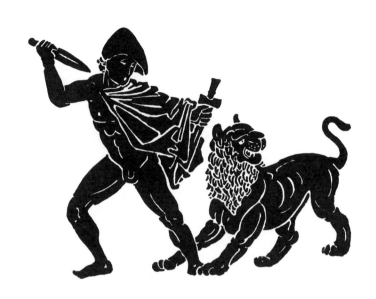

亚历山大猎狮　希腊化时期

（作者摹绘古代镶嵌壁画）

　　亚历山大的宫廷艺术家精于表现猎狮场面。在那些作品中，国王喜欢用一柄没有剑挡的短剑刺向狮子，和那些亚述国王相比，亚历山大的装备简陋得惊人，他赤身裸体，只披着一袭披风，戴着一顶软帽，那满不在乎的样子就好像扑过来的是只猫。某次他和雄狮搏斗时，有位拉凯代梦来的使者在旁目睹了这让人惊骇的奇观，他回去告诉他的族人说，亚历山大和狮子搏斗，那威风认真的样子，就好像要向狮子宣告他才是真正的君王。

血腥的狂欢

所有狂暴的欢乐
都有狂暴的结局。

——莎士比亚

第七章

斗兽表演在罗马是一项古老的风俗，没人能说清楚它到底起源于何时何地，但它真正发展成为一种惊世骇俗的娱乐，应当是在公元初至公元2世纪这一百多年的时间。那时罗马帝国国富民强，帝国的边陲省镇纷纷进贡，那些穷乡僻壤要钱没有，野兽倒是多得数不过来。就像体育竞技代表希腊精神一样，对于闲得发慌的罗马市民来说，屠杀猛兽不仅可以提神醒脑，也代表了罗马精神。

虽然这一切是那么的血腥，但是罗马人坚定地相信，这本是现实的一部分，无须隐藏。就像象棋的棋子象征着真正的"大象"或是"将军"一样，在斗兽场被屠杀的野生动物也象征着它们所代表的、被罗马人征服的民族。不然，恺撒在凯旋仪式中干嘛要使用大象来掌灯呢？由于如此坚定的信仰和充足的理由，每个罗马人已将观看斗兽表演视为其生活中的一部分。在这种情况下，首都罗马建起了庞大的角斗场"克洛西姆"，上行下效，较小的角斗场开始遍地开花。据不完全的统计，当时帝国境内约有200多个大大小小的斗兽场，斗兽表演更是层出不穷。

在隆重的节日，比如大角斗场揭幕，十天内竟然有9000多头巨兽横尸竞技场，若不是撒着厚厚的砂石，屠夫们早就要把角斗场重新变回一汪红色的湖泊（这斗兽场的基地本来是尼禄皇帝的人工湖）。27年后，在图拉真皇帝举办的达西亚战争祝捷大会上，又有11000多头野兽被杀（有人认为这个祝捷大会实际上持续了一年）。除了这两次特殊的情况，在寻常年景，罗马帝国各地每年也要杀死几千头野兽。

和现代人的认识相悖，古罗马的"斗兽表演"其实是一种花样百出，同时又非常完备、精致的娱乐活动。虽然无法考究其细节，但仍可以

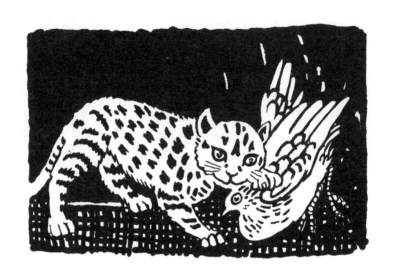

狸猫捕食母鸡 古罗马马赛克镶嵌壁画

（作者摹绘古代壁画）

在这幅画中，小猫用爪子按住母鸡的翅膀，仿佛想看看母鸡的反应，母鸡的双脚被绳子捆着，动弹不得，只好沦为猫的俘虏。即使在一个平常的农舍厨房中，也时时刻刻上演战斗和流血，生和死是一切生物的宿命，并不独独在竞技场上。

根据文献记载，把它们大致分为五类：首先是野兽刑，其次是猎兽表演、斗兽、兽展和马戏。这里每一样运动都有自己的玩法，它们所象征的寓意也有着天壤之别。但有一点可以肯定，所有与野兽有关的表演多在上午举行，中午处决犯人，而下午是人和人的厮杀——角斗士表演。之所以这样安排，大概是因为野兽是最难控制的吧！不宜让它们在黑暗的地下室待得太久。

二 童话不是骗人的

先说说具有悠久历史的野兽刑，在皇帝的眼中，它的重要性凌驾于所有斗兽节目之上。用野兽惩罚犯人，可能是各种斗兽活动中最具有罗马色彩的，这种官方娱乐往往会把野兽刑融入一则人所共知的神话故事里，并以之作为一场盛大活动的开场。根据提图斯皇帝的御用诗人马提雅尔的《表演集》所述，罗马大斗兽场揭幕那天的第一个节目就表演了希腊神话"米诺斯的故事"的片段：为了惩罚克里特岛的国王米诺斯，海神波塞冬让王后帕西淮爱上了一头公牛，并且与之生下牛怪米诺陶。这则神话是罗马人常常表演的经典剧目，早在尼禄时代就上演过，爱好舞蹈的尼禄亲自导演了这幕舞剧，人们看到了和神话中一模一样的场景：公牛趴在木头母牛的背上，母牛肚子里藏着饰演王后的女演员。

但提图斯的御用导演们如何操作这幕戏却是个谜。马提雅尔是个滑头的诗人，他写得越多就越使人堕入五里雾中。莫非有什么难言之隐？从罗马人向来的重口味来看，很有可能——在众目睽睽之下，"导演"让一头着了道的公牛和女人交合，并以此阐明"惩戒"的意义。

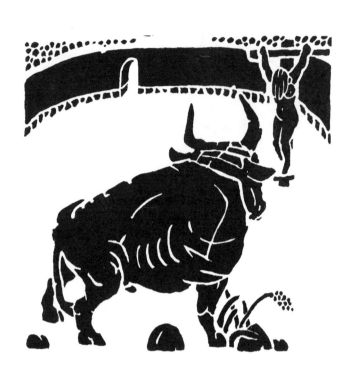

帕西淮式的惩罚 钢笔纸本

(作者 绘)

　　在希腊神话中，王后帕西淮爱上一头神牛，但是神牛却并不爱她，为了和神牛合欢，王后躲在一个木头造的母牛身体中，骗过了神牛，达到了她的目的。但是罗马人显然没有照搬希腊神话，他们不喜欢遮遮掩掩，恰恰相反，他们就是要把这种超越伦常的东西搬到台面上，以满足人们内心阴暗的需求。

　　说到这，读者们可能还是不大明白一头白公牛是如何被人类吸引的，但古人可不缺乏这样的"学问"：他们可能收集了母牛发情时分泌的体液，将之涂抹于受害者的身体，从而实现了这项变态的刑罚。

至于这个倒霉的女人所犯的过错，很可能与"淫荡"有关。

第二个节目仍然是个希腊神话，讲的是巨人普罗米修斯为人类盗取天火，被宙斯锁在高加索山上的故事。在故事里，残酷的宙斯让一只大鹰飞来啄食他的肝脏，而那肝脏随即又会长好，等着大鹰第二次来啄，使这痛苦周而复始。

而这次扮演普罗米修斯的人是一个身材高大的罪犯，找不到会啄肝脏的鹰，于是导演用一头来自苏格兰的高地熊代替。人们猜测，即使是饥饿的熊也不会直接吞噬罪犯的内脏，只好由刽子手先划开罪犯的身体，让内脏流出来给熊吃。唯一庆幸的是，对于罪犯，这种痛苦只有一次，而不是像神话中那样永无止境。这一次，诗人没有避讳地写道："他的残破的肢体还在竭力地维持着生命，尽管各个部位鲜血淋漓……"诗人似乎在教导我们，要乐于欣赏这些暴力场面，不要有丝毫愧疚，更不要把这当成罗马人的野蛮，他们只是替天行道，效法神灵的作法而已。因为："那个罪犯已经犯下了超过古代所有民间传说的罪恶，通过他，曾经仅存于神话里的情节，变成了真正的惩罚。"

不得不说，这个由诗人和艺术家组成的策划团队完成了从野蛮风俗到道德说教的成功转译。"嘿，这回你们知道了吧，神话可不是骗小孩子玩儿的。"斗兽活动的策划者们洋洋得意地说。

但显然，不是所有的罗马皇帝都像提图斯一样喜欢装文艺范，没什么文化的卡里古拉皇帝听说喂养狮子的牛涨价了，就吩咐直接用罪犯喂狮子，也不管这些人是否犯有死罪。他还曾把许多人像野兽般关在铁笼子里，据说这些人都热衷于搞言论自由，大肆批评皇帝举办的竞技会。卡里古拉皇帝在实行这些刑罚时是本着"公开、公正、公平"的原则的——许多高贵的元老当着平民的面，像奴隶般烙上了烙铁的印迹，被无情地抛给了野兽，而一位罗马骑士被抛给野兽时，居然胆

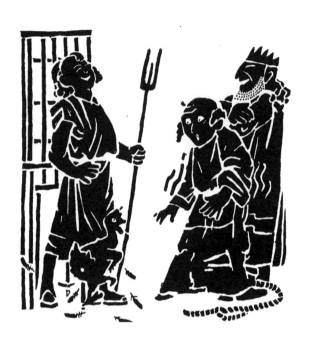

商人和阉鸡 钢笔纸本

（作者 绘）

　　将皇帝视为真龙天子的中国人很难想象古罗马的皇后娘娘会亲自购买珠宝，而且还买到了假珠宝！天下的珠宝不应该都是她的吗？要知道，古罗马的帝王远没有中国的皇帝神圣，他们的帝位不仅朝不保夕，而且皇帝的行为也受到元老院和公民的监督。对于普罗布斯皇帝以骗局回敬骗局的做法，来源于一种古老的风俗，在法律学上称之为"同态复仇"，它有一种更为通俗的说法是"以牙还牙，以眼还眼"。根据这个逻辑，一个建筑师如果没有建好房子，房子坍塌砸死了房主的儿子，那么作为惩罚，建筑师的儿子也要被砸死。这种做法所具有的公平性受到远古先民的认可，并被记录在最早的法典"汉谟拉比法典"上。

敢大叫无罪，这不是无视皇帝的公正吗？于是恼怒的皇帝把他抓了回来，割下舌头后再把他抛给野兽。

在罗马人一向喜欢篡改的希腊神话里，他们不仅加了呛人的辣椒粉，有时也会加一些糖和醋。这一回被拿来开涮的是传说中高雅的竖琴手俄耳甫斯，据说他的琴声能让石头落泪，猛兽垂首。但是罗马人颇有点逆向思维的意思，他们关心的是假如竖琴手发挥不佳，猛兽会有什么反应？在一次行刑中，他们就做了这样的实验：给一个罪犯穿上高雅的希腊式长衫，让他弹奏竖琴，倒霉的罪犯一点儿也不会弹，这时一只饿了几天的熊被放了出来，顿时把这个不合格的琴手撕成了碎片。

在这些搞黑色幽默的人中，普罗布斯皇帝的玩法似乎最为高明。有件事让这位皇帝很生气，因为他在辛苦地和日耳曼人作战的时候，皇后却在宫里乱花钱，糊里糊涂地买了许多假珠宝。皇帝气急败坏地抓住了那个胆敢欺骗皇室的奸商，要把他投给斗兽场上的狮子。可是当兽笼打开时，吓得半死的商人惊奇地发现，从笼子里走出来的竟是一只摇摇晃晃的阉鸡。在全场的哄堂大笑中，得意的皇帝让传令官宣布：这人胆敢欺骗朕，朕也要骗他一次才公平！

三 基督徒的肉

但在大多数情况下罪犯太多，而野兽太少，不是什么罪犯都配喂野兽的，他们要么是罪大恶极的大寇，要么是有推翻政权嫌疑的政治犯。皇帝似乎认为只有这些人才配得上在大角斗场当众处死，达到以儆效尤的目的。

在被施以野兽刑的罪犯中，有类人被历代罗马

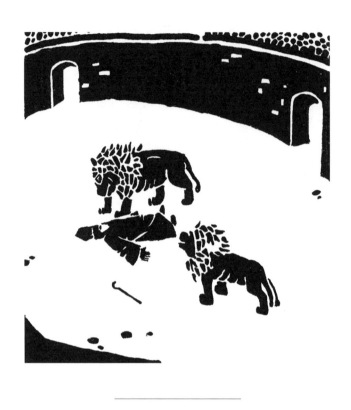

圣伊纳爵被狮子吃掉 钢笔纸本

（作者 绘）

　　圣伊纳爵在安提阿担任主教的席位长达 40 年，但仇恨基督教的图拉真皇帝就是要捉拿这些教会中的权势人物。于是，伊纳爵被捉拿归案，投进了斗兽场，被两头狮子撕碎吃掉了。在一些中世纪的教堂壁画中，穿着法衣的圣伊纳爵忍着被噬的痛苦，勇敢地直视扑咬他的狮子，有趣的是两只狮子长着人面，暗示着迫害圣徒的，其实不是狮子，而是人面兽心的罗马统治者。据说圣伊纳爵是个信仰坚定、性格强势的人物，他死后，人们收集了他的残骸，隆重地把他葬在梵蒂冈的圣彼得大教堂。

帝王顽固地视为仇敌，但他们实在不是什么坏人，而是早期的基督徒。这些耶稣的信徒们生活作风严肃，待人温和有礼，但就是不承认皇帝的权威，也不向政府纳税，更不光顾罗马人那些野蛮娱乐的场所。用现在的话来说，他们根本融入不了罗马的主流社会。

基督徒们自命清高的样子不仅惹怒了皇帝，更惹怒了大多数罗马人，对基督徒的仇恨具有了一种普遍性，罗马的历史学家塔西佗被认为是一个正直公允的学者，但他也不喜欢基督徒，并把他们视为威胁社会安定的敌对因素。在这种意识形态下，对基督徒施以什么样的惩罚都不会激起民众的反对，暴君们就更加为所欲为了！尼禄皇帝就曾在罗马大火之后，把一些基督徒当做替罪羊，裹在刚剥下的兽皮里，让饥饿的野兽撕咬这些"人肉饺子"，或是把犯人赤裸裸地绑在小车上，推向猛兽。

值得一提的是，尼禄迫害异教徒的作法倒不是什么新鲜事，早在公元前，新巴比伦的国王尼布甲尼撒就曾把著名的犹太先知但以理投进狮窟，由于上帝保佑，抑或狮子不饿，总之但以理毫发无伤，颇令国王吃惊。但是基督徒们就没有这么幸运了，随着尼禄所开启先河，基督徒的肉渐渐成了斗兽场的野兽们最常吃到的食物。但令人吃惊的是，基督徒们不仅不怕这种刑罚，反而前仆后继，以身殉教感到自豪。最有名的殉教者是公元2世纪初的安提阿主教：被封为圣徒的伊纳爵。在被斗兽场的两头狮子吃掉之前，他留下了慷慨激昂、感人肺腑的就义书："让我当野兽的饲料／这就是我能接近上帝的渠道／我是上帝的麦子／我即将被野兽的牙磨成粉／为基督做一块精纯的面包／宽恕我吧／我知道什么对我有益／遇上烈火／十字架／与野兽的搏斗／断肢碎骨和魔鬼的残酷折磨／反而让我走向基督耶稣"看看！这位狂热的圣徒竟然将被野兽吞噬的灾难当做一场救赎。

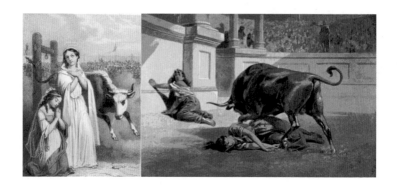

永年和福乐殉教的事迹 铜版画
佚名
（章林富 提供）

　　永年和福乐殉教的事迹是基督徒殉教史上动人的一笔，因为面对凶猛的野兽，身强力壮的男人尚且不敌，更何况两个弱女子！用牛来顶撞踩踏犯人，和将人钉上十字架一样，都不会立即置人于死地，而是让人慢慢受折磨在痛苦中死去。比起那些被立即砍头的罪犯，这两个柔弱的女信徒在行刑中显示出更多的坚强和信念。罗马帝王们用"野兽刑"迫害基督徒，反而收到了相反的效果，日后更多的罗马人加入了基督教的队伍，很难说没有这些殉教者的功劳。

信仰坚定的基督徒在大角斗场上留下了许多可歌可泣的故事，相比于殉难时已年高德勋的圣伊纳爵，许多地位卑微的年轻人更让人扼腕叹息。这其中最为惊心动魄的一则源于迦太基城的两个女信徒：永年和福乐的殉教事迹。这两个绮年美貌的女人起先是被赤身裸体地捆在网里，当局准备用一只发了狂的母牛将她们顶死，并把她们的男友扔给了更为凶猛的野兽：狮子、熊和野猪。当行刑时，福乐刚刚生过小孩，乳头上还滴着奶水，为了让大家硬起心肠看"节目"，她被带走并穿上外衣，再送回刑场。尽管被母牛一次次抛掷踩踏，但血肉模糊的她们仍在挣扎，最后观众们终于发了"善心"，要求用刀刺死她们，尽快结束这虐心的一幕。

四 神圣事业的堕落

"猎兽表演"是重要性仅次于野兽刑的节目，它可能是罗马人心目中最为主流的斗兽表演了。表演的设计者试图通过艺术化的演绎去追忆上古先民的狩猎行为，和野兽刑带有惩戒性质不同，帝国早期的猎兽表演是一种激情飞扬的英雄主义行为。

由于开国皇帝屋大维的倡导，斗兽活动被视为尚武精神的高贵体现，表演者都来自高贵的阶层：比如皇家近卫军，如果你通晓历史，就会知道这群人权势遮天，一不高兴就会做出罢黜皇帝、另立新君的事情。但在和平时期，他们却经常要客串走穴，为斗兽场的表演锦上添花。他们的精彩表演穿插在常规节目中间，在看客们快要打瞌睡时，这群衣甲鲜明、英俊潇洒的年轻卫士的出场会让人精神一振。他们会表演一种名为"非洲"的狩猎

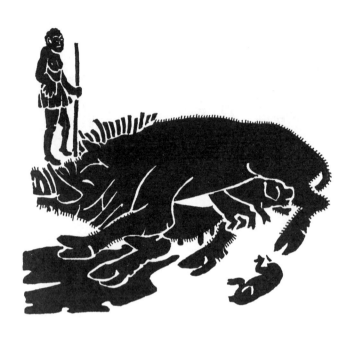

母猪之死 钢笔综合材料

（作者 绘）

　　"嗬！"随着一声吆喝，黑人猎手向前一跃，以迅雷不及掩耳之势将木棒刺入母猪的身体。巨大的母猪轰然倒地，随着黑红的血流出了四个小猪崽，猪崽红通通的、光溜溜的，还在极力扭动，看起来和人类的胎儿很相似，这种视觉上的相似性使得女性看客们有些不舒服，有几个还捂住了眼睛，空气像凝固了一般，没有喝彩声。

游戏，而级别相当的皇家子弟则会表演一种名为"特洛伊"的游戏。

由于史书的记载简略，我们无法得知这"非洲"是如何演绎的，但史学家兴味盎然地记载了另一种性质相近的表演：由帕萨利亚骑兵围绕竞技场追逐野牛，当野牛跑得筋疲力尽时，骑士们就下马跳上牛背，抓住牛角将其用力摔倒在地。根据考古学家对于维吉尔的史诗《埃涅阿斯纪》的风俗学研究，这种"摔牛"表演和贵族子弟表演的"特洛伊"游戏一样，都在宣誓着罗马人自以为豪的发源地，位于小亚细亚的著名大城——特洛伊。罗马人传说中的祖先：埃涅阿斯就是从那儿流亡而来。

这些游戏都被记载在古罗马历史学家塔西佗的《编年史》中，它们常见于奥古斯都、提比略和他其后的几个皇帝统治时期，也就是罗马帝国的初年。但仅过了一朝，到弗拉维安朝的皇帝们统治的时候，风俗就发生了蜕变——贵族们日益退化，脑满肠肥的皇子皇孙和御前侍卫都不再热衷于在观众的欢呼声中，浑身臭汗地满场骑马赶牛，这项贵族的特权逐渐落到了下等人民的身上，斗兽活动也从高高在上的皇家仪式变为了一种娱乐，在上古时代一直被高度神圣化的斗兽活动就这样可悲地沦陷了！这不仅是统治阶级的悲剧，更是野兽的悲剧，因为在皇家独揽这一活动时，只是小规模的屠杀，但是现在屠杀珍贵的野兽成为人人皆可染指的游戏。呜呼！在屠场的血光和看客的欢呼中，神话里穿着金盔金甲、为民除害的英雄不见了，取而代之的是冷血屠夫对野兽们的斩尽杀绝。

诗人马提雅尔是许多残酷事件的见证者，他特别提到一个令他感慨不已的节目：一只怀着猪崽的巨大野猪刚被猎手杀害，在母猪庞大的身躯倒地之时，随着喷涌的鲜血，伤口处竟流出了好几头死去的猪崽。在古代的狩猎活动中，一般不射杀怀胎的母兽，既有违道义，也是一种涸泽而渔的愚蠢做法。但正是这个小节目的设置，使得罗马人在人类的文明史上落下了永恒的污名：肆意屠杀已怀孕、毫无还击之力的动物，这种狂妄地践踏生命、无视伦常的可耻行径使得自称为万物之灵长的人类反而连动物都不如了。

五 办好表演才是正经事

瞧你说的！其实我们也不喜欢看这种，古罗马的看客们说。

是的，相比于诗人，普通的罗马人更喜欢"带劲儿"的表演，这似乎是他们对表演唯一的要求。前文提到的普罗布斯皇帝虽然善于玩冷幽默，但这个被战事搞得筋疲力尽的皇帝貌似不太热衷娱乐，

他举办的一次表演就得了很多差评，原因是一百多头狮子在一大早被放了出来，它们睡眼惺忪，无精打采，还没有被充分挑起战斗的激情，就被猎手稀里糊涂地杀掉了。由于野兽的珍贵和运输的困难，即使是在古罗马，猎兽表演也不是常常可以看到的。因此，是否有能力组织一场有趣的斗兽表演，被认为是评判皇帝办事能力的一个重要标准。

独裁官恺撒之所以广受人民欢迎，就因为他财大气粗，能一连五天不歇气地举办猎兽表演，而到了克劳迪一世（帝国的第四个皇帝）时代，斗兽表演的规模就一再缩水：五场比赛才会穿插一次猎兽表演。在这种情况下，一次失败的狩猎表演往往会导致民众极大的失望。为避免花了钱还不讨好，皇帝们往往都会绞尽脑汁去做这件事。卡里古拉是个精于残忍之道的皇帝，他想出的点子都是省钱又出人意料的，比如说让年老体弱的角斗士去斗羸弱的癞皮野兽，据说那些看惯了龙

精虎猛表演的人，会从这种表演中感受到一种凄凉颓废之美，咀嚼到别样的人生况味。

平心而论，大斗兽场举办的大多数猎兽表演是中规中矩、无可指摘的。在遗留下来的一幅北非马赛克镶嵌壁画中，可以看到身材健美的斗兽师扮作猎手，手持叉、矛等原始的武器，带着猎犬去捕猎鹿、野马等有蹄类的动物。在竞技中，似乎还有视觉效果控制，去斗那些美丽的野兽配身材修长的帅哥，而长得锉点的人只配斗野猪这种粗蠢的动物。或是让身矮体壮的侏儒扮作摔跤手和野猪角力。

但这都不是最危险的工作，对于看客们来说，大型食肉猛兽的围猎活动才是表演的重头戏。伴随着乐队的演奏，凶猛的野兽被一拨又一拨地放出来，狮子、豹子、熊是最为常见的动物，在史书中几乎没有提到过狼，据说罗马城的创立者罗慕路斯终其一生都披挂着那头曾喂养他的母狼的皮，因此，重视出生的罗马人是否已经将狼列为禁止杀害的动物？

不管怎样，现在猎场上满是动物，猛兽的吼叫此起彼伏，好像一个喧闹又恐怖的集市。但它们初来乍到，还没有熟悉环境，并没有攻击人类的意思。因此想要展开一场厮杀，必须由好战的人类先挑斗起来。这时猎手们快步进场了，人数远远少于野兽。他们大多数来自帝国的偏远地带，个个上身赤裸、肌肉发达，手持着简陋的矛，带着五六只巨大的猎犬。在罗马观众的眼里，这些有着奇异发型和装束的外族人

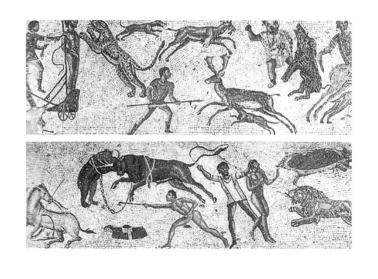

斗兽表演的场景　马赛克镶嵌画
罗马帝国时期　出土于北非
(丹·克鲁克克香克.弗莱彻建筑史 [M].郑时龄,等译.北京:知识产权出版社,2011)

　　这幅珍贵的作品可能是迄今留下来的最全面表现斗兽活动的画面,古代的艺术家表现了至少八种不同的斗兽方式。左上角的画面表现了一个被缚在小车上的裸体的人,一头金钱豹正扑向他。再往右是一组行猎场面:猎人带着猎狗正追捕驯鹿,一条凶狼的猎狗已经咬着了驯鹿的腋窝。在奔跑的驯鹿旁,一个穿着异国装束的侏儒正和一头后腿蹲坐在地上的野猪搏斗。画面的左下角,有一头野驴卧在地上,身上几处被创,鲜血流淌。野驴之旁,一头公牛正撞向狗熊,旁边有一位身材颀长的裸男控制着这两头野蛮的动物。往右又是一幅行刑的画面:一个只穿上衣的行刑者,揪着浑身赤裸的罪犯并鞭打着他,把他扯到一头饥饿的狮子面前。

和野兽同样是一道亮丽的风景。

但是斗兽者自己并未意识到这一点，他们神情紧张，用自己的语言彼此呼喊，商量着如何在团队精力最充沛的时候，去摆平那些最凶猛的野兽，同时还要尽量让表演显得精彩。最常规的办法是首先驱使大批猎狗去扑咬狮子，先激怒它们，使它们精力分散、顾此失彼。在猛犬的进攻下，狮子们的兽性被激发出来，它们高声吼叫、挥掌回击，好几只忠勇的狗儿命丧黄泉，余下的狗们不敢再进攻，只是将狮子们团团围住，冲它们吠叫。

趁狮子们被抓咬得遍体鳞伤的时候，一个猎手冲上去，举枪向狮子的屁股猛扎，顿时狮血飞溅！屁股不是要害，猎手的目的是激怒狮子。显然他的目的达到了，受伤的狮子像弹簧一样跳起来，直扑那个胆大包天的家伙。随着一声惨叫，可怜那勇士刚才还得意洋洋，转眼间就被按在狮爪之下动弹不得，手里那支山茱萸木的长矛飞出老远。这时他的同伴们赶忙冲上来解救他，但他们仍不和狮子正面交锋，而是绕到侧面，用矛刺向狮子的腹部，狮子早有防备，闪开那些枪矛，扑向那些进攻者，放弃了到手的猎物。

经过两个时辰的恶战，所有的猛兽：狮子、熊和豹子都战死沙场，这是它们生命中第二次被人围猎，而第一次是发生在它们的故乡。由于人类的乖戾性情，这些美丽而勇敢的动物背井离乡，命运急转直下，最后以不可逆转的悲惨死亡而收场。在它们临死之前，不知会不会回忆起那片炙热的草原——它们曾经的家园？狮子和熊巨大的尸体旁，是几只倒毙的猎犬，它们血肉模糊，已被踩踏得不成形。第一个冲上去扎狮子屁股的勇士被放在担架上抬了下去，他虽然受了重伤，但没有生命危险。他的行为获得了看客们热烈的喝彩，他因此也会获得角斗士老板的器重和一份不错的报酬。

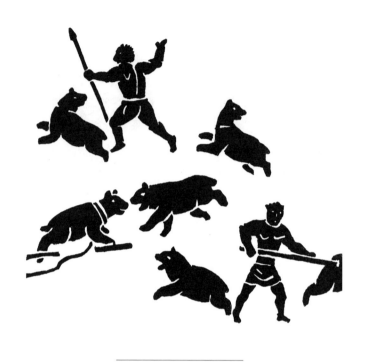

斗熊表演 大角斗场的涂鸦

（作者摹绘古代涂鸦）

　　在大角斗场遗留下来为数不多的一些大理石台阶上刻有一幅稚拙的作品，也许一个观众对刚过去的精彩比赛的回味：两个精力旺盛的猎手正在和四只熊搏斗，一人手持长矛，正猛力驱赶两只强壮的猎犬扑向熊群；而另一个猎手正在用长矛照准熊的屁股刺去。猎手们穿着短裙，肌肉发达。而熊并未显示出多凶猛的样子，它们把折断的矛践踏在脚下，嘶吼着，似乎已在漫长的苦战中疲惫不堪。

根据史书零星的记载和斗兽场的涂鸦，我们拼凑了一幅斗兽场上的围猎画面——但这真的就是现实的写照吗？斗兽者拥有同伴、长矛和远高于野兽的智慧，他们的处境似乎没有角斗士那么危险。可是在面对野兽的血盆大口和那震彻全场的嚎叫，在看到那么多同伴转眼间被野牛捅成人肉窟窿、被狮子撕成碎片时，他们还能镇定而勇敢地面对自己的命运吗？他们到底在思考些什么？这个问题古往今来似乎鲜有人关心。所幸尼禄的老师，著名的演说家塞内加曾说过的一个故事，可能有助于解答这个困惑：一个日耳曼猎手忽然在开场前溜进了厕所，这是唯一不受监视的事情，但就在厕所里，这位绝望的壮汉抓起一根绑着海绵的棍子（这是罗马人的厕筹），把它硬杵到嗓子眼里，痛苦地憋死了自己。

对于这起让人毛发倒竖的自杀事件，鼓吹英雄主义的塞内加却是这样评价的："多么勇敢的人，自由地选择了死的方式！"但作为一个现代人，所看到的只有残酷和血腥。但这绝不是在斗兽场上唯一发生的自杀事件，两百多年后，一名叫辛马丘斯的阔佬在信中抱怨了他的一大笔损失：他花巨款买来29名身强力壮的撒克逊角斗士，用于举办一次表演，而在表演前一天晚上，这29名壮士互相掐死了对方，用这种悲壮而不妥协的方式，摧毁了人们用之娱乐的幻想。在这个残酷的舞台上，甚至是在阴森森的幕后，斗兽者和猛兽，都拥有高贵而不屈的灵魂。两千年过去，斗兽场空空如也，看客不知何处去，但斗兽者的呐喊和野兽的吼叫还回荡在空中！

八 下跪的大象

好了，让我们暂时逃离这严峻和肃杀的气氛，进入一个相对温和的环节：动物相斗。虽然仍然无法逃避死亡的阴影，但毕竟那是动物之间的生死搏斗，人类可以幸免。正如同我们小时候喜欢看蚂蚁打架一样，童心宛在的古罗马人也同样对动物之间的搏斗深感兴趣。为了迎合这种趣味，斗兽表演的组织者费了很大的气力，把只有在深山老林中才能看到的奇景搬到了人烟稠密的都会，这种试图拓宽人们视野的做法本无伤大雅，但为了刺激和新奇的效果，他们又任性地、违背自然法则地把那些生活于不同环境、老死不相往来的猛兽硬生生地扯到一块，逼它们打架，这就有点不近情理了。

这是一种罕见的，强强之间的对决，牛和熊、狮和虎、大象和公牛在驯兽员的鞭子和铁棒的胁迫下厮打起来，动物演员们不会作假，它们全力以赴，往往两败俱伤。一幅著名的镶嵌画就表现了熊和野牛之战：动物管理员（Bestiarii）把熊和野牛分别用绳子拴住，绳子末端系于地上的桩柱以免它们临阵脱逃，然后这名身材强壮的裸体管理员从旁挑拨，激得两头野兽互相撕咬，并发出震耳欲聋的咆哮。

有时活动举办者也会一反常态，尽力不让表演显示太多暴力的色彩，比如艺术修养较高的提图斯皇帝就举办过极为少见的群鹤大战，虽然没有血腥的视觉效果，但这种优雅的大鸟挥舞翅膀、互相扑啄的样子也赢得了满堂的喝彩。

在动物互相厮杀的表演中，往往会有意想不到的事情发生，比如爱拍马屁的马提雅尔就提到一件奇事：一只大象，刚刚杀死了一头勇猛的公牛，正当人们为它欢呼之时，它竟然毫无得胜后的骄矜，而是直奔皇帝的御座，跪在了皇帝面前。惊叹之余，人们不禁为这个动物的聪慧而激赏。这个神奇的故事到底是真是假呢？爱较真的你只能亲自去问问马提雅尔了，我只是个故事的搬运工而已。

同室操戈的野兽们很难逃脱死亡的噩运，这一点似乎连动物自己都知道，不然大象干嘛要求饶呢？，但奇迹也有可能会出现，在提图斯皇帝在位时，马提雅尔就提到一头犀牛在表演中杀死了一头公牛，提图斯死后，他的弟弟图密善当政，马提雅尔又写了一首歌咏犀牛的诗，历史学家们认为这两首诗写的是同一头犀牛，因为这头犀牛在当时已是一个家喻户晓的明星，连皇帝都是它的粉丝，它的靓照还被印在图密善时期的硬币上。

无论是古代还是现代，长相奇特的犀牛都是一种稀罕的动物，激发出人们无穷的想象力，搞到这样一只动物就必须深入非洲腹地，把它活着运回来更是劳民伤财，因此斗兽表演的主办方肯定会对这个费钱的家伙呵护有加，在每次战斗中都只是装装样子，绝不伤及要害，这头荣任"两朝元老"的犀牛，也因此成为了斗兽史上的不朽传奇。

稀奇程度稍逊犀牛，但也笼罩着神秘色彩的另一种动物就是来自里海的老虎，在大把资金的支撑下，它们有时也会作为稀客光临斗兽场。相比于斗兽场，在罗马贵族的宅邸里"老虎"倒是常常出没。这是一些老虎装饰的浮雕、大理石和马赛克的镶嵌画，在画面中老虎多是作为一位来自东方的大神——酒神狄俄尼索斯的坐骑，满足西方人对神秘印度的想象（传说酒神曾经征服过那里）。

对于这位神灵的伙伴，动物表演的主办者也是不敢怠慢的，老虎们唯一要做就是当着众人的面摆平一顿"牛排"：饲养员牵着怯生生的小牛来到老虎的面前，让尊贵的老虎随意扑咬，在它用餐时，人们可以好好地欣赏它那漂亮的、黑黄相间的皮毛。在卡比托利欧博物馆中的一对镶嵌画就表现了这一主题，画面中有一只壮硕的老虎和瘦弱

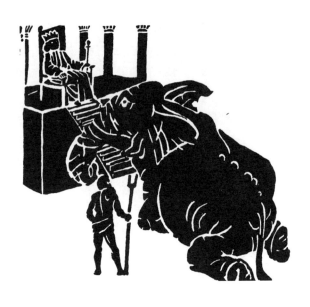

大象向皇帝下跪 钢笔纸本

（作者 绘）

　　大象是一种聪明又重感情的动物，它会记得你对它的每一点好处，因此，在这次下跪事件中的大象，有可能在之前就认识提图斯皇帝。

　　如果你爱读史书，就会发现大象做出如此人性化的举动绝不是头一回，有一次，伊庇鲁斯国王皮洛士攻打意大利吃了败仗，在撤退过程中，一个象兵战死，他所驾驭的大象十分悲伤，跪在象兵的尸体前久久不肯离去，但跪倒的大象挡住了城门出口，使得皮洛士的军队损兵折将，皮洛士自己也战死在这次战役中。

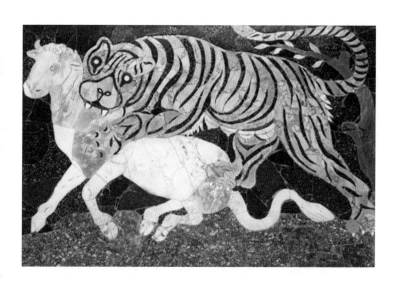

猛虎扑倒白牛　大理石镶嵌板
罗马帝国晚期
（莱斯莉·阿德金斯.古代罗马社会生活 [M].北京：商务印书馆,2017）

这幅藏于罗马卡比托利欧博物馆的著名镶嵌画出土于卡奎里尔洛山上的一座古罗马别墅，这是一对画中的一幅。画面中一只雌虎对一头白牛又扑又咬，白牛瘫坐在地上，目光温顺而悲哀。黄色和白色大理石的切割和镶嵌非常精准美观，但动物的形象显得程式化。

的小牛，老虎将咬未咬，小牛生无可恋。没有鲜血，没有惨叫，在帝国衰弱的晚期，甚至连嗜血的野兽都惰怠得失去了食欲和血性，黑漆漆的背景中，一棵歪歪扭扭的小树暗示着丛林里的生死搏斗正悄悄地变为安逸的田园幻梦。

九 万物为我所用

如果此时，在你的脑海里，古罗马人的斗兽场只是一片尸山血海，这恐怕是一种偏见。其实，如果研究罗马人的斗兽习俗再深入一些，就会从野兽的哀嚎中找到些不那么让人厌恶的东西，这就是野兽展览和马戏表演，这些节目其实占着极大的比例，只是不常为人们提起罢了。

谈到这些，得追溯到帝国的初期。

随着罗马成为世界的主人，帝国的豪富也把一切奇怪的物品罗致到它的核心地带：罗马城。在这个超大的世界博览会上，自然界的神奇造化不仅倾倒了终生，也吸引了不可一世的皇帝，比如屋大维。这位帝国的开创者颇有博物学家的风骨，他不喜爱优美的希腊石像和华丽的装饰品，而偏偏要用那些出土的、史前巨兽的巨大化石装饰卡普里岛的别墅。但对这位皇帝最具有诱惑力的，还是那些凶猛的异国野兽。在他的治理下，珍禽异兽的主题展览层出不穷：官方曾在森杜里亚大会的会场向民众展示一头犀牛（这可能是欧洲人第一次看见犀牛），又在剧场（马采鲁斯剧场）展出过一只虎，并在民众会场展出一条 50 肘尺长的大蛇。

皇帝试图用这种方式对罗马人民实施科普教育，拓宽他们的视野，并借此宣传帝国广袤的疆土和丰富的物产。皇帝的开明作风为科学研

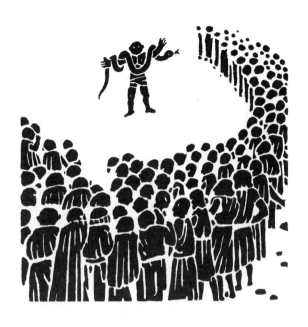

向民众展示一条蛇 钢笔综合材料
（作者 绘）

受到埃特鲁斯坎文化的影响，蛇在罗马人的心中是地府使者的化身。在《埃涅阿斯纪》中，埃涅阿斯就看到自己父亲的灵魂化为一条大蛇，吞食了他奉献的祭品，因此人们相信大蛇有可能就是逝者灵魂的化身，重视祖先的罗马人也因此十分敬重这种庞大的巨蟒。

到了后来，在墓室绘制大蛇吞食祭品的画面成为惯例，这种题材在庞贝古城的壁画中常常可见。但是这种生活于热带雨林中的巨蟒在亚平宁半岛并不常见，因此奥古斯都才会将之展示给人们，考古学家猜测这条巨蟒可能来自埃及。

究提供了便利的条件，罗马为世界奉献了古代世界伟大的博物学家老普林尼，以及他的煌煌巨著《自然史》。

普林尼作为一名骑兵军官，在战争中成为了韦斯帕芗及其儿子提图斯的朋友和顾问，而韦斯帕芗后来成为了皇帝，这崇高的待遇使得他能够在内乱结束后以充裕的时间和资金研究动物及其他自然现象。而且正是在韦斯帕芗父子俩的统治下，无比宏伟的大斗兽场才在罗马建成，此时罗马人对野兽的热情空前高涨，而这本《自然史》就是在这个特殊的时刻奉献给他的朋友提图斯的礼物。

在这部"全面而渊博，其丰富程度不亚于自然本身"（小普林尼语）的著作中，普林尼虽然心怀感恩地认为大自然馈赠给人类极为丰富的礼物，甚至连不毛之地都是天然的药房，但是作为一个罗马人，这个统治世界的民族，普林尼同时又自私而天真地认为自然界所有的东西之所以会生长出来，不是为了给人类享用就是警示人类。在这种逻辑的引导之下，他虽然不喜爱人类为了娱乐而屠杀动物，但也不认为这是违背自然规律之事。因为普林尼认为自然界是平衡的，即使是那些最凶猛和狡猾的动物，也一定有对手，这使得自然界维持着一种平衡，而人类就是制衡猛兽、使自然健康发展的重要力量。

十 爱它就带它回家

但是为古罗马历史学家津津乐道的并不是屋大维举办的健康科学兽展，他们更喜欢带有神秘色彩，并不对公众开放的兽展。这些难以定义的动物展览更多的是为了满足帝王的贪婪私欲，比如暴君卡里古拉就喜欢使用稀奇美丽的鸟类献祭他自己的庙宇，不得不说，和喜欢狮子、老虎的屋大维相比，他的爱好太脂粉气。就这样，每天献祭一种鸟，孔雀、火烈鸟、黑色琴鸡、雌珍珠鸟和五彩斑斓的野鸡，这些昂贵的鸟类都成为了他的祭品。一次献祭中，一只火烈鸟的血飞溅到了皇帝的身上，观礼的人都觉得这是一个可怕的征兆。果然没过几天，暴君就被他的近卫军大队长用剑刺入了后脑勺。

同样是喜爱动物，但不同的人有不同的玩法。

暴君尼禄曾经在阿格里巴湖（罗马城的一个人工湖）上举办过一次宴会，在这场放荡的派对上，好色的皇帝不仅在木筏上罗致了众多妖艳的男女，也让他的获释奴提盖里努斯收集了五湖四海的水生物，放在船上以供耳目之娱。和吝啬的卡里古拉不同，爱炫耀的尼禄喜欢与民同乐——这个完全没有遮挡的派对让围观的人们在岸上看了个饱：在浩渺的烟波上、华美的画船中，火光摇曳、丝竹绕梁，虎啸猿啼不绝于耳，红衫翠袖香风阵阵，好似海市蜃楼、人间仙境。

虽然斯人已去，黄鹤不返，但这湖上的仙阁定是经历此事的罗马人永生难忘的奇景，并被牢牢地记录在历史学家塔西佗的《编年史》中。在以后的岁月里，罗致珍禽异兽的爱好并未随着暴君们的消逝而湮灭，反而逐渐成为了一种官方赞助的有益事业，这就是后来动物园的滥觞。

虽然尼禄举办的兽展颇有情调，但是兽展之冠的"美誉"仍由普布鲁斯皇帝所得。相比于他的大手笔，屋大维时代的兽展规模是多么的寒碜！根据一个罗马晚期历史学家的叙述，在公元3世纪末，普罗布斯皇帝命人在斗兽场放入了许多野兽，据说足有一千只鸵鸟、一千只牡鹿和一千头野猪，接着是鹿、北山羊、野羊和其他不大值钱的动物，一时间斗兽场变成了一个充斥着动物的密林，更准确地说，是个臭烘烘的动物市场，因为这位历史学家补充说：皇帝放出话来，让人们进场随便挑选动物，喜欢的直接领走！

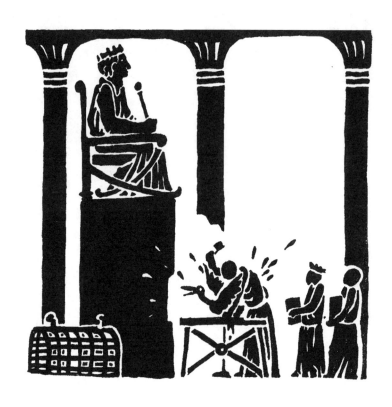

卡里古拉的鸟祭　钢笔纸本

（作者 绘）

　　根据塔西佗的《编年史》记载，卡里古拉喜欢穿女人的衣服和涂脂抹粉。可想而知，他的统治风格也带有极为女性化的骄纵和任性。原先古罗马的执政者只在死后才能被奉为神明，但卡里古拉等不及了，他命令将希腊运来的诸神雕像，去掉头部，换上自己的头像，并要求人们经过时必须向他自己的神像致敬。他不仅仅喜欢异国鸟类的漂亮羽毛，却更欣赏它们濒死的挣扎。他的昏聩和暴戾，终为自己招致祸端，被近卫军首领刺杀，一起被害的还有他的妻子和女儿。

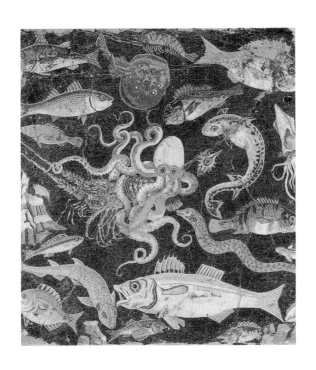

海洋生物 大理石镶嵌画
罗马帝国晚期
（作者摄）

从这幅可爱的镶嵌画中可以看到，罗致稀奇古怪的海洋动物不仅仅是尼禄个人的爱好，也是普通罗马民众的梦想。由于罗马艺术家常常在画面中罗致一切他们感兴趣的事物而不加以拣选，和希腊人那些考究的构图相比，罗马人的绘画要么过于简率，要么过于繁杂。但这幅作品是一个罕见的例子，虽然画面中均匀地放置了许多鱼类，但是被表现得极为精确和生动，如同生物课本中的插画。画面的主体是一个吞噬龙虾的章鱼，龙虾的坚硬和章鱼的柔软形成了鲜明的对比，同时也反映了罗马艺术家最为关心的主题：那就是永无止境的生死搏斗，无论是自然界还是人世间。

这种看似不靠谱的说法让研究家霍普金斯大为光火，指责这只是史家的虚构——但日光之下并无新事，这不可思议之事恰是罗马皇族的惯例。早在尼禄皇帝即位初期，就经常在老广场的朱利乌斯会堂的顶上，向过往行人抛撒赠品。曾经有一段时间，这位皇帝每天会向人们抛撒一千只不同种类的鸟儿，还把许多驯化过的野兽送给民众。这种"慷慨"之举立即俘获了老百姓们的心，因此在尼禄做了很多暴行并自杀之后，依然有大量拥护他的人。

如果说尼禄的做法显示了帝国早期的富足，那么同样是赠送动物的行为，普罗布斯的动机却完全不同。在帝国晚期，不仅内忧外患使皇帝捉襟见肘，无暇顾及此项古老的娱乐；而且百姓的兴趣也在转移——新兴的赛马不仅刺激有趣，且带有强烈的博彩性质，是更具竞争力的娱乐。因此古老的斗兽活动大幅缩水，先前大量收集来的，直接或间接用于斗兽活动的动物处于半闲置状态，喂养它们需要大量的空间、人力和物力，是对国家财富的极大浪费。因此大发善心的皇帝让有需要的人领走那些无害的食草动物，不但减轻了国家的负担，又改善了民生，优化了资源配置，何乐而不为呢？

十一 大象走绳索

聪明的罗马人不可能只满足于在斗兽场上，把动物拉上来遛一遛，或是将它们杀死。事实上，他们早就开始训练动物表演节目了。在罗马帝国衰亡多年以后，这项有趣的技能并未消失，却逐渐转变为流行于民间、广受孩子们喜爱的马戏。但是在罗马诗人和历史学家的笔下，这类活动的相关记载却少之又少。大概在嗜好重口味的罗马人眼里，这项游戏太为平和而不值一提吧。

我们猜测，最早被罗马人训练的动物应当是大象。罗马所在的亚平宁半岛上本来是没有大象的，就因为这个原因，罗马人没少被别人欺负。在公元前 3 世纪，罗马和北非古国迦太基争夺海上势力之时，迦太基名将汉尼拔曾经带着 58 只巨大的非洲象组成的军团越过阿尔卑斯山天险，如神兵般降临意大利北部，使罗马人腹背受敌，措手不及。虽然越过阿尔卑斯山时，大象数量大为折损，但在特雷比亚河谷，罗马军团和这位伟大的迦太基军事家缠斗时，罗马的骑兵先锋仍然饱尝象队势不可挡的威力，而败下阵来。不过也就在这次战役中，汉尼拔带来的大象悉数战死，仅余一只。

在后来的战争中，汉尼拔的家乡：迦太基城又给独自在罗马腹地孤军奋战的汉尼拔军增援了 40 只战象，使得罗马军团不断地遭受战象蹂躏之苦。从现存的历史资料来看，在汉尼拔的作战方针中，大象军团主要是布置在军队的最前面，如同铜墙铁壁般阻挡罗马骑兵的冲击，保护主要作战力量——重甲步兵。不过，在和汉尼拔的长期作战中，罗马人也渐渐地熟悉了这种硕大无朋的物种：它们是真正的士兵，对于饲养人具有绝对的服从性，当它们身披铠甲，牙缚长枪之时，就是一堵令人生畏的、能攻能守的长墙；同时受过训练的大象非常勇敢，宁死不屈，很少因为畏惧敌人的进攻而做出后退踩伤己方军队的事情。

虽然没有关于罗马军团训练大象作战的记录，但是从罗马人最终战胜迦太基的事实来看，罗马人多少了解了抑制战象的方法。战争胜利后，恐怕也俘获了不少大象士兵，这些被训练得十分乖巧的超级战俘向罗马人展示了令人敬佩的能耐，这使得罗马人铸剑为犁，将这些本来用于战争的毁灭性武器改造为人见人爱的宠物，并让它们披红挂

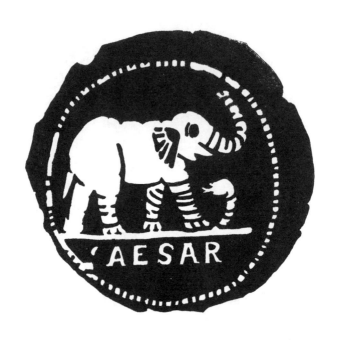

恺撒时期的银币

公元前 49—前 48 年发行 共和国晚期

（作者摹绘古代钱币）

　　正面是大象脚踏蟒蛇，寓意恺撒大军气吞万里、所向披靡的气势，脚线下首次出现恺撒的名字（CAESAR）。这枚币是恺撒大军越过卢比孔河后与庞培决战期间发行的，由恺撒的随军造币厂发行。在这枚小小的钱币上，也可以看到一代雄主恺撒对大象这种力大无穷又充满智慧的动物的喜爱，如果说他已把大象作为了自己的象征，那么在登上卡庇托山的凯旋仪式上使用大象来掌灯也就不足为奇了。

绿，在盛大的节日和将军的凯旋庆典上拉着统帅的战车，根据已知的文献记载，恺撒、奥古斯都和尼禄的祖父在凯旋式上乘坐过这种大象战车，大象成功地和罗马人化敌为友。

最早的"马戏表演"就是由大象完成的，可能发生在独裁官恺撒的凯旋式上。身经百战的恺撒举办过多次凯旋式，在纪念高卢战争胜利的仪式上，他创意性地在夜色苍茫中登上罗马人心中的神山——卡庇托山，向山上巍峨的朱庇特神庙献祭，在他的身后，是由 40 头巨象组成的游行队伍，每头大象都用长鼻子举着一盏明灯，在陡峭的山路上，庞大的象群相互推搡着，如同黑压压的云层遮盖了嶙峋的岩石，它们沉闷的吼声好似雷声隆隆，数不清的摇曳灯火仿佛人间流淌的天河，构成了一幅无比奇幻而壮观的景象。可以想象，训练聪明又驯良的大象用鼻子举着灯盏，并不是一件多么难的事，难的是"大导演"恺撒出色的造梦才能。

在恺撒之后，罗马人喜爱看稀奇的欲望促使了更为高难度的马戏节目诞生，这节目仍然是由大象完成的。一位大法官伽尔巴，就在弗罗拉节（花神节）的游艺比赛中加进了一种新的节目：大象走绳索。从大象庞大笨重的身材看起来，这似乎不是它的强项——但是请闭上眼睛，幻想一下吧！在罗马鲜花如织的春天里，大家喜气洋洋地聚在一起，看见大象在琴声中，小心翼翼地走过绳索。这真是难以忘怀的流金岁月！出色的马戏策划者伽尔巴立刻俘获了罗马人民的心，虽然这位法官公正地审过许多案件，甚至到后来他还当上了皇帝（但为时很短），但人们始终记得的，是他曾为苦闷的日常生活带来了新鲜的乐趣！

但这不是大象表演节目的唯一案例，伽尔巴训练大象的声名远播，刚上台的皇帝尼禄，也迅速地运用了这项新技能。在为祈祷帝国永恒而举办的"伟大的盛会"表演中，皇帝让一位著名的骑士骑着大象走绳索，这使得马戏的难度增加了，也带上了浓厚的官方色彩。虽然尼禄一生多行不义，但此少有的亲善举动仍被公正地录入传记作家苏维托尼乌斯的书中。

　　当历史渐行渐远，童年时光不再，我们期望这些美丽的动物不要再用于人类的互相伤害，也再不会倒毙在血染的表演台……在摇曳的灯光中，在曼妙的音乐里，让我们梦回古罗马的马戏场，在孩子们银铃般的欢笑声中，看一次大象摇摇晃晃地走过绳索！

变为野兽的皇帝

好猎王巴朗牟之墓头，
野驴已践不破他的深梦。

——《鲁拜集》

第八章

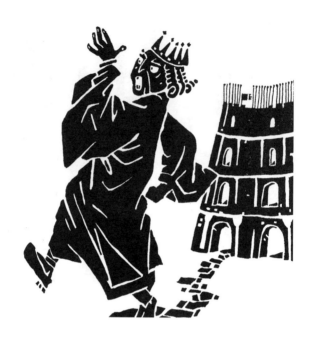

善妒的卡里古拉　纸本综合材料

（作者 绘）

卡里古拉皇帝如同女人般善妒，在一次角斗比赛中，一位名叫波利乌斯的战车角斗士把自己战胜的奴隶解放了，人们为此而感动，报以雷鸣般的掌声。这位角斗士的善举不但没有感动皇帝，反而激怒了他。狂怒的皇帝不愿再看表演，他飞奔出竞技场，以至于踩着自己的托加袍，而栽了大跟头。人们听见他高声喊叫："你们给一个闹着玩的角斗士的荣誉居然比神圣的皇帝还多！"虽然皇帝说出这句话显得幼稚而又自私，却道出了大多数皇帝们的心声。

虽说斗兽场是个残酷的生死场，但它也是诞生英雄的地方。

参与斗兽活动的"猎兽者"（Oenatores）和角斗士都来自社会底层，甚至是失去公民权利、任人宰割的奴隶，但有时他们精彩的表演、娴熟的技艺和过人的胆略会激起现场观众的热情欢呼，有些表演者甚至拥有为数众多的粉丝。人们在茶余饭后谈论着他们，热切地研究着他们的战斗技巧。一位活跃于庞贝的角斗士由于相貌英俊，总是在一出场就能俘虏少女们的目光，吃醋的男人们给这位帅哥起了个诨名："少女的心跳"。事实上，就是男人的心也一样会被这群身份卑微的英雄俘虏，为了拥护自己的偶像，忠实的粉丝团之间还经常大打出手。

当人们给予一个勇敢的角斗士以雷鸣般的掌声，并远胜于皇帝出现时的欢呼，帝国的首脑，虽然此时他正坐在华丽的皇家包厢中，拥有整个斗兽场最好的视野，但他的心情却并不是很好受。虽然皇帝也很喜爱斗兽表演，但他无法忍受自己的风头被卑贱的斗兽者抢去。不自觉地，皇帝们也动了念头，想把那些原本属于他的欢呼和掌声夺回来。正如《圣经》里所说，富翁有一百只羊，但他不稀罕，而一定要抢穷人手里的那只。这种奇怪而病态的心理，此刻正煎熬着皇帝。

这有什么了不起的？我也行！

骄傲的皇帝们虽然这样想，但付诸行动却需要极大的勇气。因为元老院早有规定：作为身份高贵的元老，是不可以参加一切斗兽活动的，作为元老之首的皇帝，自然更是不能。但是帝王们急于享受偶像崇拜的念头粉碎了共和时代的陈规陋习，最后成功了，他们中的一些人开始走出华丽的包厢，步入木板吱吱作响的表演场。这一次，看客们没有吝啬自己的欢呼，皇帝们获得了双料的掌声，这来之不易的收获让之陶醉。最热衷于此的皇帝当属尼禄，他从平民中选出5000个俊秀的青年组成啦啦队，让他们在皇帝表演时特意拍出响亮而有节奏的掌声，这是从亚历山大里亚人那里学来的，他们会拍出很有特色的嗡嗡声，好像蜜蜂飞行时发出的声音。

正由于皇帝们的不务正业，他们出于各种目的进行的"斗兽表演"或多或少地推进了这项古老的活动，使之不断推陈出新，最终将斗兽表演的影响力扩展到了整个地中海世界，并使得原本相对简单的斗兽活动具备了丰富的社会学内涵和重要的历史意义。

二 尼罗鳄之殇

根据历史记载，首创皇帝斗兽风俗的人很可能是帝国的始皇帝——屋大维。在他的自传中，这位身体羸弱的元首吹嘘他曾在非洲结果了3500只动物，包括一次杀死的36只巨鳄。由于他和战友阿克力巴曾在亚克兴角指挥罗马舰队击败安东尼和埃及艳后的舰队，接着又挥师亚历山大港，彻底颠覆了这个古国，因此我们猜测他是在亚历山大城逗留期间，完成了射猎鳄鱼的壮举。

鳄鱼是土生于尼罗河中的尼罗鳄，它们象征了给埃及带来生命的尼罗河神，也代表着男性的生殖力量，这些有着高贵地位的鳄鱼若是死了，祭司们还得费力把尸体制作成木乃伊，供在庙里。就连被这些鳄鱼咬死的人也都被视作命运眷顾，他们残缺不全的遗体甚至连家人都无法触碰。

可是覆巢之下，焉有完卵？埃及已经易主，野兽们更是无法挽回自己覆灭的命运。这些出生尊贵的大鳄平时被养在神庙的宽阔水池中，过着养尊处优的生活。现在则被粗鲁地投入一个绝不能攻击到皇帝的小池子里，挨挨挤挤，无法逃生。鳄鱼们吓人的模样使屋大维回想起刚刚经历的海战。在这次著名的海战中，罗马的军事工程师发明了一个神奇的武器——钳子，它由弩炮发射出去，钉在埃及人的大战舰上，拖住它们，使其动弹不得。然后罗马人驾驶轻巧的舰船靠近，利用云梯攀上敌舰，发挥其血刃战的强项，在甲板上大肆击杀埃及水兵。

埃及的战舰极为庞大，有三层桨架，高耸于水面如同堡垒，舰身还有装甲，虽然看起来威猛，但在狭窄的海域中只能直来直去地撞击敌舰，这种过时的希腊款式和作战方法，早已不适用于新型的海战。可以猜测，埃及战舰无论是形态还是进攻的方式都和那些头大身粗、凶猛而不够灵活的鳄鱼颇为相似，在这位统帅的心中，它们正是那些庞大而无能的埃及舰队的象征。

伟大的元首决不出无名之师，也决不会随意地荼毒生灵，屋大维相信自己张弓诛杀鳄鱼的举动，正如士兵用"钳子"钳制住巨舰，是伟大海战的延续，是要把那失败的民族一而再、再而三地钉在历史的耻辱柱上，使其永世不得翻身。但是尼罗鳄们哪知道自己肩负的如此重要而倒霉的任务，它们徒劳地用粗短的爪子把水花拍溅得山响，并一次次地向未来的皇帝张开血盆大口。带着轻蔑和仇恨，这位只有35岁的侵略者扬起弓，羽箭嗖嗖，昔日的尼罗河之神一一毙命，好个神勇的猎手！

让我们想象一下这位常年生病、瘦弱不堪，平时只吃硬肉葡萄和浸水面包（硬面包咬不动）的勇士屠杀鳄鱼的场景吧！尽管这有些难度，但我们不得不赞赏屋大维颇有古代英雄的气概，这场斗兽虽不是

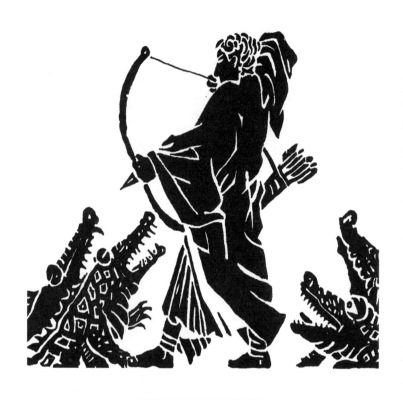

用弓箭射杀鳄鱼的屋大维　纸本综合材料
（作者 绘）

　　许多严肃的史学家质疑皇帝射杀鳄鱼之事的真实性，他们之所以产生这样的猜疑，无非是这和屋大维不善征战、不喜暴力个性的冲突，但是从另一方面来看，体质柔弱的奥古斯都个性里却充满了对于惩恶扬善、伸张正义的侠义行为的渴望。一个大奴隶主韦迪乌斯在自己的池塘里养一种可怕的怪物：七鳃鳗，但凡有奴隶犯错，就被扔进池塘喂鱼。皇帝常常是他的座上宾，在某次宴席中，一个奴隶把水晶盘子打碎了，奴隶主大发雷霆，声称要将奴隶喂鱼，犯错的奴隶惊慌失措之余，冲到皇帝面前下跪，祈求他发发慈悲，不要用这种骇人的方式处死他。皇帝被奴隶的悲惨命运打动了，他下令打碎富翁所有的水晶盘子，用那些碎片填平罪恶的鱼塘，尽管他是皇帝的朋友，皇帝还是毫不留情地惩罚了这种伤天害理的做法。因此，无论是鳄鱼还是七鳃鳗，都被崇尚正义的皇帝当作危害人类的邪恶势力，是必须铲除而后快的。

公平的战斗，但也不只是场无聊的游戏，而体现了征服者的高傲姿态。在 36 只翻着白色肚皮的尼罗鳄尸体背后，是古代世界最为重要的一次角力：那曾立于文明曙光之中的埃及，现在谦虚地翻身下马，成为世界帝国的一个行省。

三 致命一击

人们普遍认为奥古斯都是一个善于隐藏自己内心的皇帝，他表现出对斗兽表演的喜爱，但没人能说清楚这是出自真心还是一种统治策略。他的继承人提比略却是个高傲而冷漠的人，他可不愿意迁就自己来讨好兴趣粗鄙的民众。

根据塔西佗在《编年史》中的描述，提比略的儿子德鲁苏斯曾经主持过一场角斗赛会，虽然这是一场相当普通的赛会，参加角斗的也都是籍籍无名之辈，表演并不精彩。但在这场表演中，这位非常有可能成为未来皇帝的少年却表现出失控的兴奋，他嗜血的个性引起了老百姓们的惶恐。德鲁苏斯也因此受到父亲严厉的批评，但是没有一同赴会的提比略同样受到了人们的谴责：你那么不喜欢角斗和斗兽，是不是也有点毛病？

为了让他的爱子德鲁苏斯成为未来的皇帝，提比略设计害死了他军功卓著、颇受人们爱戴的继子日尔曼尼库斯，但后来德鲁苏斯也死于暗杀。这件事对皇帝的打击很大，再加上无休止的宫廷斗争，使他的性格更为阴郁，最后干脆逃出罗马城，长期隐居在风景如画的卡普里岛，那里以往只是皇家避暑的胜地。退休后的皇帝在岛上盖起了华丽的别墅，养了许多珍禽异兽，遥控几个亲信，远程统治着国家。

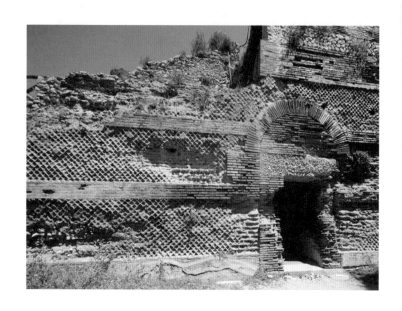

提比略的尤维斯别墅遗址
古罗马帝国时期

(丹·克鲁克香克.弗莱彻建筑史 [M].郑时龄等,译.北京:知识产权出版社,2011)

卡普里岛是古罗马皇帝最喜爱的度假胜地,从帝国建立之始,就有多名皇帝在此大兴土木,建立行宫,而提比略的行宫似乎是最著名的。从存留的遗址看来,它看似普通,没有一个帝国统治者所应当具有的气派和威严,他作为奥古斯都的继承人,保留了先皇的简朴风范,但是这位衰老帝王放浪形骸的个人作风却使罗马史上那些以淫荡著称的暴君都黯然失色——除了这座正规宫殿,他还把许多天然的山洞改造为他的淫窟。时至今日,到此岛旅游的人还能听到导游谈起提比略的艳史。

隐居期间，皇帝曾动念回到罗马，但忽然发生了一件事：他最喜爱的一条大蟒蛇，在一夜之间居然被成群的蚂蚁吃得只剩一张皮，占卜师警告他，这是上天要他提防多数人的力量。迷信的皇帝害怕了，他不敢回到人潮如流的罗马，转而去了坎佩尼亚。因为长期的纵欲而越发衰老的皇帝生病了，一等病转轻，他又去了西塞尔城。为了掩饰自己的病态，皇帝装作饶有兴味的样子，在竞技场观看年轻士兵们的格斗游戏。

这时，饲养员赶着一只獠牙雪亮的大野猪走过角斗场，这一幕似乎激起了老年皇帝对往昔岁月的追忆，回想多年前，他也曾是个意气风发的少年将军。在高卢的橡树林里，野猪是最常见的动物，而捕猎野猪也成了他战事之余常常去做的乐事，将新鲜的野猪肉插在铁叉上放在火上炙烤，油脂滴在火中滋滋作响，初冬凛冽的空气中弥漫着肉香和枯叶的气味，和战友们围着火堆高谈阔论，好不快活！

老皇帝忽然从冰凉的大理石座位上缓缓站起，向伺立一旁的禁卫军战士要过他手中的长矛。这根长矛是如此之重！多年未握武器的皇帝心里一惊，现在的年轻人都用这么重的长矛吗？讶异于自己已老朽到如此地步。他看了看身旁那个刚长胡子、目光呆滞的战士，没有说话。让传令官叫住那个饲养员，让他走开。

皇帝举起了粗重的长矛，而且是用他的左手！空气一下子凝固了，士兵们不再喧闹，他们像被定住了一般，瞠目结舌地看着那只肌肉松弛、微微颤抖着的胳膊举起长矛。就连那只野猪都怔住了，它呆立在那里，望着那位试图瞄准它的人，颤动着的鬃毛在夕阳中像一簇火苗。皇帝没有犹豫，拼尽全身的力气投出了长矛，显示出他曾经是一位训练有素的军人。在皇帝投出长矛的一刹那，野猪早就跑掉了。

长矛在秋风中掠过，像一根羽毛般落在了斗兽场的地板上，发出

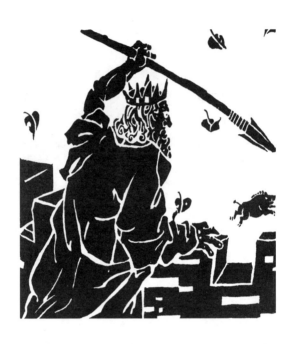

提比略向野猪投掷长矛 钢笔纸本

（作者 绘）

　　提比略是罗马帝国的第二位皇帝，公元14—37年在位。他个性深沉严苛，执政后期，更由于党派斗争，使得他用残忍的手段对付政敌，并背上残暴的恶名。晚年隐居卡普里岛后，这位退休的皇帝在岛上修建起豪华的别墅，过着荒淫的生活。但纵欲的生活也无法终止他莫名的恐惧：这荒岛上的一个渔夫捉到了条大鲻鱼，他翻越了险峻的山头，出其不意地出现在皇帝面前，把鱼献给了皇帝，这种纯真的感情不但没有得到皇帝的嘉奖，反而让他更加没有安全感。受惊的皇帝命士兵拿着这条鱼在渔夫的脸上反复擦拭，倒霉的渔夫为此后悔不迭，高声叫道他幸亏没有献给皇帝螃蟹，皇帝听了这话，立刻命人拿出一只大螃蟹，划破了渔夫的面颊。

轻微的声响，应和这声音，老军人发出痛苦的呻吟。他忽然跌坐在地上，感到手臂牵扯着的肋部突然剧烈疼痛。着了慌的侍从们赶紧跑过来，搀扶他离开了斗兽场。从那以后，皇帝的病情加重了，再加上在斗兽场着了凉，皇帝发起了高烧。虽然病情有过短暂的缓解，但这位 78 岁的老人最终还是在当年离开了人世。就这样，提比略皇帝在人生第一次也是最后一次的斗兽表演中，终结了他暴虐的统治。

四 皇帝变成野兽

时光荏苒，转眼到了尼禄统治的时期。

在恺撒的世系中，尼禄是最能胡闹的人物。这个一辈子热衷唱歌、舞蹈、写诗、朗诵、戏剧的资深文艺青年同时也希望自己的勇武和艺术天赋相当。他崇拜大英雄赫拉克勒斯，希望仿效这位英雄通过斗兽的事迹为自己的形象加分，但这个懒惰的青年却不愿刻苦训练。事实上，尼禄擅长弄虚作假的本领远甚于和野兽肉搏，为此他授意特别训练了一头不会反抗的狮子，好让他在圆形竞技场当着观众的面，赤膊登场，用木棍打死或是用手臂扼死这头狮子。这招吓唬人的鬼把戏随着他统治后期混乱的政局而作罢。

如果说上述计划多少有些危险性，那么尼禄很快就发明了一种"新斗兽"游戏，这项在他看来安全又好玩的娱乐让他更加臭名昭著。和他的前任卡里古拉一样，尼禄有着强烈的变态性倾向，他不大喜欢女人，在 13 年的统治中也没有留下子嗣。他先是残忍地杀害了他贤惠的妻子屋大维娅，然后阉割了一个美貌的小男孩斯波鲁斯，把他打扮得花枝招

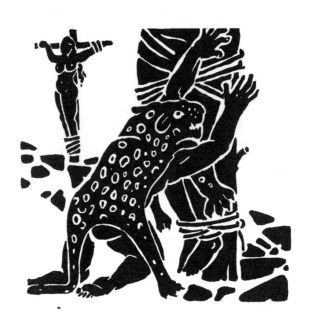

尼禄喜爱的"斗兽"钢笔纸本

（作者 绘）

传记作家苏维托尼埃斯善于揭露皇帝的阴暗面，他所描述的尼禄是一个邪恶、无耻的人，但现代的历史学家却试图指出，有许多罪证可能是由尼禄的政敌捏造的，比如那次罗马大火。时光飞逝，人们现在竟然怀念起尼禄做过的一些有意义的事情来，比如他在罗马大火之后迅速而又条理清晰地规划了罗马城，比如他那有趣的个人演唱会，以及美丽神奇的寓所——金宫。

这种怀念甚至在当时就存在，据说罗马人并不仇恨这位昏君，在他死后多年，还有起义者以尼禄的名义起兵，尼禄的坟前也常常有人献花。

展，作为自己的妻子。他俩如此"恩爱"，以至于经常在大街上当众接吻。当时人们嘲笑他，说尼禄的爸爸要有这么个贤妻，世界就太平了。

这个"新斗兽"游戏延续了尼禄在性上的张扬作风，表面上模仿的是斗兽场经常举行的用野兽咬死犯人的刑罚，实际上却是充分地把他变态的性欲和胡闹的天分结合起来。皇帝这回没有扮演英雄，而是作为野兽出现的：他身披兽皮，待在兽笼里。人们打开锁把他放出来，他咆哮着，模仿野兽又抓又咬的样子，急不可待地攻击缚在木桩上的俊男美女的下体——然而紧接着，他又表演被他自己的获释奴多律弗鲁斯（他的另一位情人）强暴，据说这象征着野兽最终被人类征服。

这幕色情剧是在斗兽场的众目睽睽之下进行，经过严格表演训练的皇帝先是模拟野兽的凶残，接着又像个真正的女人一般呻吟。这位天才演员在"皇帝""野兽""女人"三个角色间自由地转换，那忘我的演出先是让老百姓们目瞪口呆，随后又乐不可支。就像高僧能从粪便中悟出佛法，尼禄也在下流游戏中诠释了罗马人的哲学：人人心里都有一头野兽，只是不敢把它放出来。因此所有的人都在掩饰自己的丑行，并狡猾地给它们盖上了遮羞布。所以他想用这出戏光明正大地唤醒人们的兽欲，并嘲笑看台上正襟危坐的观众——其实你们也想像我一样胡来，但是你们不敢。

五 铁笔夹苍蝇

尼禄自杀之后，天下大乱，先后有四个皇帝执政。多年之后，一位强势者坐稳了江山，并开辟了一个新的王朝——弗拉维安王朝。这个皇帝叫韦斯帕芗。他有两个儿子，一个是提图斯，也就是前

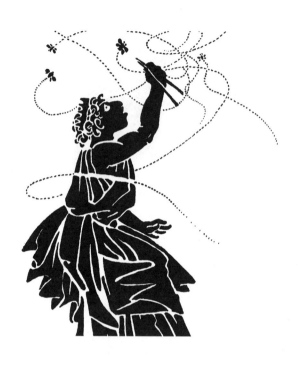

用铁笔捉苍蝇的图密善 钢笔纸本

（作者 绘）

热爱体育运动的图密善对于竞技类游戏特别热心，古罗马传记作家苏维托尼乌斯告诉我们：图密善经常在大竞技场和赛马场举办盛大豪华的表演，在这些地方，除了两马战车和四马战车的比赛，他还命人表演骑兵厮杀和步兵厮杀，并在大竞技场表演海战（但这海战是否真的发生过，仍是历史学家争论不休的问题）。同时他还举办了猎兽和夜间打着火把的剑斗士表演，这剑斗士有男有女。虽然他如此热衷竞技和猎兽，但他似乎不像卡里古拉和尼禄那样嗜血，因为早在他父亲韦斯帕芗在位时，他就想趁他父亲不在罗马时发布一项法令——禁止杀牛献祭。

文所述那位主持大斗兽场开幕表演的皇帝，他虽然公正仁慈，但只统治了两年又两个月就暴病而死，他的弟弟图密善得以继承帝位。这个弟弟一直都想篡位，因此人们猜测是他害死了哥哥。

这位新皇帝即位后相当低调，有很长一段时间每天待在内宫，什么都不做。不，这样说有点委屈他了，实际上他在研究一门精妙的武术——铁笔捉苍蝇。对了，就像你在武侠小说里经常看到的桥段：那武林高手无时无刻不在研习武术，闲下来就用筷子夹苍蝇作为消遣。相比虚构的情节，图密善却是动真格的。由于罗马人没有筷子，所以皇帝使用一对铁笔作为武器。这东西有点像铁质的筷子，可以在蜡板上写字，一般是在法庭上，由律师或抄写员使用的。

皇帝勤奋地练习这项绝技，技术已经精进到令人害怕的地步，他那灵巧而有力的手挥动铁笔忽上忽下，速度快到让人无法看清。一时间皇宫内的苍蝇就绝迹了。当有人疑惑地问道，是否有人和皇帝同在内宫时，维比乌斯·克里斯普斯（此人身份待考）一针见血地答道："连苍蝇都没有"。

这位图密善虽然身材高大健壮，却生性疏懒，对沉重的武器不感兴趣。就像他年轻时喜欢用轻灵的铁笔捕捉苍蝇一样，他一生都在训练射猎方面的准确性，在他执政后期，已然成为了一个神箭手。许多人不止一次地看见他在阿尔班（皇帝的地产）上用弓箭射杀上百只不同种类的野兽，百发百中。为了向观看的人们显示自己神乎其神的技艺，他还让一名奴隶站在远处，举起右手当做靶子，五指分开，箭从指间穿过而没有任何伤害。在射杀某些野兽的时候，他故意连发两箭，让箭扎在野兽的头上，好像长着两只角。

但是螳螂捕蝉，黄雀在后，高明的猎手最终也成为了别人的猎物。当图密善和那些暴虐的前任一样，双手沾满无辜者的鲜血，将仇恨和

207

恐惧塞满皇宫之时，也就是他寿终之时。一位占星家预言了他的死期即将临近，多疑的皇帝在他常常散步的长廊装上了光可鉴人的月长石，这样在他走路时就可以用余光看到身后是否有人尾随。即便如此，凶手还是悄悄降临了：他侄女的管家冒充受伤的样子，把匕首藏在绷带里，以告密者的身份接近皇帝，在皇帝阅读他的报告时，用匕首刺中了皇帝的腹部，皇帝苦练多年的武功终于有了用武之地，他勇敢地出手回击，两人扭打在一起，虽然图密善赤手空拳且受了伤，但凶手并没有占到便宜。但是僵局没有维持太长的时间，三个帮凶冲上前，彻底结束了这位神箭手的性命。

虽然图密善一生以精湛的箭术自诩，但仍有后来居上者，使图密善的事迹略显失色。这就是罗马历史上著名的角斗士皇帝——康茂德。

六 英雄下凡

康茂德，是个散发着血腥味的名字。这个昏君就是五贤帝最末一位——马可·奥勒里乌斯的儿子。他完全没有继承父亲的贤良，权威的罗马史学者爱德华.吉本认为他站在罗马帝国由盛转衰的转折点上，是罗马帝国衰亡的祸首。

如果说尼禄效法赫拉克勒斯的英雄事迹只是一时的头脑发热，而康茂德则愚蠢地认为他本人就是赫拉克勒斯的转世，并用他那短暂的一生对赫拉克勒斯心摹手追，这些可笑的模仿秀至今仍可在康茂德时代存留的钱币、勋章和雕像中看到。如果单从外貌来看，除开多了些忧郁和颓废的气质，他和他向往的英雄形象上倒是十分相似：高大健美的身躯、高贵英俊的面容和傲慢威严的眼神，如果再披挂上狮子的皮毛、手持狼牙棒，真如天神下凡。

可是如此禀赋优良的人却一味沉浸在野蛮人般的生活之中，对高雅的趣味和皇帝的职责漠不关心。就连当时的人也对他的爱好困惑不已，认为康茂德的母亲一定是和角斗士私通了，才生了他这么一个怪物。吉本对他厌恶至极，说他是罗马皇帝中对求知丝毫不感兴趣的第一人，甚至连附庸风雅的尼禄都胜过他。

但康茂德无疑是最能干的猎人。这位皇帝很小就从帕提亚人和摩尔人那里学会了掷标枪和射箭，并且稳定的眼神和灵巧的手臂都胜过了师傅。他不满足于此，竟在大竞技场的地下安置了一处住所，日夜不停地切磋杀人猎兽的技艺。为了让他可以在皇宫和大竞技场之间来去自由，建筑师还为他修建了一条秘密的地道（现代的考古学家们竟然真的找到了这条传说中的地道）。但是在很长的时间里，这位皇帝都是在皇宫的高墙之内施展杀人绝技的，这使得他不禁感慨他的本事只是让一群奴颜婢膝的太监、被释奴和嫔妃们欣赏，真有点暴殄天物。

终于有一天，在一帮佞臣的撺掇之下，皇帝决定让公众大开眼界。开演那天，斗兽场挤满了比平时多得多的观众，皇帝的技艺也引发了热烈的赞美和喝彩。关于这件事，我们还是直接引用吉本生动的原文为妙："无论他看准那野兽的头还是心脏，只要一出手就能射中，使之立即毙命。用一种形似月牙的箭，康茂德能在一只鸵鸟迅速奔跑中切断它细长的脖子。一只来自亚洲的黑豹被放了出来，这位弓箭手一直等着它向一个浑身发抖的罪犯扑去。就在这一刹那箭飞了出去，黑豹应声倒下，而犯人却安然无恙。剧场狮房的门被打开，一百只狮子同时跑了出来，当它们愤怒地沿着竞技场奔跑时，一百支箭从康茂德手中飞出，使它们先后倒地死去。无论是大象的皮肤还是犀牛的甲胄都挡不住他的攻击。"

据说那次表演的压轴戏是一些更为珍稀的动物，比如印度送来的

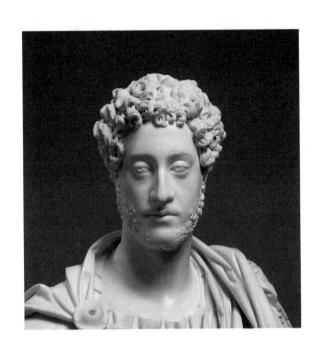

康茂德皇帝的胸像 大理石雕
古罗马帝国时期

(基思·霍普金斯等.罗马大角斗场 [M].蒲隆.译.北京:商务印书馆,2006)

　　动物杀手康茂德的另一爱好是充当角斗士,他喜爱角斗士的职业甚于皇帝。他是一位圆盾斗士,戴着只露眼睛的铜头盔,手持长剑和圆盾,对手完全裸体,手里只有一张大网和一把三刃叉,他要用网把对手套住,并叉死对手,但是一套不中,就要躲开对手的追逐,继续伺机行动。皇帝用这种方式满足他杀人的欲望,根据官方记载,这位臭名昭著的勇士共进行了 736 次这样的格斗,在历史上恐怕还没有哪一个角斗士能从那么多次的恶斗中逃脱,可见皇帝的角斗表演是有很大水分的。可恶的是,他还从角斗士的基金中提取津贴,并强加给人们大量的赋税。他给自己起了个角斗士的名字——保罗斯,并把这个名字刻在他巨大的雕像上。

老虎和埃塞俄比亚送来的长颈鹿（这是欧洲人第一次看到长颈鹿），皇帝等观众欣赏够了，便从容地射死它们。在另一次斗兽表演中，康茂德用长矛一下挑死了一百头熊，并将它们从竞技场特别辟出的通道扔出去。至于死在他枪下的狮子、老虎、河马和大象更是不计其数。

但史家也指出，康茂德的表演更多显示的是射杀的精确性而非勇敢，因为在好几次表演中，人们看到被害的动物都是装在笼子里的，不仅不能攻击皇帝，甚至连转身逃命都不可能。搭箭射猎动物的皇帝，和在动物园里向猴子们抛掷石子的顽童一样安全。

七 手持鸵鸟头的皇帝

饲养猛犬的人都会注意不让他的狗食取带血的生肉，因为这会让动物兽性大发；同样，让一个天性残暴的人饱尝杀人的乐趣也是极为危险的。康茂德一开始只是射杀动物，并屠戮那些装备完全无法和他匹敌的角斗士，但这渐渐不能满足他杀戮的欲望。终有一天，这个完全视人民为草芥的暴君想出了一个点子，就是趁观众坐满席位的时候，出其不意地用箭射杀他们，以此来仿效大英雄赫拉克勒斯用箭射杀斯廷法罗斯湖一大群怪鸟的事迹，但这个想法因为走漏了风声而最终作罢。

这下罗马的观众不再淡定了，看表演已经变成一件比表演更危险的事情。从此以后，虽然康茂德的表演还是一如既往的“精彩”，但大角斗场上的座位还是空出了许多。由于无法干涉民众的缺席，皇帝逼迫国家的上层阶级——元老和骑士在他表演时必须到场，不仅如此，他们还得带着谄媚的表情，高唱一首激情飞扬的颂歌：“陛下是主，

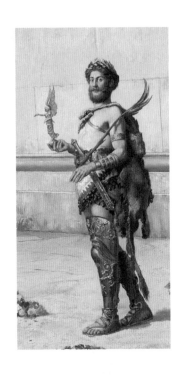

康茂德皇帝在竞技场 油画
佚名
（基思·霍普金斯，等.罗马大角斗场[M].蒲隆，译.北京：商务印书馆，2006）

油画生动地还原了康茂德在竞技场中搏斗取胜后的场面，皇帝半裸着上身，一副古希腊英雄的打扮，他洋洋自得地手托一个胜利女神的小雕像，身后跟着一大群和他打扮相似的人，他们有可能是皇帝的弄臣，也可能是真正的角斗士。一批阿谀奉承的观众正在看台扔下花环。

陛下为先，陛下是至福至贵之人！陛下是胜利者，陛下永远是胜利者！"

这真是折磨人的演出。据生活于康茂德统治时期的历史学家狄奥说，在皇帝的命令下，只有一个人敢冒着被杀头的危险，坚持不来，但出于某种顾虑，他没有说出这人的名字。但是来和不来，一样危险。观看康茂德的表演，就得提着脑袋。

经常看皇帝演出的元老们都知道，皇帝和观众的互动才是表演的亮点。你得时刻留心，这种互动往往出其不意地发生，如果你没有做出正确的回应，就有可能丢脑袋。在一次斗兽活动中，康茂德杀死了一只鸵鸟，他用剑割下鸵鸟的头，拿着它走近坐在前排的元老们，把这个还滴着血的吓人东西举起来给元老们看，另一只手拿着长剑。皇帝没有说话，只是用他那略显黯淡的眼睛盯着元老们，意味深长地微微一笑。皇帝的意思是赤裸裸的："取尔等首级，易如反掌！"但是面对这威胁，有几个元老竟然傻乎乎地笑了，而狄奥（元老之一）却在嚼着花冠上摘下来的桂树叶子，以咀嚼掩饰了自己的笑意。

某个时刻，这种君臣互动会升级为真正的阴谋。

在公元 193 年元旦，康茂德计划在接见执政官和其他一些官员的时候亲自将他们杀害。皇帝将身着角斗士的盔甲，像杀死卑贱的渔网斗士一样，杀死那些使他不爽的官员。尼禄将斗兽表演视为其淫荡生活的一部分，康茂德则将斗兽表演视为其恐怖统治的利器。但是康茂德没有活到手刃仇敌的那一天，阴谋败露了，被列入黑名单中的人准备先下手为强。

在元旦前一天皇帝去打猎了，中午回来后，他的情妇待他比平时殷勤，因此多喝了几杯，倒在床上烂醉如泥。黄昏时分，一个年轻的摔跤手轻手轻脚地走进皇帝的卧室，用强有力的胳膊扭断了暴君的脑袋。没有反抗，甚至没有一声呻吟！这次谋杀如此地轻易，让凶手都

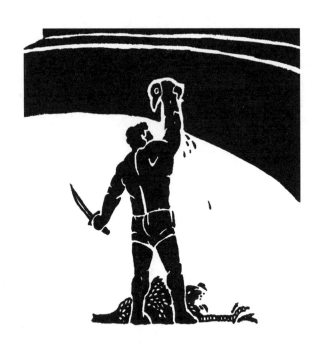

康茂德威胁元老 纸本综合材料

(作者 绘)

康茂德用鸵鸟头威胁元老，表面上看像是一个昏君的恶作剧，但实际上却有着深刻的历史原因。在共和时期，元老院是罗马的权利核心，在帝国时期，元老院蜕变为一个摆设，但是元老们仍然具有监督皇帝的权利，作为对皇帝绝对权力的制衡，元老们和皇帝展开了各种形式的明争暗斗。

甚至在帝国末期，元老院也没有完全丧失威力，著名的皇帝君士坦丁大帝把帝国分为两个部分，自己常年住在东都——君士坦丁堡，只回过罗马城一次。历史学家吉本指出：这正是为了摆脱元老院的监督和纠缠。

难以置信，他们这才知道，这个瘫在床上的尸体并不是赫拉克勒斯在世。饱受惊吓的元老们终于盼到了天亮，这下再也不用去看表演了。虽然没有参与谋杀，但他们似乎比谋杀者更高兴，他们叫嚣着："把角斗士扔到停尸房里去！"

野兽们的受难路

『四天里他参加了11场对决，在这些对决中杀死了11名坎帕尼亚最优秀的角斗士，还无情地杀死了10只熊。』

—— 一个古罗马角斗士的墓志铭

第九章

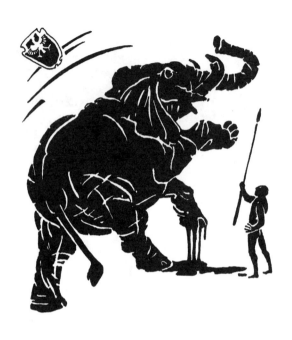

大象的愤怒 钢笔纸本

（作者 绘）

　　在斗兽场中，大象有它独特的地位，人们已经注意到这种动物的机敏、温厚和高傲的王者气质了。而且昂贵的运输费用也使人们极为珍视这种动物，而不会轻易将它处死。古罗马的传记作家普鲁塔克就曾记载过一个故事：伊庇鲁斯国王皮洛士在和罗马人的谈判中让人牵来一头巨象，意在震慑对方以影响谈判的结果。但罗马谈判官没有被吓住，由于表现得镇静而获得赞赏，这是因为古罗马人在公元前3世纪就已了解大象。老普林尼记载的大象夺取盾牌之事就应当是个特例，值得注意的是，大象到了道路系统发达的罗马后足部反而会受伤，坚硬的石头路对大象柔软的足部是非常危险的，在文艺复兴时期，葡萄牙国王送给罗马教皇的一只小象也出现了类似问题。

218

罗马人是高明的表演者和造梦者，在他们眼中，斗兽表演是一个奇幻的魔术，其精彩不仅在于斗兽表演的惊险刺激，同时也隐藏于它背后的秘密。天真的观众举目所见皆是有趣的事情：披着兽皮、手持木棍的超级英雄在猎杀危害村民的狮子，背景是一片木板做成的绿油油的森林；有时当表演发展到高潮时，岩石还会裂开，一棵金灿灿的小树伴随着观众惊喜的尖叫，从表演区的木地板中颤颤巍巍地冒出来。当表演结束，看客们揉着疲惫的眼睛，带着满足的心情回到自己的家中，不会有丝毫罪恶感。

但在斗兽场黑暗的地下，有上百只肮脏发臭的野兽在生锈的兽笼中日夜不停地嘶吼着；在夜色的掩盖下，一大批腐烂发青的人兽尸体装上了大车被拖向坟场，这些可怕的情景不会出现在观众的视野里。但现在是揭示谜底的时候了，我们要揭开那血淋淋的面纱，去看一看华丽的斗兽表演背后的现实。

在罗马帝国，除了著名的罗马大角斗场，境内的200多个角斗场每年都要断送几千头野兽的性命。公牛、驯鹿、野猪和熊这些野兽在欧洲是能搞得到的，但大多数的野兽需要从边疆运过来，比如埃及的鳄鱼、里海的老虎、印度的大象和利比亚的狮子。这些凶猛的野兽是如何被活捉，又是如何背井离乡踏上漫漫征途来到人烟稠密的城市，落

二 漂洋过海去送死

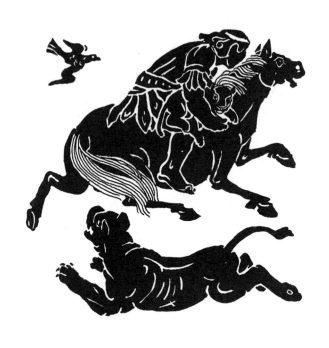

捕猎幼狮 钢笔纸本

（作者 绘）

　　相对于冒着生命危险去捕猎那些危险的猛兽，去捉一些没有反抗能力的幼兽，把它们带回来养大、训练不失为一个好办法。但这也非常不容易，比如捕捉幼狮，就得先查出狮子的巢穴，然后将船尽可能停到靠近狮穴的地方，几个猎人手持长矛和盾牌直入狮穴，逼使母狮退开，另一些人立即抱起小狮子抛给骑马以待的人，骑马者接到幼狮就会飞驰登船，任由狂怒的母狮怎么追赶也追不上了。由此可见，捕捉猛兽不仅需要智慧和力量，勇气也是必不可少的，当猎人显示出不惧怕野兽的样子，野兽反而会害怕逃跑。

得个任人宰割的命运的呢？

　　首先要说明的，刚开始，负责捉野兽的不是猎人，而是军人。从共和晚期到帝国初期，除了艰苦卓绝的战争，驻扎在边疆的罗马军队还得抽空去捕捉动物，比如著名的庞培大将就为首都人民提供了20头大象、600只狮子和410只豹子。博物学家老普林尼回忆在公元前55年，庞培送到首都的大象大闹斗兽场的事情：这只可怜的大象由于运输不善，受了严重的脚伤，到圆形竞技场表演时已经站不起来了。它跪在那里爬行，一连串的折磨让它怒火中烧，在表演中，它从斗兽者那里狠狠地夺过盾牌，把它抛上天，引起观众们没心没肺的哄笑。

　　除了地方官员和将军需要定时向地方和中央提供用于表演的兽类，还有一类是随军服役的专业狩猎者，他们深入原始丛林，专靠猎兽获取俸禄，他们本领高超，比如历史上就曾记载过一个在莱茵河上的军团服役的专业猎熊者，仅在日耳曼的六个月中就捕获了50只熊。

　　猎获动物的方式是有趣而繁多的，比如在小水洼中倒酒，等动物喝得醉醺醺之际，不费吹灰之力就可用绳子把它们捆缚。另一种诱捕办法是挖一个大坑，丢一只小动物下去，小动物的叫声会引来狮子、老虎等大型猛兽，只要它们一下坑，就会落入埋伏于内的笼子里。但有时这类守株待兔的方法成效不佳，就需要猎人主动出击了。猎人们会联手围住野兽，驱赶它走入树枝和绳网结成的围子，人们手持火把使野兽乖乖就擒；有时可能会同时围住好几种野兽，这时就要按照种类将它们分别入笼。

　　即使在古代，野兽也没有我们想象的那么多，奇怪的是为了供首都人民取乐，罗马出产野兽的地方（大多是罗马人的殖民地）都发布了禁捕令，老百姓即使是出于谋生或自卫的目的正当地捕杀动物，都

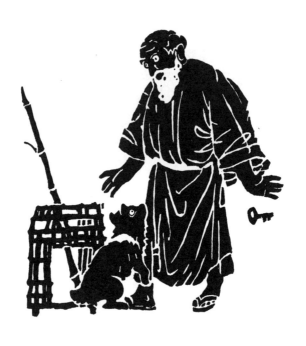

辛马丘斯看到他买的熊崽 钢笔纸本

（作者 绘）

　　辛马丘斯的故事让我们了解到斗兽是一项非常昂贵的娱乐，也只有罗马的国力才可应付。即使如此，这项娱乐的费用仍然由那些有着种种目的的富人来支付。富人们通过举办斗兽表演获得了社会的支持，也节省了政府的开销。他们以此获得官职，同时也将搜刮来的部分钱财还之于民，实现了社会的平衡。为社会和谐做出贡献的人会被授予官职和荣誉，在罗马市民看来并非是见不得人的潜规则，而是自共和时代就存在的社会风俗——当斗兽表演融入了古罗马的体制范围内，它能有效地调节阶级矛盾，并消融人们对于政府的不满，为国家的长治久安做出了非凡贡献。

会受到严厉的惩罚。这种"只许州官放火，不许百姓点灯"的蛮横做法直到帝国灭亡才被取消。尽管这样，在帝国晚期，野兽资源已经极度匮乏。北非出产的身形巨大的巴巴里狮所剩无多，大象更是稀少了。

大约在 4 世纪，有一个叫辛马丘斯的富人为了庆祝他的儿子出任行政长官，豪气地花了 2 千磅黄金来搞一场奢靡的斗兽表演，为他的儿子获得政治资本。他开列的菜单品种十分齐全，有熊、羚羊、豹子和狮子，但他的付出和所得并不相称，他在一封信中不禁抱怨这些花血本搞回来的熊崽们非常地瘦弱，很难养活。

即使如此，也没有打消罗马人对于野兽疯狂的渴求。捕获野兽开始变为一种获利极大的产业，一些大胆的猎人受雇于政府，深入北非腹地的丛林去搜捕珍禽异兽，他们训练有素、合作紧密，靠倒卖野兽发了财，由于常驻非洲，这些人把罗马人的生活习惯也带到了非洲。在北非的殖民地大莱普利斯·马格纳（leptis Magna）就发现了一个完好的小型浴场，人们在这个规模不大但装饰精美的浴场中发现了一幅表现斗兽题材的马赛克绘画，间接证明了这浴场正是服务于那些粗犷而富裕的罗马猎人。

但捕捉野兽只是第一步，下一步就是野兽的运输和养护。相比于此，捕猎的难度就显得微不足道了。野兽们虽然在自然界中非常强悍，但是一旦离开自己的生存环境，就会变得异常脆弱。为避免野兽中途熬不住而死去，运输的过程不能过于求快。若由陆路运送，必须在好些地方停下来，每次都需休整一星期，因为野兽困在牛拉的笼车中，一路颠簸，它们会"晕车"，变得非常消瘦，必须休息好了才能上路。罗马帝国境内所有的城镇都接到了皇帝的诏令，须为运送车队提供食宿。即使如此，不少的野兽还是死于舟车劳顿和水土不服，侥

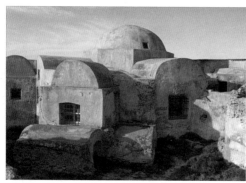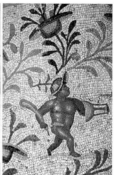

狩猎浴场的外观和角斗士主题的镶嵌画
约公元 200 年 利比亚

（基思·霍普金斯，等.罗马大角斗场[M].蒲隆,译.北京：商务印书馆,2006）

这座小建筑因其简洁优美的造型成为建筑史上的典范，比起庞大无朋的戴克里先浴场和卡拉卡拉浴场，这座浴场更为纯粹，它由筒状拱顶和半球状穹窿交替构成，形成四组序列井然的联排房屋，就好像外星人的基地一般浮现在荒凉的北非平原上，给人以强烈的神秘感。浴场的拱顶由混凝土浇筑，这种技术在北非并不常用，但正是这种了不起的技术使这座浴场跨越了1800多年的岁月，几乎完好无损地呈现在世人面前。让"斗兽习俗"的研究者激动的是这座浴场内优美的马赛克镶嵌画，它们表现了在丛林中赤身裸体的斗兽者手持盾牌和木棍，激斗鳄鱼和其他野兽的画面，这些主题鲜明的绘画彰显着一个事实：这座浴场的主人一定是常驻于此的罗马人，他们背井离乡，正是为了来此猎获价格高昂的猛兽。

幸到达罗马的也都奄奄一息。但到了首都的野兽，就少不得好酒好肉伺候。幸存者们会被请进一座御兽园，大吃生肉，借以保存搏斗状态。公元3世纪的一个败家的皇帝竟然用稀罕美丽的雉鸡来喂养这些野兽。

如果用水路运输，就更加烦琐，英国历史学家基斯·霍普金斯举了一个近代的例子告诉人们：在古罗马动物运输是件多么困难的事情。在1850年，伦敦引进了一只小河马，这是一千多年来第一头来到欧洲的河马，看到它的人都高兴坏了，最后它被送到了伦敦的摄政公园，取名为"奥贝神"。为了把这只蠢萌的河马宝宝从白尼罗河运到开罗，用了整整一个分遣队的埃及士兵，耗费五个月的时间。接下来还要把它从埃及的亚历山大港再运到伦敦，于是又专门制造了一艘轮船，装有能容纳两千升水的水箱（因为河马得泡在水里嘛），由当地的饲养员陪伴，除此之外，这艘"诺亚方舟"还装有两头奶牛和十只母山羊给这位超级宝宝供奶。这让我们联想起在此三百多年前，教皇利奥十世收到礼物的也是一只小不点的象宝宝。柔弱的小河马和小象死在途中的可能性极大，但富裕的英国和葡萄牙政府都冒险选择了运送这些娇贵的幼兽。

而在古代，大规模的动物运送花费更为巨大，这对于国家和人民来说都是一项重大的负担，许多严肃的政治家都对这种浪费痛心疾首。和庞培同时代的演说家西塞罗的书信里记载了另一件事：奇里乞亚省（位于土耳其）的新任总督需要弄几只黑豹做表演，他向西塞罗求助，这位爱惜民力的演说家以动物稀缺为名拒绝了，除了西塞罗，博物学家老普林尼和五贤帝之一的马可·奥勒里乌斯也都曾表现出对此举的厌恶情绪。

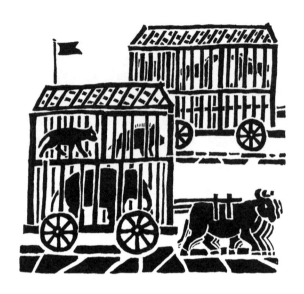

野兽们的运输 钢笔纸本
（作者 绘）

帝国境内有着四通八达的道路系统，这是一些表面铺砌着石板的道路，石板之下还有着好几层垫层，可以保持路面受力均匀，排水顺畅。但是以现代人的观点来看，这些路仍然显得窄小。运输野兽的大车就是行进在这样的道路上，无人知晓它们确切的样子，但有一点可以肯定，这些车子一定很庞大也很精巧，它们被分为不同单元，用于装载不同的动物。车子用四头犍牛拉着，一位熟练的车夫控制着这些牛，以免它们被后面的野兽惊得发了疯。在尘土飞扬的路边，孩子们围观着、追随着，发出阵阵惊喜的叫声。而野兽们卧倒在笼子里，毛色黯淡，显得无精打采。

现在野兽总算进了城，也恢复了元气，但绝不能让长时间的等待消磨了它们的精力，骁勇的战士必须被尽快送往前线，观众们已经等不及了！一座专门为它们而建的战场已经落成，无须猜度，这就是罗马城的大角斗场。这座"巨无霸"占据了罗马城中心最好的地段，占地足有2万平方米，可容纳9万观众。皇帝为此征用了数万名犹太俘虏作劳役，耗时8年才完成。虽然后世的建筑史学家无数次地赞美万神庙的雄浑大气、高架渠的坚固实用，但古罗马建筑之冠的美名，仍然是归属于大角斗场。如果不是历尽劫波，屡遭拆毁，这坚固、精巧的建筑物可能会比现在的样子更加完美。

但是对于野兽来说，这里只是屠场。表演区之下是一个被精心设计的兽笼，但这绝不是普通的兽笼，而是一座机关重重的地下城。这座城足以放下一整座帕特农神庙！城中隐藏了众多功能复杂而强大的半自动机械，它们不仅为斗兽表演提供了梦幻般的美学感受，也使其成为一项科技含量颇高的艺术。由于要营造斗兽表演的神秘感，人们无法知晓所有的幕后事宜，因此在古罗马时期，观看表演的人是不允许进入这片禁地的。

由于表演区的地板已经消失不见，这座昔日的地府牢笼现在完全沐浴在阳光之下，变成了绿草如茵的迷宫。但在古代这个黑暗的世界却无异于人间地狱：夏天像锅炉房一样热，冬季寒冷又潮湿。全年充斥着烟味，狭窄的走廊里弥漫着工人的汗味以及野兽的恶臭。而震耳欲聋的噪声会让一个初来者神经衰弱，吱吱作响的机械装置、人们的喊叫声、动物的咆哮，碰撞声和击鼓助威声，当然还有头顶上角斗的喧嚣以及观众海潮般汹涌的怒吼。

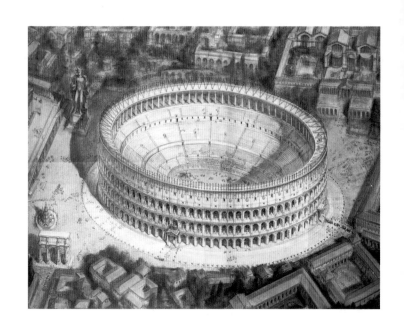

大角斗场复原鸟瞰图
水彩 佚名

（基思·霍普金斯，等.罗马大角斗场［M］.蒲隆，译.北京：商务印书馆，2006）

　　说起这座伟大的建筑，恐怕一本书也不一定讲得完，因此在这里我就不赘述它的设计和结构了，而单单关注一下它巨大的规模：其长轴有 187 米、短轴 155 米，即使是在崇尚巨大构筑物的古代也算是非常大的尺度了。它的圆周长 527 米，围墙高 57 米，中央表演区的长轴为 86 米，短轴为 54 米，这么说说吧，单是它的表演区，就可以放下一个帕特农神庙还绰绰有余。这座砖石围合起来的建筑如同一座封闭的城堡，在中世纪时，它也确实变作了一个城堡。

有趣的是，这片蚁巢般的地下空间不完全是事先计划好的，而是在其后的岁月随着斗兽表演的复杂化而逐渐完善的，其中最主要的工程可能是在弗拉维安王朝的图密善皇帝治下完成的。这片约有4644平方米的阔大空间有两层楼那么高，其间序列井然地分布着100多间功能用房和15条主要的走廊，其中的一条直接通往旁边的"角斗士训练营"。

　　除此之外，约32部升降梯和60个巨大的绞盘车也藏身于此，它们曾是这片地下空间真正的主人。这些凝聚了罗马工程师智慧的机械大多是用人力和平衡锤操作的，那些高达两层楼的木头绞盘车就像一个巨大的手柄，得由四个工人转动它，为了放置这种占地很大的圆柱形机械，人们不得不把完好的墙壁拆除一部分，现在仍可看到墙壁上的那些半圆形缺口。用这些绞盘上的绳索和滑轮带动升降梯，就可以把野兽、舞台布景和角斗士运送到角斗场的中央。操作这些复杂的升降器械大概需要256个壮汉。

　　在运作的高峰期，地宫约有60个绞盘同时隆隆地转动着，其中的40个绞盘能从舞台下面升起动物笼，剩下的20个则用于升起那些高达4～5米的舞台布景。想象一下吧：当身材魁梧、意气风发的角斗士站在升降机上缓缓升出地面的那一刹那，闲聊的人停住了他们的话题，少女们更是屏住了呼吸。虽然角斗士卑微的生命在血战中转瞬即逝，但是此刻的光荣却属于他们！在观众眼里他们不再是可怜的奴隶，而是威风凛凛的赫拉克勒斯——但也别忘了，即使是这短暂的威风也是由两百来个熟练工人汗流浃背的忙碌换来的。

　　虽然地宫是如此庞大，但当所有的机械都装进去的时候，它又显得那么拥挤！就好像一艘巨大的帆船，无数绳索、滑轮、木材及金属装置都挤在这狭窄空间里，在不用时还可以拆卸、藏纳。那些用于储

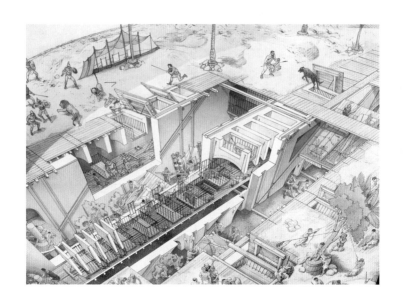

大角斗场斗兽表演的幕后工作复原图　水彩画
安放于大角斗场的地下工作区
（作者摄）

　　这幅复原图展现了考古学家对于大角斗场地下工作区的猜测。在画面左侧可以看到文中所述的圆形绞盘，中间有巨大的木轴，木轴上有十字架一样的操纵杆，四个壮汉在上层推着它向一个方向旋转。野兽被驱赶入隧道，隧道很窄，野兽无法回转身子，由于无处可逃，这些野兽直接被赶进笼子里，等笼门一关，就被提上了表演区。

藏机械的小房间位于大角斗场地下空间中最显眼的地方，它们是一些分布在核心区砖拱结构的联排小屋，小屋之间的狭长空隙形成了三条平行于斗兽场长轴的横向街道，这样的小房间共有 68 间，均匀分布在椭圆平面的每个 1/4 扇形中，每个扇形区域拥有 17 个小房间。这些房间有些是上下贯通的，成为一个通高两层的大房间，用于存放绞盘等机械，或者是单层，仅作为兽笼，还有些可能作为角斗士上场前的休息区，其具体的用途尚未有明确的定论。

另一种房间则是不折不扣的兽笼，它们环绕在地下工作区和观众席交界的位置，设立于一个个环状拱券的拱腹中，在这些基于承重减压的拱券内不能开过大的孔洞，因此这是一些非常狭小的半圆形洞穴，门上安着铁栅栏，门口搭着梯子，野兽们出场时会本能地顺着这个梯子爬向光明的地面——它们的不归路。这种如同桥洞一样的房间每个扇形区域有 8 间，一共 32 间，和那些联排房屋加在一起约有 100 间。

研究者猜想，这些半圆形房间所在的位置其实是一个视觉上的死角。当一名角斗士登上舞台，并杀死一头狮子获得胜利，这时导演为了制造紧张气氛，让比赛更精彩，舞台各处可能会跳出3只到4只狮子，集体对角斗士进行围攻，场景就会变得扣人心弦。这些后来跑出的狮子就从这些边缘的孔洞爬上来的，坐在靠近表演区的观众被舞台中心吸引，很难注意到这个细节，从而产生了令人触目惊心的效果。

这时再深入推敲一下，就会发现控制狮笼的人分布于地下不同的节点，他们是如何得知上面的角斗士已经将狮子杀死，该放出下一批野兽的呢？应当有一个人在隐蔽的地方负责窥视上面的表演进度，还可能有传令员通过铃声或是哨声传送信息。因此无论是机关的设置、节奏的把控，还是场景的营造都服从于统一的调度和预想的计划，从

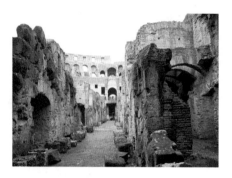

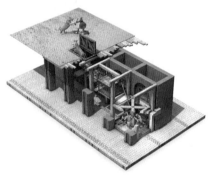

（上）地下工作区主轴两边的小房子
（作者摄）

（下）绞盘运送野兽的示意图（半圆拱洞为兽笼）
（基思·霍普金斯，等.罗马大角斗场[M].蒲隆,译.
北京：商务印书馆,2006)

　　大斗兽场地下工作区主轴旁边的房子看起来非常显眼，它们使用红砖和混凝土砌就，非常结实且防火，这些小房子彼此拥簇，共有两层，使用拱洞架设在底层拱洞上。现代的游客会觉得这些房子很小而且彼此相像，虽然墙上有一些看似安放绞盘的痕迹，但人们仍然很难辨识它们原来所承担的功能，如今对于这些建筑的研究仍在进行。

而使表演天衣无缝、臻于完美。可以猜想，为了使每场表演都精彩纷呈，其背后都会有一个由艺术家、场景设计师、机械工程师组成的导演团队作为支撑。

四　野兽们的复仇

在现代人看来，有些情况是可以想象的，比如野兽和斗兽者肮脏的生活环境，因为那些兽笼和角斗士的宿舍遗迹还存在于荒草丛中，保存得相当完好。但另一些事，如果我们想要刨根问底就会困难重重，这是一些古人讳莫如深的问题，史家们从来不提，也难有遗迹面世，比如说：在屠杀中产生的那些人和兽的尸体是如何处理的呢？

这个问题似乎有些沉重，但对于每一个斗兽表演的研究者来说，它都是无法绕开。对于死亡问题的野蛮处理完全揭开了古罗马人文明的假面。真的，即使是野蛮人在这方面也做得比古罗马人要好一些。在古罗马的郊外，已经发现了 75 个大坑，每个坑约 4 平方米大小，10 米深，这就是古罗马人的乱葬坑，所谓的地下纳骨所。这些地狱般的大坑在古代是完全敞开着的，斗兽场运过来的人兽尸体和各种污秽不堪的残骸被毫无顾忌地扔进去，当这些大坑被很快填满之后，人们就把尸体直接扔在由罗马城的科林门到埃斯吉林门之间的壕堑之中，于是这些壕堑很快就和旁边的马路一样高了。

这些积尸密度如此之高，以至于过了 2000 年都无法完全腐烂，而变成了发出恶臭的黑色石油状黏稠物质，并结成均匀的团块。在 19 世纪末，意大利考古学家兰西尼组织了对这种大坑的挖掘，在挖到第三

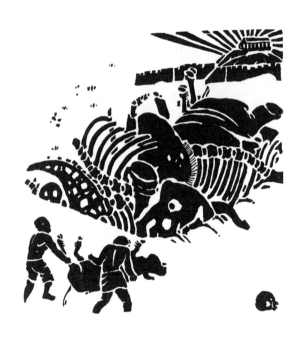

罗马城外的野兽之冢 钢笔纸本

（作者 绘）

　　野兽之家在古代典籍中几乎无人提及，它们造成的空气污染和疾病似乎也被忽视。即便是最具批判精神的罗马史学家，比如塔西佗，也对这种民生工程相当忽视。由于不见诸典籍，以及罗马人善于营造建筑的特点。我们有理由推测：在古代，这些大坑没有我们现在看到的那样触目惊心，它们并非完全露天，在其上可能设有遮蔽性的构筑，比如一个金属的盖子，或是一个粗糙的砖砌小屋，由于年深日久，这些覆盖性的构筑完全损毁，荡然无存。在这些大坑旁边，也许设有树木形成的隔离带，并有专人看守，使之成为一个真正的野兽墓园……当然，这一切都只是猜测。

个坑时，他回忆道，"不得不让挖掘工轮流换班休息一下，因为这些已经过了 2000 年的烂家被挖开时散发的臭气，即使是那些习惯各种艰苦工作的挖掘工们也忍受不了"。这些大坑现在又被回填，但被他这么一说，估计再也没有考古学家愿意把这项研究继续下去了。即使如此，这也揭示了历史的冰山一角：在古代，罗马这座"永恒之城"，日日弥漫着血腥的气息，在那些无风的闷热夏季，令人作呕的尸臭笼罩了万神庙的金顶和卡庇托山的圣林。

双手沾满动物鲜血的罗马人，残酷的报应早已降临到他们的身上：由于罗马夏季炎热的气候和高密度的城市人口，乱葬坑造成的瘟疫和其他疾病经常光顾这座不设防的城市，人们为自己野蛮的爱好付出了惨重的代价。虽然缺乏卫生部门的专门统计，但有大量供奉热病女神的祭坛和圣祠遗迹残留，述说着疟疾的长期威胁，而这些可怕的传染病一旦爆发，死神会迅速、无情地卷走数以千计的罗马市民的生命，横死于斗兽场的野兽们就这样为自己报了仇。

由于尸体腐烂造成的污染，罗马城即使在最为兴盛荣耀的时期也会有一连串的瘟疫来造访它：据历史记载，公元前 33 年以及公元 65 年、79 年和 162 年都曾发生过严重的瘟疫，这种状况在帝国建立之后颁布举行火葬的命令才有所好转。在著名的城市规划史专家芒福德看来，在城市用地紧缺的罗马，这些填满尸体的大坑作为对于大规模土葬的一种应急措施，是可以理解的。但民众对于这些大坑的熟视无睹，却也显示了政府对于民生工程的长期忽视，使得罗马那些辉煌的工程项目也黯然失色，这是藏在文明背后的野蛮和黑暗，也成为了罗马这座超级大城市自身无法医治的毒瘤。

斗兽的哲学

第十章

这凶残的狮子害怕了，瞪着眼睛看着猎手，身子却在往后退，它的愤怒和勇气不允许它转身逃跑，猎人手里拿的武器又不许它反攻，尽管它很想反攻。

——《埃涅阿斯纪》

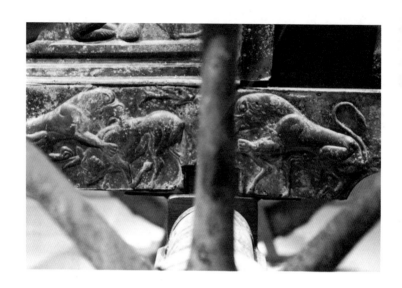

狮子扑牛
古罗马战车上的纹饰
（作者 摄）

　　这件共和时期高规格青铜战车上的斗兽图非常优美，野兽的凶猛似乎可以激发战斗的热情。作品表现了狮子扑牛和狮子扑鹿两种样式，显示出罗马艺术家对于腓尼基和波斯艺术的学习。罗马人表现了牛头俯身向下，狮子冲上牛背；而波斯人则更喜欢表现狮子咬住牛颈，公牛痛而回头，显得程式化。相比之下这件罗马人的作品显得更为真实生动。

如果不追溯罗马人斗兽活动的起源，不探寻它的意义，刚刚阅读完前几章的读者可能会陷入一个肤浅的认识，即认为罗马人只是个粗野的种族，天生就喜欢血腥和杀戮，而国力的强大又支持了这种代价高昂的娱乐。但事实果真如此吗？那么亚述、波斯帝国同样幅员辽阔，也同样好勇斗狠，他们为何没有发展出如此规模的全民娱乐呢？不仅如此，斗兽表演在罗马帝国风头最强劲的时候作为炫目的官方娱乐登台，并风行数百年，其背后的推动因素恐怕千头万绪，绝不是三言两语就说得清的。

首先我们得意识到，拉丁民族的斗兽风俗主要来源于献祭，这和亚述人猎狮是狩猎活动的升级版有所不同。拉丁民族虽然认同斗兽活动的残忍，但并不认为这是罪恶，尤其是当它披上了宗教的面纱。一些古罗马文献显示，人们拼命和狮子搏斗，是因为他们相信神灵是残忍的，总是乐意看到鲜血和杀戮——斗兽是向神灵献祭的一部分，因此斗得越激烈，神灵越开心。

活跃于古罗马帝国初期的诗人维吉尔在他的史诗《埃涅阿斯纪》的某些文字中，对斗兽和献祭之间的关系提出了较为清晰的假想，他构思了这样一个情节：在一次激烈的拳斗获胜之后，老拳手恩特鲁斯获得了一头公牛作为奖品，他百感交集，决定将牛作为牺牲献祭给他的授业恩师——厄利克斯，这个人曾和大英雄赫拉克勒斯搏斗，而死于英雄的拳下。维吉尔生动地描写了恩特鲁斯献祭的过程："他抽回右臂，举起坚硬的手套，照准两角之间的额头，猛力一击，额骨粉碎，脑浆四溢。这头牛倒了，趴在地上，它虽然已经断了气，但还在抽搐。"

镶着铅块的拳击手套是恩特鲁斯老师的遗物，原是用来和人搏斗，

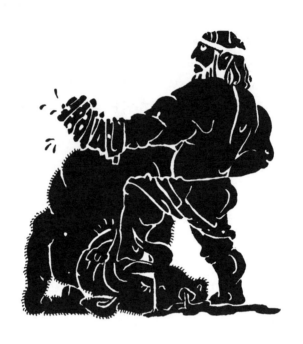

恩特鲁斯杀牛　钢笔纸本

（作者 绘）

古罗马诗人维吉尔在他的著名史诗《埃涅阿斯纪》中探索了光辉的罗马帝国的创始者——特洛伊的王子埃涅阿斯带着一群特洛伊的残兵败将定居拉丁平原的故事。这篇怀古的史诗同时也揭示了许多生活在古意大利民族的风俗习惯，成为我们研究人类学的重要参考。恩特鲁斯杀牛可能是一个虚构的情节，但其中包含了两个重要风俗学信息；其一是追溯了罗马人斗兽风俗的起源；其二是留下了古罗马人进行拳击这种体育运动的某些技术细节。和现代人一样，古罗马人在拳斗时也戴手套，但他们借助手套增大拳击的威力，以杀死对方为目的。

但是恩特鲁斯却戴着它击打牛头，这种野蛮的杀牛法一般人是做不到的，只有力大无穷的勇士才能实施——表面看是杀牛献祭，但仪式的重点在"杀"而不是"献"。献祭者没有像埃及人那样高高在上地用屠刀杀牛，而是用人和人之间的拳斗，这使我们觉得他是在和牛进行公平的角斗，这似乎更能显示献祭的诚意。

事实上，人们屠杀动物献祭的行为贯穿于罗马历史中，献祭的血腥色彩并不亚于斗兽表演。忧心忡忡的古人常在屠杀动物时发生的蛛丝马迹中瞥见风雨飘摇的未来，古罗马历史学家苏维托尼埃斯的著作《十二帝王传》中就记载了皇帝伽尔巴的一个故事：伽尔巴从一个城市到另一个城市的过程中，一路上都看到有人屠杀献祭的动物。即使在古代，老是看到动物被杀死也不是一件让人愉快的事。有一头公牛被斧头砍得发了疯，摆脱了绳索，跌跌撞撞，径直奔向伽尔巴的战车，随着一声痛苦的吼叫，濒死的公牛扬起前蹄，血溅在皇帝华丽的紫袍上，不久，沾了霉运的皇帝便兵败被杀。这个故事再一次证明：在古人看来，献祭活动可不是祥和美妙的，它充满鲜血和暴力，饱含着神灵的愤怒！如果人软弱无力到连他所献祭的野兽都征服不了，这个窝囊废很可能就要大祸临头了，甚至会祸及目睹此事的人！

二 斗狗的蒙面人

"斗兽来源于拉丁人的献祭"这个结论似乎就要这么定下来了，但罗马人的导师，一向不走寻常路的伊特鲁利亚人又为斗兽的源头提供了另一种迥然不同的答案，使原本简单的问题变得扑朔迷离——要知道，当埃涅阿斯代表的特洛伊人（后来

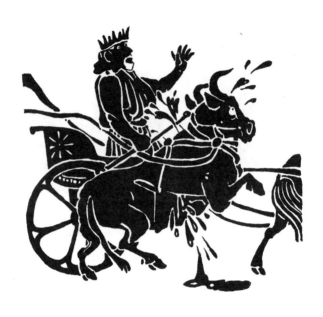

公牛撞上皇帝的战车 钢笔纸本

(作者 绘)

　　伽尔巴皇帝是在暴君尼禄自杀后的内乱中登台的，统治时间极短，在这段时间共有四位短命的皇帝登基。伽尔巴的故事反映了古人普遍的自然观：鸟群在空中的飞翔姿势、献祭动物的内脏的形状都会与献祭者的命运有着神秘的关联。献给神灵的动物所表现出来的行为尤其为人们所关注。从现代心理学的角度来看，献祭不利的征兆会严重影响献祭者的心情，把可能会出现的坏事办成真事，因此也不能武断地认为这一切都是虚假的迷信。献祭时就是在考验献祭者的心理素质和工作能力了，亚历山大大帝在好几次战争之前都得到了不利的预兆，但他仍然力克艰难局势，并打赢了战争。

发展成罗马民族）来到充满敌意的拉丁平原上时，友善的伊特鲁利亚人最先送去了援兵，帮助罗马人的祖先在这片土地站稳了脚跟。由于伊特鲁利亚人是当时意大利中部最有势力的民族，罗马人一定和伊特鲁利亚人和睦相处了很长一段时间，因为在罗马的王政时代还有好些出生于伊特鲁利亚族的国王。因此脱离伊特鲁利亚人的风俗去孤立地探讨罗马斗兽风俗的起源，似乎不那么令人信服。

但要考证起来确实困难，直到今天我们仍对于伊特鲁利亚人所知不多。有关伊特鲁利亚风俗习惯的文献记载早已被傲慢的罗马人有意无意地销毁了，而个性散漫的伊特鲁利亚人也无意为自己建立石头的纪功碑和神庙，因此，他们留下最多的就是成千上万个馒头状的坟包，以及出土的一些零碎装饰品。

考古学家猜测，伊特鲁利亚人和罗马人一样来自海上，只是时间更早。他们的故乡很可能是小亚细亚的吕底亚。这种猜测源于伊特鲁利亚艺术和腓尼基，甚至是与两河流域民族艺术所具有的相似度。比如，有一件伊特鲁利亚人制作的雕刻精美的琥珀坠饰就表现了一个用双臂扼着两只野兽的英雄人物。这种"人扼双兽"的图式非常接近在两河流域的苏美尔民族创造的艺术，这似乎证明了伊特鲁利亚人和古老亚洲剪不断的血脉关系。但是这个"人扼双兽"的图式充满了远古艺术的天真感和游戏性，它可能只是伊特鲁利亚人对于祖先神话的一种追忆，我们并不能就此肯定他们真的实施过这种带有卖萌气质的斗兽表演。

"人扼双兽"所呈现出的僵直的对称性构图更多地体现于伊特鲁利亚人的墓室壁画中。在塔奎利亚的伊特鲁利亚公墓的地下墓穴中，许多墓室靠近"屋顶"的三角形山墙（因为墓室模仿了现实世界的房屋）上画着相似的画面：两头黑色身躯、白色鬃毛的狮子相对而立，正扑倒一头惊慌失措的鹿。有的构图会把鹿变成羚羊，甚至小鸟。有的会

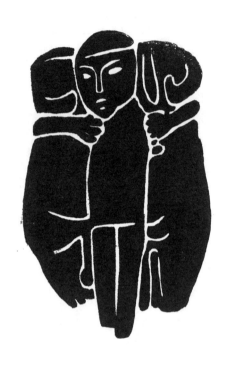

英雄制服野羊 琥珀饰件
伊特鲁利亚文明 出土地点、年代不详
（作者摹绘古物）

　　伊特鲁利亚人对于生命的理解和罗马人不同，相比之下，他们更为热情，充满了对大自然和生活本身的热爱，但似乎不具备拉丁民族坚毅、自制的优点。这些导致他们的天真烂漫的文化最终被后来的罗马人给吞噬和抹平了。

　　这件作品充分显示了伊特鲁利亚人的平和，相比于苏美尔人的"人扼双兽"，这位英雄更像是搂着他的两个好朋友，神情淡漠，并未显示出胜利后的狂喜。

用金钱豹来代替狮子。

金钱豹和狮子这些噬人的猛兽，在伊特鲁利亚人的神话中是地府的守门者，也是死神的传令官。狮子们扑倒的动物，象征着被死亡带走的灵魂。这些绘画所体现的意识形态和后来的罗马人截然不同：伊特鲁利亚人相信野兽具有高贵的神性，他们击杀人类，体现的是命运的必然，不但不是邪恶的——相反，倒是野兽引渡人们的魂魄去了地府。在这种宗教影响之下发展出以屠杀动物为乐的游戏似乎是不大可能的。

但就此认为这个民族是吃斋念佛的虔诚之辈还为时过早。考古学家们还是在塔奎利亚的"占卜官之墓"中，发现了和"斗兽表演"有关的蛛丝马迹，一幅壁画显示出这样的场景：一个身上缠着薄布条戴着头套的男子，屁股正在被一头凶猛的狗撕咬，这条猛犬由另一个男人牵着，那男人手里的绳索连着一段木头，木头系在狗的项圈上。他戴着一顶圆锥形高帽，四肢发达，正激动地奔向那个蒙面人，受害者被拴狗的长绳缠住，无法脱身，因此和狗靠得很近，之后便很快地抓住了狗脖子上的木头，将狗扯开，并用木棍将狗击毙。

根据著名的英国作家劳伦斯（他是小有名气的伊特鲁利亚文明研究者）的研究：这是伊特鲁利亚人的一项竞技活动，类似于古罗马的斗兽，但是其血腥的程度要小许多。因为攻击人的是一条猛犬而不是能轻易置人于死地的狮子。而且狗拴着绳子，被驯狗人控制着，在必要时那个戴高帽的驯狗人会将发狂的狗拉回。斗兽者被蒙住了脸面，如果不蒙面的话，那狗绝敌不过这个手操大棍的壮汉。因此，这个斗狗的项目虽然有些血腥，但还算是一种公平的较量，斗狗者的性命也有所保障，如果伊特鲁利亚人的斗兽活动仅止于此的话，那他们是所有喜爱斗兽的古代民族中最温柔、最胆小的了。

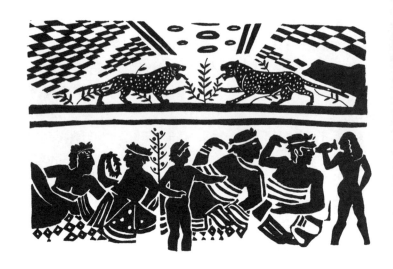

斑豹之墓的墓室壁画
伊特鲁利亚文明 塔奎利亚
（作者摹绘古代壁画）

　　塔奎利亚的山坡上有几千座地下墓穴，人们根据壁画主题给墓穴命名。这个名为"斑豹之墓"的亮点在于屋顶处相对的两只巨豹，拥簇着一株植物，据说豹子是冥府的守护者。在这里野兽没有明显地当作人类生活的威胁者，但也不能说毫无关系，其下方是沉浸于宴饮中的男男女女，整个画面代表神秘死亡正在降临人间。

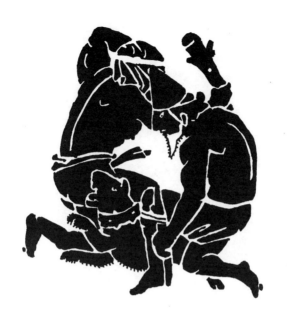

伊特鲁利亚人斗狗 钢笔纸本

(作者根据古代壁画想象复原)

　　动物本身是具有社会学价值的，狮子、老虎作为兽王，理所当然是王者的猎物。在斗狗风俗中，斗兽者面对的动物是狗这种极为常见的微贱动物，显示了这应当是一种市井娱乐，也和宗教献祭毫无关系。除此之外，斗狗者头套布袋，另一个头戴高帽，这表明斗兽者身份低微，极有可能是奴隶甚至是罪犯。因此，在"斗狗"习俗中透露出的微妙信息显示了伊特鲁利亚人斗兽的方式，即役使奴隶和囚犯进行斗兽活动。虽然规模和杀伤力都较小，但这似乎和罗马人的斗兽风俗有更近的血缘关系。

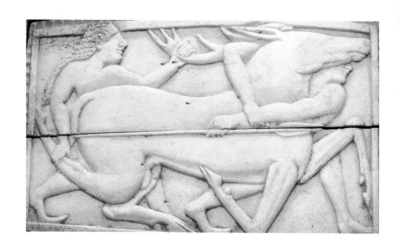

象牙嵌板

伊特鲁利亚文明

（D.H. 劳伦斯. 伊特鲁利亚人的灵魂 [M]. 北京：新星出版社, 2006）

对于伊特鲁利亚人斗兽风俗的研究主要依据图像学的标本，这块家具上的嵌板很好地表现了伊特鲁利亚人对于动物的情感，两个猎鹿者，一个搂着鹿颈，一个拽着鹿腿，虽是狩猎，却充满了柔和、温情，好像和鹿在游戏或赛跑，鹿被表现得异乎寻常的大，显示出人对自然界的敬畏之情。

可以肯定伊特鲁利亚人的"斗兽"活动决不是罗马式的大规模血腥屠杀，而是一种野性与智慧并存的竞技游戏，并且保持了节制。由斗狗者的服饰装扮可以猜测斗兽者身份低微，且无神秘的宗教色彩，斗狗也可能是一项节日活动，或是在街头表演的民间杂耍。罗马人是不是从这个"游戏"中受到了某种启发？虽然我们无从得知，但无论如何，塔奎利亚的斗狗壁画为日后的罗马斗兽风俗提供了一个模糊的源头和图像学标本，让我们不再觉得斗兽风俗之于罗马民族，是一个荒唐的舶来品。

三 皇帝的邀请

就这样，连罗马人自己也不知从哪里继承来的野蛮风俗，就被逐步包装为花样百出、有声有色、举国为之疯狂的娱乐——这真的只是因为简单的"喜欢"吗？事实上，当我们越来越深入地研究此事，常常会看到在斗兽场的厮杀背后，正树立着一个森严而强大的黑影——没错，它就是罗马帝国本身。

在共和国的最后一个世纪里，由战争掠夺来的财富源源不断地涌入都城，以往简朴的罗马城竟变得如此富裕，居住在这里的人们可以享受到许多实惠：比如每天免费领取面包和橄榄油、免费洗澡等。罗马公民开始有很多空闲的时间，又由于大量军人解甲归田，这些不事农桑的老兵、闲散的游民、再加上大量的处于社会底层的奴隶，都成为威胁社会安定的潜在因素。

看着那么多游手好闲的人在首都的大街上转悠，皇帝的心情有点焦虑，他才登基，大理石的宝座还没有坐热——要知道，在帝国初期，民主之风尚存，公民大会和元老院还没有蜕变为纯然的摆设，如果人民过剩的精力被哪一个居心叵测的政客利用，完全有可能演变为可怕的政变。

但是幕僚们告诉皇帝也不用过分担心，如果加以聪明的诱导，君主和人民就会相安无事。就如同高架水渠将山间幽寂的泉水引入人口繁多的城市，君主们可以通过增多娱乐设施和大量的节假日来释放城市生活的压力，转移人民过剩的精力。在这种情境下，原来作为仪式性活动的斗兽表演逐渐演变为一种频繁开展的娱乐，代表着帝王的恩惠和新时代的优越。

在共和时期观看斗兽和角斗士表演是非常难得的，在城市中没有固定的观看场所，一旦举办此类活动，就要临时搭建木制看台，表演过后再将它拆除。这也是避免一个围合的场所被当作固定的集会地点。现在不同了，君主们要告诉老百姓：国家现在不要你们打仗了，也不要你们开会了，大家消停点，看看表演吧！一劳永逸的办法就是修建个石头、水泥的竞技场，使斗兽活动从偶尔为之的奢靡娱乐转变为一种罗马人的日常生活。为了大角斗场不成为摆设，靡费金钱的斗兽表演一场又一场地举办了起来。

伴随着频繁举行的竞技和斗兽表演的是逐渐增多的法定假期。本来也是闲着，现在还不如做个顺水人情，将它合法化呢！但条件是你得看表演！克劳迪皇帝在位期间，每年放假 93 天供人们观看表演，到 4 世纪中叶，放假的日子增至 175 天，也就是一年中有一半的时间在休假看表演。由于受到官方的鼓励，看表演竟成了个正经事。大角斗场逐渐成为帝国境内最热门的景点，受追捧的程度远超万神庙或是卡庇托山的朱庇特神庙。借此国家的智囊正认真地将民众的尚武之风转变为对政权无威胁的爱好。久而久之，人们习惯了虚拟的搏杀，而远离货真价实的战争了。在统治者看来，野兽和角斗士的惨死换来了这个复杂而庞大的国家机器安全地运转，这也许是将牺牲降低到最小的权宜之计。

四 富人们的义务

然而，举办大型斗兽表演非常费钱。无论是野兽还是角斗士都是价格昂贵的"商品"且由专门的"角斗士老板"和"猎兽者"向主办者提供。如果野兽或者角斗士死亡，主办者都得向"供货商"支付大额赔款。虽然时有慷慨的皇帝赞助斗兽表演，但法律可没有规定这一定得由政府埋单——为了不让百姓造反，就得自己掏腰包，这皇帝岂不太过窝囊？因此我们在史书中看到的大量由皇帝举办的斗兽表演，都仅限于首都罗马，在帝国每年举行的斗兽表演中，由皇家冠名的表演只是凤毛麟角，大多数的花费还是由富人们自掏腰包。

庞贝竞技场现存的铭文中保存有大量资料，记录了当地的显要人物曾多次出资扩建改建竞技场。显然，赞助大家都认可和喜爱的活动会把一个籍籍无名的土豪变成公众人物。通过这种方式，斗兽和角斗表演成为构建社会组织的一个组成部分，拉近了富人和穷人之间的关系，富人的财富被部分地还之于民，也弱化了尖锐的阶级矛盾。

富人们在这方面还是很舍得花钱的！大概是因为他们自己也爱看表演吧！罗马多处出土了记载地方显贵为城市馈赠物品的铭文。例如，为浴室提供橄榄油（其作用相当于肥皂）；赞助表演，提供一定数量

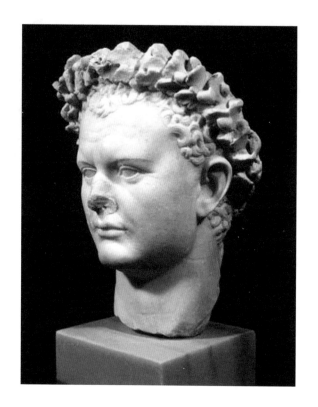

克劳狄一世 古罗马雕像

（莱斯莉·阿德金斯.古代罗马社会生活［M］.北京：商务印书馆，2017.）

克劳狄皇帝是罗马帝国朱里亚王朝的第四任皇帝，公元41—54年在位。在近卫军杀死了他的前任皇帝——荒唐残暴的卡里古拉之后，意外地发现卡里古拉的叔叔躲在窗帘后瑟瑟发抖，觉得这个"窝囊废"是个好控制的人，遂把他拥立为帝。因为小时候得过病，他成年后变得反应迟钝，神情麻木。但这位个性平和的皇帝不仅修复了皇帝和元老院的裂痕，同时完成了许多重要的市政工程，他将湖水经由引水道引入罗马城，又修成了长达3英里的排水道，并扩大了罗马的外港奥斯提亚，在港外两侧修建了两道弧形的防波堤，并在入口处的深水段修筑了拦波堤，还建了一座灯塔以指引夜间来往的船只。

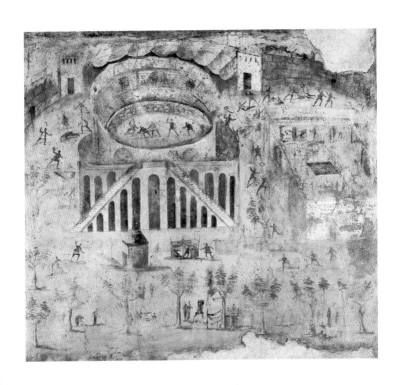

庞贝竞技场内的骚乱 庞贝壁画
那不勒斯考古博物馆

(莱斯莉·阿德金斯.古代罗马社会生活[M].北京:商务印书馆,2017.)

　　这幅表现"庞贝人和诺塞拉人的暴乱"的壁画表现了发生在公元59年,庞贝城内的一次严重打斗事件。附近的诺塞拉城居民到庞贝城和当地居民一起看竞技比赛,结果场面失控。这幅作品着意表现的冲突性颇具魅力:场内的角斗士在生死相博,场外的人们却得更加猛烈,表演和现实已经不分你我。这一切都表明在古罗马斗兽和角斗已成为社会生活的一部分。

的角斗士或野兽等。作为对其慷慨行为的回报，城邦为那些一掷千金的阔佬们竖立雕像以示感谢。虽然这些铜像早被熔化，但石头台基上的铭文却保存了下来。除此之外，举办表演还是一部分神职人员或政府官员的义务。由于这些职位要担负如此沉重的经济负担，足以吓退那些荷包不鼓，却官迷心窍的应聘者。

五　罗马的缩影

斗兽表演兴起的缘由可能还不止于此。罗马皇帝在建立起一整套新制度的同时，明智地意识到要保留一个和旧时代相关联的东西，使这个崭新的帝国看起来不那么陌生和令人生畏。我们认为，斗兽表演就是那被保留下来的，贯穿共和国和帝国时代的习俗。现在由于皇帝的意愿、幕僚的策划、阔佬的赞助、建筑师的营造以及野兽的生命——斗兽表演，这个新时代的新风俗就这么建立了起来，在帝国初年的罗马市民看来，这是一个多么熟悉又陌生的事物啊！

带着啧啧的赞叹，罗马市民们凭着前几日免费领取的骨头票牌，从拱形门廊鱼贯进入斗兽场。当人们在自己窄小的木头座椅上坐定，开始环顾四周时，发现在这圆形的大竞技场，上到执政官、元老、军事独裁官和大法官，下到贩夫走卒都可以亲密地挤在一块儿，为他们所喜爱的剑斗士或斗兽者加油——他们甚至可以看到皇帝坐在包厢里（虽然看不太清楚），那个带着皇冠的青年看起来和普通人没有太大区别，唯一不同的就是他的白色托加袍上有着紫色的滚边，他的座位镶嵌着美丽的大理石而已。

看起来和往日并无太大不同，不是吗？在共和时代我们也是和执政官一起看斗兽表演，不过那时场子小，看他会清楚一些。虽然现在看皇帝不是太清楚，但至少是个活生生的人！而不是站在高高的基座上那披盔戴甲的石像——这就够了！干嘛还要执着统治者是叫"执政官"还是"皇帝"呢？

因此看斗兽和看领袖，对于老百姓是同样重要的事情。伟大的执政官恺撒有一点就不太随和：他的表演虽然办得很勤，自己却不来看，这是什么意思，看不上咱老百姓的娱乐？而恺撒的继任者奥古斯都就深谙谙此中道理，虽然他也很忙，但为了让人们看到他，甚至通过多办斗兽表演，尽可能拉近他与老百姓的距离。他极力用这种旧时代风俗故作开明的表像，以掩饰他建立的新制度。

根据古罗马传记作家苏维托尼乌斯的记载，奥古斯都是非常爱看斗兽表演的，或是装作爱看的样子。因为如果因事不能观看表演，他都要向民众说明情况，并指定官员代他主持活动，甚至有一次生病了，被人抬在担架上也要来看一看表演。可见在他的心中，看表演这事有多么重要！有一次在为他的孙子马采鲁斯举办的表演中，赛场忽然出现了建筑坍塌的迹象（那时还没有石头造的大角斗场），为了稳住人心，免得人们离场，他竟然走到那看起来最为危险的地方坐了下来。

除此之外，他还倡导古风，并不认为和野兽搏杀是下贱的事情，他让一些出身高贵的年轻人在大竞技场里表演屠杀野兽和赛车比赛，并认为贵族青年借助此项活动成名是一种由来已久的高尚行为。但不久后很多娇生惯养的贵族青年就在这类表演中摔得缺胳膊断腿，导致皇帝不得已取消了这种规定。

但是不得忽视，也正是这个"宽厚"的皇帝为观看表演定下了严格的等级秩序。共和时代那种不甚严格、混淆尊卑的观看次序被无情

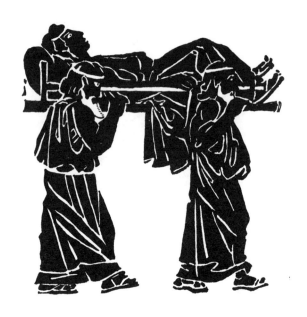

躺在担架上的奥古斯都 钢笔纸本

（作者 绘）

屋大维是恺撒的甥孙，这位相貌清秀、富于心机的年轻人于公元前 44 年被恺撒指定为继承人，并在恺撒被刺后登上政治舞台，经历了艰苦的内战，他成为帝国的唯一统治者。对于能够激发人们勇气的斗兽活动，他持赞赏态度，常常以自己的名义和他那早逝的孙子马采鲁斯的名义举办。他重视斗兽表演到这种地步，甚至在他病得不能下床的时候还要被抬到斗兽场看表演，在现代人看来是近乎荒唐的作秀。不管怎样，从此可以看出新成立的罗马帝国对斗兽风俗的态度。

地修正了。现在在竞技场的第一排，离表演场最近、视角最好的地方是留给尊贵的元老的，骑士等级（小贵族）可以坐在前14排观看表演，军人和人民也得分开坐，而平民中的已婚男人的级别要高于未婚的男青年，自然也享受较靠前的座位。披深色托加袍的人是买不起白色袍子的穷人，这一类人最受皇帝的鄙视，规定他们只能坐在观众席的边上。如果一对平民夫妻一起来看表演，他俩是不能坐一起的，因为妇女的地位最低，得在最高的几排站着看。

但侍奉灶神的维斯塔贞女地位却十分高尚，她们在剧场上有个包厢，面对着大法官的座位。皇帝们自己也有包厢，就设置在大斗兽场的短轴上，一个布置得像神庙一样的地方。但是奥古斯都出于各种考虑（怕被人暗杀或是太招摇），并不常常在包厢里露面，而是在剧场附近的楼房里（可能是皇帝朋友的邸宅）观看表演。

入场的时候，贵族们可不想混在寒酸的老百姓中，这一点设计师也考虑到了。在提图斯时代竣工的大斗兽场中，观众座席下面的通道和台阶设计得十分巧妙，使每一阶层的人不与其他阶层的人接触就可到达自己的座位，百姓们虽然常和贵族处于同一片圆形天空之下，但却恐怕从未看清楚过他们！当所有观众就座，这个巨大的圆形竞技场就成为了罗马社会的一个缩影。在看似宽松实际上又很严格的氛围中，人们观看着斗兽表演，精明的皇帝利用斗兽场的座位排序微妙地调节着阶级之间的平衡。就这样，在帝国统治的几百年里，人们在娱乐中浑浑噩噩，已经一步步丧失了他们曾拥有的自由。

但是不可否认，每一个有斗兽表演的日子都是幸福的，城里的贵族、骑士和老百姓倾巢而出，涌向城市广场附近的斗兽场。也只有在这些特殊的日子里，罗马城的平民才得以走出那些黑暗狭小、蚁巢般的贫民窟，爬上宽阔的斗兽场。

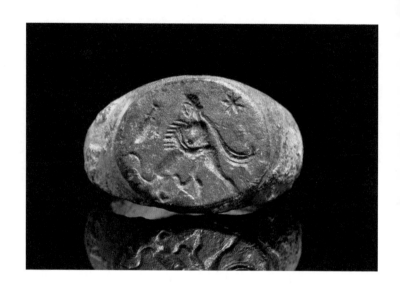

斗兽图案印戒
古罗马帝国时代 出土地点不详
（郝笛 提供）

这枚青铜戒指上刻着角斗士和狮子激烈搏斗的场景，雄狮已将人扑倒，斗兽者的剑从手中掉落，他没有办法，只好徒手和猛兽相搏。虽然斗兽者的头顶有一颗闪亮的星，勇士的披风潇洒地飘扬着，但我们似乎可以感觉到，阴森森的死亡即将降临。

不要忘了，这是在人类历史上第一次尝试把斗兽活动由神圣的事业变为国民娱乐。在把斗兽活动的神秘性降到最低的同时，斗兽所具有的社会价值却随之攀升。对于此刻坐在圆形竞技场木质座椅上，安逸地吃着零食的观者来说，斗兽表演会激起一种极为深刻的心理体验："我"和"别人"的区别从没有这样强烈过，来自社会底层的人就会惊异地发现，还有命运更为悲惨的生灵们正痛苦挣扎在生死交替的刹那。这种鲜明的对比使得穷人拾回了久违的幸福感，并跟随大家兴奋地挥动起双手来，舒展他们有些麻痹的身躯。老百姓意识到自己虽然微不足道，但仍是被帝国强壮臂膀保护起来的良民。就这样，罗马人民的民族凝聚力得以进一步增强。

六 斗兽的升华

就如同早期的斗兽表演声称是献给神灵的神圣仪式，罗马人一直也不愿承认，这种横亘于他们近千年国祚中的风俗是野蛮血腥的。恰恰相反，他们甚至声称在斗兽风俗中领悟了种种有益的人生哲理，并试图把这些警世恒言通过更为通俗的方式告诉后人。但罗马人不像希腊人那样醉心于哲学思辨，他们也无意使用缜密的逻辑思维构筑其思维体系，因此他们的领悟是驳杂而零碎的，留给后人更多的是断想、猜度和困惑。

要理解这种复杂的自然观，得从一只精美的青铜怪兽说起。文艺复兴时期的雕塑家切里尼曾经为佛罗伦萨的美第奇公爵修复过一件动物雕塑；这头像狮子一样的怪兽显然在攻击某个我们看不见的生物，

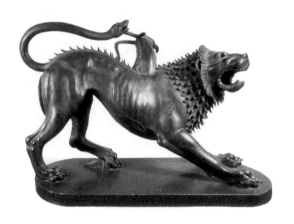

青铜咯迈拉

伊特鲁利亚人的艺术 阿雷佐地区出土

(D.H.劳伦斯.伊特鲁利亚人的灵魂 [M].北京：新星出版社，2006)

　　这件雕塑作品首先传达给人们的是强烈的艺术感染力，然后才是它所蕴含的哲理。我们看到这只几千年前的狮子蹲伏着，像所有在捕食中的动物一样肌肉绷紧，腰像拱桥般高高隆起，四肢健壮而有弹性，显示出伊特鲁利亚人对于希腊艺术的学习。这件逼真的作品使人相信在古欧洲是有狮子的存在的，这是一种亚平宁半岛独有的狮子亚种，四肢细长，现已灭绝。雕塑高度的艺术性和其蕴含的自然观，使之当之无愧地成为伊特鲁利亚艺术的代表作。它刚被挖掘出来时，部分残破了，灵巧的雕塑家切里尼受命修复这件作品，它被修得那么好，使人完全无从知晓它出土时的样子。

它的背上长出了一只公羊，公羊似乎又在威胁着狮子，但这种威胁没有得逞，因为狮子的尾巴又变成了一条长蛇，咬住了羊角。这是一个希腊神话中的怪物"咯迈拉"，但它的奇特样式立刻吸引了埃特鲁斯坎人，并成为他们的一个重要的神灵，其内在的图像学意义为：万物相生相克，此消彼长，互有牵制。

相信这种悖论图式给了其后的罗马人很多灵感，他们简化了其多元形质，并将它演变为更有力度的二元对立的图式。在被维苏威火山吞没的古城赫库兰尼姆，考古学家就曾挖掘出一个青铜编钟，它有着令人费解的样式：一个戴着帽盔的角斗士，高高地举起青铜剑，奋力砍向一只扑向他的狼（或豹子），而那狼却是由他自己的阴茎变成的。人们不禁猜想，如果角斗士的剑真的砍了下来，那他岂不就成了太监？这幅自我阉割的画面到底想表达什么？

如果结合埃特鲁斯坎人的咯迈拉图式的寓意，可以认为这是罗马人关于人与自然的简单寓言：狼是自然力的象征，人也是自然之子，杀狼就等于同归于尽、断子绝孙。这一具有训诫意义的形象被铸造成钟，警钟长鸣，以示后人。这似乎是一种对于斗兽风俗的反思，如果推测属实，那么罗马人也早已考虑到了后代人关注的环境和物种保护的问题。但遗憾的是，这种警示并未成为罗马文化的主流。很快，一种外来宗教抵消了罗马人的顾虑，不仅如此，原来的斗兽风俗甚至成为这种新宗教的绝妙注解，这个和罗马人一拍即合的新宗教称为"密特拉教"。有趣的是，信徒们供奉的不是一尊单一的神像，而是一幅复杂的图式：密特拉神屠牛。信奉此教的人认为：宇宙间的真理全都藏在这幅图式之中。

这幅图的主角当然是密特拉神，他是位戴着风帽，披着披风的翩翩少年，他的服饰既不像罗马人，也不像希腊人，人们猜测他来自小

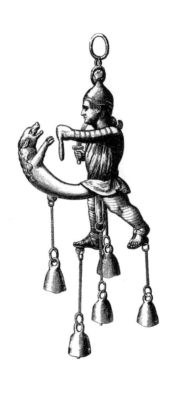

自我阉割图像的青铜编钟

古罗马时代　出土地点不详

（章林富　提供）

罗马人素有崇拜男根的风俗，他们认为它是强大生命力和好运气的象征。这种风俗可能来源于伊特鲁利亚，在伊特鲁利亚人的墓穴外都插着许多石头男根，象征死者虽死犹生。将男根和角斗士结合是一种传统图像，是符合逻辑的，因为他们都具有强大的男性力量，但图中勇士的生殖器变成了一头狼在攻击他本人，却是少见的创意。这似乎也反映了人们对于自身强大力量的反思，并警示自己如不控制欲望，将自取灭亡。这种图像往往被做成风铃，悬挂在建筑物的屋檐下，风吹铃动，时刻警示屋檐下居住的人们，同时角斗士强大的力量也可以守护主人不受邪灵的侵犯。虽然角斗士从事着危险的职业，且大多命丧沙场，但在罗马人眼中这些不畏生死的勇士却是吉祥的象征。

亚细亚的富庶地区。但不要被他风流倜傥的外表给骗了，其实他的职业是个屠夫，他正熟练地用左膝把一头犍牛摁在地上，右腿踩在牛的后蹄，左手扳着牛嘴，右手用匕首刺入牛的肩部。在这位屠夫旁边，还有三个帮凶：一只狗、一只蝎子和一条蛇。它们向牛肩部的伤口猛扑过去，似乎想把伤口撕得更大一些。耐人寻味的是，从牛的伤口流出来的，不是汩汩的鲜血，而是饱满的葡萄，牛尾变成了几撮稻穗。

在研究者看来，伤口流出的农作物是最有意义的细节：农作物的"生"与公牛的"死"相伴而来。生命循环，死而复生。在密特拉神头的两边还有太阳和月亮，太阳是"生"，月亮是"死"；同样的，密特拉神屠牛也意味着由生入死，而公牛变出谷物则代表由死转生。

由于在这位大神的披风上还描绘着群星，头顶着日月和黄道十二宫，我们基本可以认为屠牛图是一幅宇宙图式。而这个宇宙图式的核心，则是一位手持屠刀的大神，虽然我们并不太明了密特拉教的教义，但也仍旧可以得出一个结论，即该教的核心是杀伐和破坏，虽然这个杀伐者被粉饰得像一个无害的美少年，被杀害的牛也显得温顺哀婉，这仍然改变不了这一本质。

据说这种宗教来源于共和国晚期，在公元前 67 年，罗马大将庞培率军攻打西里西亚，意图剿灭长期盘踞在地中海东岸西里西亚的海盗。这些海盗长期以来劫掠商船、攻城略地，不仅造成了海上贸易的停顿，他们还和彭透斯国王米特拉达底六世勾结，颠覆罗马在小亚细亚的统治。庞培虽然一举消灭海盗，但却把海盗信奉的宗教带了回来。

正所谓"盗亦有道"，海盗信奉的教义，正和他们的职业相符：密特拉神虽然杀死了肥牛，但他以此拯救了更多饥饿的动物——狗、蝎子、乌鸦和狮子。因此杀牛不是恶举，反而是改天换地的方式。同样的，海盗们认为自己杀人越货是劫富济贫，是损有余而补不足，努

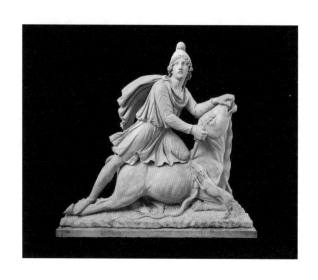

密特拉神屠牛石雕
罗马帝国时期　大英博物馆藏
（上海博物馆提供）

　　密特拉教的教义在世界宗教史中可谓独树一帜，虽然大多数的宗教都承认死亡是人生不可避免的一个环节，但公然宣布别人的死亡可以换来自己的新生，这种教义还真是闻所未闻。虽然这极度利己主义的宗教乍听起来不仅自私和残忍，但它也包含了一些合理的内核，也就是万物相生相克、此消彼长，某些动物的死亡的确会养活其他食肉动物，每一个动物都不会独大，而是处在生物链的某一个环节，这样世界就永远不会失衡。密特拉教就这样将人人熟知的自然现象用神学解释，并将其上升为永恒不变的真理：想要得到就会有牺牲，这样就显得合情合理，这也是它能够吸收大量教众的原因。

264

力维持着世间的平衡。有意思的是，密特拉教奇特的教义一样对罗马士兵产生了强大的吸引力，因为从未停止侵略和杀戮的罗马军团同样也需要一个认可他们侵略行为的保护神。就这样，认贼作父的罗马人八抬大轿地把这位杀牛专业户请回了自己的神龛。

密特拉神也不是个不识时务的神灵，他的教徒们主动为皇帝送上祝福，称皇帝为"不可战胜的"，而这个专用词汇原是赞美密特拉神的。从某种意义上说，崇尚战争和破坏，意图重建世界秩序的罗马皇帝和密特拉神确有共通之处。就这样，皇帝和密特拉神惺惺相惜，一时间，罗马城建起了40多个密特拉教的神庙，许多皇帝都纷纷入教。

在罗马市民看来，密特拉神屠牛的图式和他们所熟悉的斗兽表演更是如出一辙：如果神灵都喜欢杀伐，我们屠杀动物又有何不妥？这样不仅可以娱乐，更是仿效和取悦神灵——这么一说，又回到了本章的开头，拳手恩特鲁斯以拳击牛的故事，在维吉尔的叙述中这只不过是隐晦的概念，到了帝国的盛期却成为风靡全国，人人喜爱的新奇思想。当看到动物倒死在血泊中时，斗兽场的看客们在心里念叨着：我们不能太吝惜牛和老虎的生命，事实上，我们杀死得越多，不可战胜的密特拉神就会赐予我们越多的粮食和葡萄酒！

猎人的友谊

第十一章

最负盛名的查理在各个部门都是最聪明的人才。

——《查理大帝传》

在普罗布斯皇帝于公元 3 世纪末闹着玩似的把闲置的牛羊放满斗兽场的那一天，斗兽风俗似乎就走向了衰微。然而西罗马帝国在蛮族铁蹄下化为齑粉时，偶尔举办的斗兽表演作为帝国余音似乎仍在大斗兽场奏响。最后一次明确记载的角斗士厮杀是在公元 430 年左右，而斗兽活动在此之后依然持续了一个多世纪。晚至公元 523 年，一位罗马元老卡西奥多罗斯写信给负责斗兽表演的官员，抱怨这些斗兽活动实在太过残忍，如果想要罗马的新统治者正式批准这项表演，这些节目就应当温和一些。虽然罗马的主人现在已经是哥特王狄奥多里克了，而老百姓还是像帝国盛期时那样，沉迷于这些野蛮人都不屑的粗俗娱乐不可自拔，真是有点"商女不知亡国恨，隔江犹唱后庭花"的意思了。

可是终于有一天，斗兽场被下令关闭了。在黑夜里，那些元老们的大理石座椅被人们悄悄地撬下来，带回了家；石灰华的石料也明目张胆地被老百姓用于新建的民宅。表演区的木板被白蚁啃了个精光，那些曾异常神秘的兽笼和绞盘第一次裸露在天光之下，一株株在意大利人看来不同寻常的植物从石头地板和朽木的缝隙里长了出来，人们猜测，那是从非洲象和里海虎身上掉下来的异国树种发的芽。

不止大斗兽场，罗马城中那些最为显赫的地方都长出了荒草。最可怕的是，那曾经对土地掠夺永无餍足的罗马人，如今就连一个罗马城都嫌太大了。根据拜占庭历史学家普罗科匹厄斯的猜测，在公元 545 年，哥特王托提拉入侵罗马时，罗马城的居民不算上贵族的话，只有 500 多人。为了躲避那些入侵的骑兵，遗民们瑟缩在大斗兽场中，将之作为最后的堡垒——罗马城成为荒野，斗兽场成为荒野中最后的孤村。

但也是在如此萧条的意象中，一种新的文明样式，就像那非洲象身上的种子，从希腊罗马文明的尸体中长了出来，虽然一开始它们粗野又柔弱，但终于筋强骨壮，布满了欧洲大地——这就是我们所说的基督教文化。这种宗教教导人们向往天国的永恒极乐，轻视世俗的权利和金钱，更别说那些异教徒的粗鄙娱乐了，尤其是这些娱乐是建立在对动物的屠杀之上的。

二 狮血溅朝堂

披着长袍的僧侣开始试着代替昔日那些穿托加袍的罗马官员去管理这个世界，我们把这一时期叫做中世纪。在中世纪，市民们似乎比罗马时代忙碌，到了假日他们就会去教堂做礼拜，教堂耸立在城市中心，在城外就可看到它的尖顶。若论起建筑工艺的精美绝伦和花费的人力资金，那些著名的教堂可不比大斗兽场逊色。它们是市民们的骄傲，是他们花费几代人的心血建造而成的。不只是人，牲口们所出之力甚至更多。许多建在小山上的教堂，就是靠着人和牛马一起将一车车石料拉到工地而建成的——当那些肌肉强健，目光却柔顺如婴儿的耕牛喘尽最后一口气，倒伏在主人身边，人们流下了伤感的泪水。在法国卢昂的主教教堂上，昂然树立了八只公牛的头像，寄托着人们对于那些为之付出生命的动物们的哀思。

在这个充满悲悯情怀的欧洲，再想要发展出什么以屠杀动物为乐的风俗是困难的。况且国王们的势力也大大减弱，再也没有心情和必要靠搏击猛兽来宣威天下了。在当时的欧洲，基督教或许禁锢了人们的求知欲和人性的表达，但对于世间生物一视同仁的关爱却远胜于昔日的古典世界。眼看着，斗兽表演这出大戏似乎就要进入尾声了，但在即将沉沦走进永恒的黑夜之时，历史让它有过一个回光返照。

让我们从法兰克王国的加洛林王朝开始讲起吧，那正是夕照回返欧洲大地的时候。

在欧洲林立的蛮族王国中，有一个法兰克王国世代盘踞在高卢地区，它由法兰克人的酋长克洛维创立，世称为墨洛温王朝，但这个世系到公元 8 世纪中叶已名存实亡，权利掌握在当时的宫相丕平手里。丕平家族世代为宫相，权势遮天。他的父亲是有"铁锤"之称的查理·马特，因在公元 732 年率军击败了企图越过比利牛斯山进入欧洲腹地的阿拉伯军队而名声大噪，成为整个基督世界的英雄。而丕平进一步扩张了其父建立的功业，他首先请求教皇的批准，罢黜墨洛温王朝的末代皇帝希尔德里克三世，自立为王，创立了加洛林王朝。

在公元 753 年，伦巴第人再次威胁罗马，新教皇斯蒂芬二世冒着风雪，翻过阿尔卑斯山脉前往法兰克王国向丕平求援。教皇亲自为丕平涂圣油、加冕，并当众宣布今后禁止任何人从非加洛林家族中选立国王，违者将受到剥夺神职、逐出教门的处罚。其实国王加冕只需红衣主教即可，教皇的亲临让丕平的加冕仪式显然优隆于其他国王。为了报答教皇的恩宠，登上王位的丕平两次出兵意大利，不仅打败了伦巴第人，还将夺得的拉文那到罗马之间的"五城区"赠给教皇，此事件就是被基督教世界称颂了千余年的"丕平献土"。

虽然初战告捷，誉满欧洲，但丕平国王仍然得不到法兰克贵族的真心拥戴，可能是因为在旧贵族的心里，他还是一个谋朝篡位者吧！抑或像传说的那样，他是一个身材矮小的汉子，平凡的外表实难激起人们的崇敬之情——不管怎样，军官们总在窃窃私语，当国王一走近

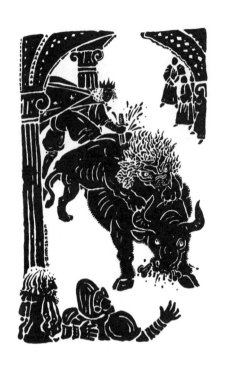

丕平击杀雄狮 钢笔纸本

（作者 绘）

历史上对于丕平国王的诨号——"矮子丕平"的含义颇多争议，一种说法认为"short"不是矮小，而是"年少"之意，以区别历史上同名为"丕平"的先祖；另一种说法认为可以从字面上理解为"矮子"，和"秃头查理"（查理曼大帝的孙子）等诨号一样，是对人的形貌的形容。

而丕平国王杀狮之事似乎解释了这个疑问。在他和那些官员的对话时举出了少年大卫和亚历山大的例子，由此可知，他的身高应当和那些未发育完成的少年相差不多，这也是那些身材魁梧的军官讥笑他的原因。同时我们也应当了解，作为军队的最高指挥官，其实并不特别需要强壮的体魄和出众的武艺，而是应对敌我双方的形势有准确的分析，并拟定合理的应对策略。那些在战争中奋不顾身的军事指挥官反而被认为是鲁莽而草率的，因为指挥官的生命比普通士兵要重要得多——是他们的判断最终决定着战争的胜负。

272

时又恢复了缄默，但仍掩饰不住脸上的轻蔑表情。对这些小家子气的举动，国王做出了他男子汉的回答。

有一天，在朝堂之上，他命人牵出一头壮硕的公牛，紧接着又牵出了一头狮子，然后松开了狮子和牛的绳索。这狮子想必已经饿了好几天，一见公牛就狂性大发、猛扑上去，攫住公牛的颈项，把它掀倒在地。公牛怒吼着，徒劳地挣扎着，而狮子满身牛血，看起来更是吓人。就在这时，丕平回头对那些喜欢咬耳朵的官员们说：“现在去把狮子从公牛身上拉开，或者把它们都杀死。”

官员们面面相觑，吓得发抖。他们中年纪最大的人说道：“陛下，天下哪有人敢尝试这种事情呢？”声音中带着哽咽。听到这位军官的回答，丕平的嘴角划过一丝冷笑。他从那镶满宝石和象牙的木头宝座上霍地站起来，抽出宝剑，快步走到两只缠斗的野兽前面，一挥手就将狮子粗壮的颈项砍断，紧接着又出一剑，将那垂死的公牛的头从肩胛处切掉。两头野兽的头颅骨碌碌滚到地上，空气中迅速地弥漫着强烈的血腥味——这动作是如此地迅猛而连贯，就好像是训练了好多遍似的。接着国王收剑入鞘，重登宝座，面色如常。军官们看见国王的绣金靴子上还沾着血。

丕平对军官们厉声说：“你们认为我配作你们的主子吗？”

但军官们一言不发，他们瞪大眼睛，垂着双手，目光死死地盯着地上的死兽，他们已经吓傻了。看到这幅景象，国王的胡子微微颤抖，他压抑着怒气接着说：“你们难道不曾听说幼小的大卫对巨人歌利亚做过些什么，或者幼童亚历山大对他的贵族做过些什么吗？”听到这话，廷臣们犹如受到雷击一般，他们匍匐在地，不顾华丽的袍子染上腥臭的鲜血，纷纷喊道：“除了疯子以外，谁敢否认您统治全人类的权利呢？”

丕平借此建立了恐怖统治。此后军官们忠心耿耿，直到18年后，国王在征服阿基坦人后回国途中因水肿病去世，再没有人听到关于国王的风言风语。虽然我们之前看到了那么多古代君王斗兽的事迹，但在这朝堂之上、群臣之前，挥剑击杀两兽的事件却是绝无仅有。让我们想象一下中世纪那幽暗的厅堂中，惨烈的搏斗和狮子的哀鸣吧，即使是置身事外的人恐怕也难掩失色的面容。

矮子丕平，此前还不过是一个善于审时度势的乱世枭雄，但此时其王者气度已和亚述巴尼拔和亚历山大不分高下了。要知道，统治一个撮尔小邦是无须如此大费周章的，凭借猎狮斗象的神秘事件，丕平和他的后人势必要成为天神般的君主，统治一个空前巨大的帝国。即使一千多年过去了，"丕平斗狮"的传说也没有随风散去，而是和"大卫击杀歌利亚"一样，为人们千古传颂。

三 一次失败的行猎

不平驾崩后，依照法兰克人的传统，王国被他的两个儿子：查理曼和他的弟弟卡洛曼瓜分。其后不久，卡洛曼的猝然离世使二十九岁的查理曼成为唯一的君主，而法兰克王国当时已是西欧最强大的国家。这位君主效法他的父亲，一生南征北战，成功地使西欧大部分地区都归属于他的统一领导之下。其帝国范围实际上包含了今日的大部分法国、德国、意大利北部、瑞士、奥地利和尼德兰，自从罗马帝国衰亡以来，还没有这么大的一片土地被一个国家控制过。

因为这煊赫的武功，在公元 800 年的圣诞节那天，被贵族们残酷迫害，却被查理曼拯救过的罗马教皇利奥三世用颤抖的手把一顶皇冠戴在查理曼的头上，并宣布他为皇帝。这令人震惊的名号似乎意味着在三个多世纪前被毁灭的西罗马帝国要被重新建立起来，而查理曼现在不仅是教皇的盟友，也是欧洲的救星。

不仅因为善于征战和宗教地位稳固他的政权，查理曼大帝同时也是一个老练的外交家，为了牵制与法兰克人不和的拜占庭，他采取"远交近攻"的策略，想利用横跨中东的阿拉伯人的帝国——阿拔斯王朝来打击拜占庭帝国。而阿拔斯王朝的统治者诃伦也正有此意，他们希望和法兰克王国结盟来牵制远在西班牙的后倭马亚王朝。出于这种目的，两国互派使节进行了友好访问。据西方史料记载，查理曼大帝于公元797年和802年两次遣使谒见诃伦。诃伦也派使臣两次回访，查理曼时代的圣高尔修道院的一位僧侣用生动的文字记载了波斯使臣（法兰克人是这么称呼阿拔斯王朝的使者的）回访法兰克的有趣过程。

这件事发生在公元801年，也是查理曼称帝的第二年。这些波斯使臣们因迷路而历经了千辛万苦，当他们最终来到查理曼的宫廷时，他们受到了皇帝极为热情的款待，在享用完丰盛华丽的廷宴之后，皇帝准备带这些波斯使节们去树林中猎取巨大的野牛。这样的优待让来使们受宠若惊，但我们相信这不仅仅是一种殷勤款待，更是皇帝的外交策略，他正是要用看似不经意的行猎，向那位从未谋面的东方君王——据说他也是习练武功的，传达一种信息：嘿！我是你值得结盟的、英武有力的皇帝。

这次饶有深意的行猎在一个玫瑰色的清晨拉开了序幕。皇帝骑着高头大马走在队伍的最前面。这位59岁的老人身材依然高大健壮，圆圆的头颅和大大的眼睛让这位欧洲之主显得并不那么威严可怕。他身着法兰克人的朴素服饰，披着长长的羊毛斗篷，穿着丝绸服装、包头巾的波斯使臣围绕在他身边。这些使臣们用一种恭谨而惊奇的目光四

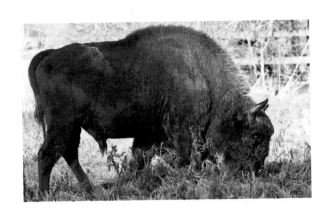

欧洲野牛

(作者摄)

　　欧洲野牛曾经是欧洲大陆上最著名的动物，它们大约在 25 万年前迁徙或进入欧洲，是欧洲最大的原生食草动物。查理曼大帝所猎之牛应是这个品种。它们一度灭绝，但现代生物学家根据他们被驯养的后代重新培育出血缘接近的牛种，并被放归自然。

处张望，恨不得把所有看到的东西都铭刻在脑子里，以便回头禀告给他们的哈里发。身后是国王的侍卫，他们骑马跟随。

皇家猎场就在亚琛城外，离宫殿不远。那里有崇山峻岭，茂林修竹，是个风景优胜之处。许多野牛在这里漫步，这些供皇帝狩猎之用的野牛由护林人专门看管，是不许老百姓盗猎的。由于查理曼大帝终其一生都极其热爱猎野牛，甚至到他去世的前一年，不顾年老体弱，冒着秋寒坚持行猎，以至于感染热病而身亡。

当狩猎队伍走进树林时，早就在那儿守候的猎场管理官员和士兵们拿起了长矛，呼喝着，极力地把那些野牛从四面八方赶出来。在查理曼大帝的时代，这些野牛还广泛分布在欧洲大陆上，查理曼猎取过，查理曼的父亲——矮子丕平也曾猎取过，和那些亚洲国王猎狮一样，欧洲的蛮族君主猎野牛也应当是一种王室习俗，只是囿于稀少的文献记载，我们对此知之不详。欧洲野牛是一种雄壮而可爱的生物，它们有着巨大而浑圆的头颅，弯曲上翘的短犄角，像两把小匕首藏在绒毛中，似乎给人并不特别危险的感觉。但实际上，它们的体型非常雄伟，成年欧洲野牛身长可达 3 米、肩高 1.8 米，巨大的头颅和肩胛显示出其善于使用猛力冲撞敌人。

突然这样一头巨牛冲到了小路上，和前进的狩猎队伍短兵相接。波斯使节们惊恐万状，竟然四散奔逃了，留下皇帝孤零零地立在道路中间。查理曼大帝没有犹豫，他拍马上前，并迅速拔出佩剑刺向野牛的颈项。在此有必要解释一下，中世纪的骑士狩猎的方法已和古典时代十分不同，他们骑在快马上手持佩剑冲向猛兽，借助强大的冲劲和膂力把利剑（而不是长矛）刺入猎物的身体，这种著名的佩剑宽大沉重，精铁淬炼的剑身既可直刺又可劈砍。中世纪的战士之所以敢这样近身与敌人及野兽搏斗，就是因为骑士和战马都拥有了更先进的盔甲保护，

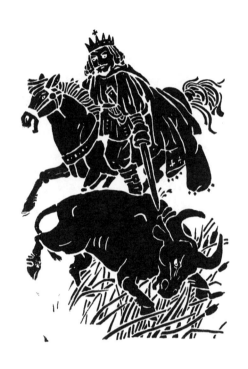

查理曼大帝猎野牛　钢笔纸本

（作者 绘）

　　查理曼大帝猎野牛的历史事件十分有趣，一位古代传记作家绘声绘色地描述了这位欧洲之主一次狼狈失败的行猎，而且在难得来欧洲一次的阿拉伯贵客面前。显然，传记作家并不认为这是丢脸的，他重视的是皇帝的勇敢坚强，和受伤之后的从容淡定，以及他和皇后的伉俪情深。

　　皇帝猎兽的失败案例虽然在本书中鲜少提及，但我们应当清楚：在危险的斗兽或是行猎中，受伤甚至为野兽所杀都不是鲜见的案例。即使是不可一世的君主，野兽也不会因此对你客气半点。比如在公元前三千纪，那统一上下埃及的法老纳尔迈就在狩猎时被河马的獠牙杀死。因此那些被刻在石板上的亚述国王也并非无往而不利的猎手，只是编写历史的人刻意地抹去了败绩——历史是胜利者的历史，而胜利者的光环容不得一点点瑕疵。

这种盔甲拥有灵活的关节，还包括铁的手套和战靴。法兰克战士就是使用这种装备和战法战胜了伦巴德人和萨拉森人的。而古代亚述、波斯、希腊和罗马战士更擅长在战斗和狩猎中使用弓箭和长矛，只有少数的亚述君王敢于手持利器与野兽近身搏斗。

可是皇帝的这一击竟然没有中，野牛的速度比人快多了！剑尖只是划伤了这头庞然大物的皮，留下一个血痕。这让野牛更加暴跳如雷，它从皇帝的侧面直窜过去，犄角扯裂了皇帝的靴子和靴带，皇帝的腿肚子也被划破了，鲜血染红了靴子。皇帝受伤让侍从们措手不及——这显然并不是常有的事。他们一迭声地惊呼，然后才翻身下马，争先恐后地脱下把自己的靴子让给皇帝，并试图给皇帝包扎伤口。皇帝拒绝了，说："我想就这样去见希尔迪加尔德（皇后）。"

就在这当口，那只肇事的野牛狼奔豕突，跑到一个遍布山石的山谷中藏起来了。与此同时，那些逃散的使节们回来了，慰问受伤的皇帝。在一片闹哄哄中，谁也没有注意一个青年侍卫拍马向着野牛逃跑的方向追了过去，在灌木丛中，看到了那头伤害过皇帝的野牛。他不敢再持剑逼近野牛，而是审慎地选择了合适的地点，有力地投出了他的长矛，这一击倒是非常准确，矛尖从肩胛和气管之间刺中了野牛的心脏，这只巨大的野牛轰然倒地。

侍卫和死牛都被带到皇帝面前。皇帝漠然地看了看还在冒着热气的死牛，叫仆人们把它抬走。这次热闹的行猎就这样仓促地结束了，皇帝返回他的宫殿后立即召见希尔迪加尔德皇后，当皇后看到他血肉模糊的小腿时，惊叹战斗的惨烈。皇帝告诉妻子，有位侍卫为他报了仇，并奖赏了那个勇敢的小伙子。侍卫的父亲是一位失宠、被罢官的官员，因为他的儿子护主有功，他官复原职并意外地接受到了很多的奖赏。那位无名僧侣（也是查理曼大帝的传记作者）借此告诉后人：查理曼

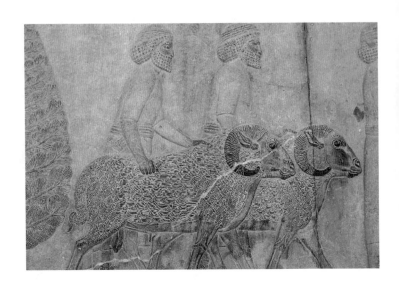

使者向波斯皇帝进贡 波斯波利斯宫殿浮雕
阿契美尼德王朝
（作者摄）

在波斯波利斯的石头宫墙上，关于使者进贡的图像非常多，大量的使者排成长队，每个人都带着不同的贡品，这样的图像不仅具有强烈的序列感，也非常符合这个亚洲大国的身份。但是同样拥有极大疆土的罗马帝国却很少在建筑或皇室用品上表现这样的进贡图式，这是一个值得深思的问题。

不仅是一个热情好客、善待来使的主人，也是一个心胸宽大、赏罚分明的君主。

现在我们回过头来说说那些逃跑的使臣吧，他们给读者留下一种窝囊的印象，然而事实可能并非如此。在公元 9 世纪，由于阿拉伯人封锁了地中海的航路，东西方的交流变得非常稀少，因此使者们奉哈里发之命远赴法兰克，一路风尘仆仆，还带了许多珍贵且沉重的礼物，这种行为不仅堪称勇敢，在东西方交流史上也并非小事。

东方的君主给查理曼大帝的礼物是丰厚而有趣的，当时人们戏说：这好像是要把亚洲掏空来填满欧洲似的。除去欧洲人垂涎已久的香料、香水、香膏、药材之外，还有许多模样稀奇的猴子。但其中最让人惊诧的是这些礼物中还有一头大象！要知道，哈里发的帝国虽然国土辽阔，但他们并不产大象，因此这头象还是从他们的隔壁——印度进口过来的，尊贵的哈里发自己也就这么一头。

查理曼大帝对神奇的亚洲充满了向往，他天真地以为亚洲的大象就像他们这儿的野牛一样多，于是就唐突地向哈里发要求送一只象给他开开眼界。慷慨的珂论为了显示他的帝王风度，送出了自己仅有的一只象。把巨大又娇贵的野兽送到千里之外的欧洲这一艰巨的任务，也只有在查理曼治下的盛世才能完成——要知道，自从西罗马帝国覆亡之后，欧洲人就再也没有看到过大象和其他亚洲生物了，此象一来，轰动朝野，在多部重要的编年史中均记载了这件奇事。

来到查理曼宫廷的稀奇动物并不只有大象，比如来自非洲的使臣送来过一头马尔莫拉狮子和努米底亚熊（这间接说明了当时欧洲的狮子早已灭绝，因此前文中丕平国王所杀之狮应当也是非洲使臣所赠）。将本国特产的珍奇动物作为国礼的风俗从更早的时候就有了，一直到今天也依然存在——无论是把秋田犬送给普京的日本首相，还是两千多年前把尼罗鳄送给亚述君王的埃及法老，他们的想法都是类似的：应该没什么比这些有趣的异国动物更能打动人心了，尤其对于那些不缺乏财富和权利的君王。在波斯波利斯宫殿残存的石头台阶上就刻有背着和驱赶着动物的使臣，中国画家阎立本也画过牵着羚羊的各国使者。在威震四方的大帝国，送动物的外交行为很容易让那些君主产生万邦来朝的陶醉感。

作为答谢，查理曼也向慷慨的哈里发回赠了礼物。除了弗里西亚产的各色呢绒袍服和欧洲的骡马之外，最为亮眼的就是几只猛犬了，它们的凶猛和敏捷是无匹的，甚至可以捕猎狮子、老虎——据说这些狗也是哈里发请求皇帝送来的。不出所料，珂论对那些五彩缤纷的衣服只是略一过目，却对这几只狗大感兴趣。虽然经历长途跋涉，狗儿们仍然神采奕奕、毛色油亮，保持着凶猛的战斗状态。我们猜测它们和今天的德国牧羊犬可能有着相近的血缘关系，只是更为原始一些。哈里发向使臣们询问这些狗习惯跟什么野兽搏斗。使臣们自信地说："不论驱向什么东西，它们都能把它迅速拖翻。"国王说道："很好，实践将会证明这一点。"

在第二天，哈里发的猎场管理员报告说，有一头狮子最近兽性大发，极为危险。哈里发就对使臣们发话："我的法兰克朋友们，现在跨上你们的马，跟随我来。"使臣们心情忐忑地跟随哈里发来到了波斯的皇家猎场，就像当初波斯使臣去参观法兰克皇帝的猎场一样。映入眼

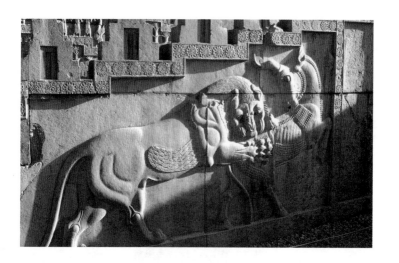

猛狮扑倒公牛 波斯波利斯宫殿浮雕
阿契美尼德王朝
（作者 摄）

我们猜测，日耳曼狗扑倒的狮子和波斯波利斯宫殿石头台阶上雕刻的狮子是同一个品种，是狮子家族的亚洲亚种，又称"波斯亚种"。它们体长1.6~2.5米，重达170~250千克，它们曾一度分布在地中海至印度，其领土占据了大部分的西南亚。这种鬃毛短小，前肢发达，善于扑倒猎物的狮子特别受美索不达米亚各民族的喜爱，苏美尔人和阿卡德人捕猎过，亚述人、新巴比伦人和波斯人也捕猎过，最后与它们搏斗的猎人是阿拉伯帝国的哈里发和印度的土王。

虽然渡尽劫波，但是亚洲狮仍然坚强地活了下来。由于印度人的保护，它们现在生活在印度古吉拉特邦的吉尔森林国家公园，数量只有350只左右。虽然我们再也看不到那些威武的古代亚洲狮，但是古人们非常热心地将它们的雄姿表现在艺术品和建筑物上，让我们仍可以在亚述宫殿的护墙板、新巴比伦的琉璃砖砌就的城墙和波斯王宫的台阶上看到它们。

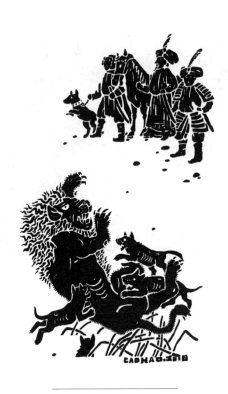

哈里发珂论观猎 钢笔纸本

（作者 绘）

　　哈里发珂论的做派显然和西方君主的不同：他们喜爱血腥的厮杀，甚至表现得比查理曼还要痴迷，但是自己绝不动手，而是让猎狗追踪和扑倒狮子，看这些野兽撕咬纠缠在一起，咀嚼那搏杀的惨烈和垂死的痛苦。当狮子败局已定，他指示使臣们毫不留情的杀死它。他喜欢高高在上，像一位神灵般俯瞰尘世的卑微和痛苦，认为战斗和生死其实就是生活的一部分。

　　这种观念作为东方的传统，已经流传了很长时间，在波斯波利斯那最辉煌的宫殿遗迹上，阿契美尼德的艺术家就刻下了雄狮搏牛的精彩画面。显然在珂论出生前一千多年，波斯君主就养成了观看动物搏杀的习惯，而他们自己仅作为旁观者坐在宫女的拥簇之中。

　　当然，我们也可以从狩猎的技术层面解释这种自然观的形成。波斯人从不会像亚述国王那样使用短剑和匕首与野兽近身搏斗，他们用弓箭制敌于远处，这样既不会听到垂死之兽喉咙中的呼噜声，鲜血亦不会喷溅到身上——即使没有射中野兽，猎手们也不会有那么大的危险。

帘的是一片广阔的平原，有一些矮树和嶙峋的石块。那只烈狮正在不远处逡巡，它体型巨大，鬃毛虽不及非洲狮浓密，却也蓬松地包裹着那只面目狰狞的头颅。

这位波斯的众臣之主对法兰克人说道："现在放出你们的狗去扑咬狮子。"他们遵命，松脱了缰绳，四条狗吠叫着，毫不畏惧地奔驰前去。狮子看到这几只小狗竟然直奔它而来，愤怒地吼叫，那苍凉而野蛮的声音让在场的人都寒毛直竖。但狗儿们毫不示弱，也冲狮子狂吠，一时间狮吼狗吠连成一片，哈里发和使臣们都哈哈大笑起来。

吼叫的同时双方互相试探。忽然，狮子停止吼叫，调转身子跑掉了。猎狗们一拥而上，齐心扑倒了那只狮子。传记作家写到此处不禁自豪地说：日耳曼狗捉住了波斯狮子——动物之间的博弈在某种特殊的情势下竟然具有了政治意味。看到这种情形，哈里发恐怕有些怫然，他授意使臣们杀死那只让他丢脸的狮子。听到这样的指示，勇敢的使臣们冲上去，抽出阔大的剑杀死了狮子。

两位卓绝的猎手借助他们的使臣，就这样互赠了珍贵的礼物。他们不仅交换了友谊，也完成了暗中的较量。这种较量恐怕只有真正的猎手才会明白——在看官心中，他们到底谁胜谁负呢？不管怎样，日耳曼的狗和使臣们的表现给法兰克皇帝挣足了面子，哈里发在事后服气地对那些使臣说："现在我可知道我所听到的事情是真的了，我的兄弟查理正是由于经常狩猎，坚持不懈地锻炼身心，才养成制伏天下万物的习惯的。"这位谦逊的哈里发甚至表示，自己统治这块土地是如此地艰难，否则他真的想把它送给法兰克的皇帝——但是为了对皇帝的深情厚谊表示感谢，他愿意作为他的代理来管理这片土地，如果大帝派遣他的使臣来此，他们会发现他珂论是一个忠实的管理者。

珂论的话并非戏言，倒像是有感而发。虽然在他治下的亚洲一派繁荣景象，但其实内忧外患从未断绝。在此事件几年之后，波斯东北部的呼罗珊地区人民就揭竿而起，起义军占领撒马尔罕等地。哈里发领兵镇压，行至图斯就病发而亡。这位著名的皇帝，《一千零一夜》里的主人公，还来不及和他法兰克帝国的老哥们切磋一下狩猎的技巧，就这样死掉了，终年44岁。

教皇和大象

历史就是流言蜚语。

——奥斯卡·王尔德

第十二章

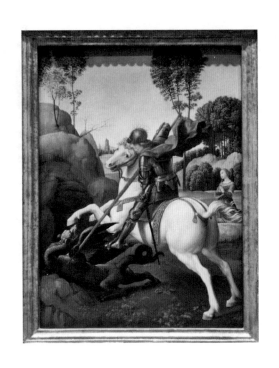

圣乔治战龙 拉斐尔 油画
文艺复兴时期
(翁贝托·艾柯.美的历史 [M].彭淮栋,译.北京:中央编译出版社,2011.)

　　圣乔治(出生在公元 260 年前后)是一名罗马骑兵军官,因阻止基督徒遭受迫害时被杀。在公元 494
年,他被教皇封为圣徒。后来在民间传说中,他化身为一位年轻英俊的骑士,身穿中世纪的盔甲,杀死了
为害人民的巨龙,据说他杀死巨龙的时候,溅出的龙血呈现出神奇的十字形,这正是基督教的象征。就这样,
他不仅拯救了美丽的公主,也为不信基督的村民带来了天国的福音。据说在十字军第三次东征时,英国狮
心王理查率兵在"圣乔治屠龙"地附近的战斗中获胜,英军声威大震。理查认为这是圣乔治在保佑他们,
从此圣乔治被视为英国的守护圣人。圣乔治的故事有着明确的譬喻:龙是当地恶霸的象征,圣乔治是个外
来的骑士,他杀死了当地的恶霸,作为报答他拥有了这块土地,并获得了这里的姑娘,还迫使人们改宗。
这个拙劣的故事广为流传,已成为了一个靠侵略起家的国家的官方神话。

阿拔斯王朝的哈里发珂论去世五年后，查理曼大帝也去世了。法兰克帝国像当年的马其顿帝国一样，被他的三个孙子瓜分：这也是打打闹闹一千多年的德意志、法兰西和意大利三个国家的雏形。虽然在上帝慈爱的光辉之下，人们仍然热衷于战争和厮杀，但"斗兽"作为古典时代的象征，在欧洲已经变成了一个越来越陌生的名词。我们似乎可以举出很多客观的原因来解释这种衰落，比如西罗马的覆亡、野兽的绝种或是航路的中断，但是其最为重要的原因，是人类和自然逐渐的疏离。恰恰就在那个看起来文明发展最为迟缓的中世纪，欧洲人开始构建一个自给自足的城市体系。这个体系是封闭的，人们筑起高墙不仅为了抵御敌人，同时也把自然界挡在城墙之外，并将之降格为人类社会的附庸。

人类和自然的二元对立从某种意义上已经消解，自然为人类提供种种蔬菜和肉食，但仅此而已——对于一个中世纪的市民来说，所谓"自然的威胁"就是城郊的菜地，在春天播种的时候会有喜鹊等其他鸟类来吃播下的种子；或是家里的油在夜里会遭到老鼠的偷食。如果有一个农民因为在附近的山里砍柴被狗熊袭击了，或是被狼咬死了，这就是了不得的大事，会在静谧的小城迅速传开，足够人们谈上三天三夜，那只肇事的狼也很快会被拿着火绳枪的城市警卫队缉拿归案。

由于动物不再对人类的生活造成大的威胁，人类不用战胜可怕的动物来象征某种伟大的征服，但人们对奇闻逸事的渴求促使许多虚构的宗教故事应运而生，它们不仅填补了想象力的贫乏，甚至发展成了影响深远的民族精神。在这方面最为成功的案例就是圣乔治杀死一头恶龙的故事。恶龙，一个显然虚构的可怕动物显示了宗教对于大自

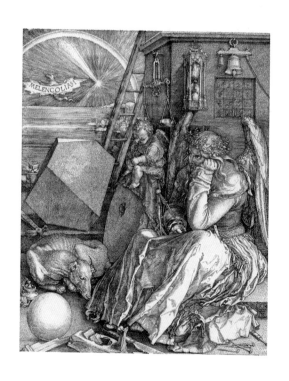

忧郁 丢勒
文艺复兴时期

(崔宇,史丹.丢勒 [M].北京:人民美术出版社,2011.)

作为北方文艺复兴的先驱者——丢勒,其作品中最重要的特质恐怕就是对于知识的关注,虽然这知识是建立在牢固的基督教信仰之上。在这幅耐人寻味的画中,那身披双翅的少女陷入苦思冥想之中,但她思考的竟然不是灵魂的救赎,更不是世俗的情爱,而是深奥的科学。墙上的沙漏哗哗啦啦,时光飞逝,而人类仍然没有探寻到宇宙的真理,这是文艺复兴时期的精英极为焦虑的问题。在少女的身边散落着各种象征物,这里也有一头看守着知识和财富的龙,它像一只温顺的小狗伏在地上,少女靠着知识的力量降伏了它,而不是借助圣乔治般的武力和单纯的基督教信仰,这就是丢勒努力要表达的新精神。

然的极度忽视，故事编纂者借此告诉人们：宇宙间最重要的斗争乃是"善"与"恶"之争，而非人与自然之争。以神话面貌出现的道德训诫如此风行，那些真实的事件，比如前文提及的查理曼大帝和他的父亲——丕平国王的斗兽故事反而湮没无闻。

但常规意义上的狩猎还是存在的。大多数时候，那些皇帝、国王或是公爵所做的伟大狩猎，也就是"穿着长靴，套着踢马刺，到契维大一凡契阿一带荒野的小山去打野猪和麋鹿"，就像丹纳所描述的教皇利奥十世那样。和所有善于弄虚作假的君主一样，那野猪并非是教皇捕捉，而是由侍从用网兜着并拖到他的面前，教皇上马一只手举起长矛，另一只手拿着他的夹鼻眼镜，在一番阿谀奉承中胡乱地投出他的矛，无论是否投中，野猪都会被乱刀杀死，猪肉会被他和他的红衣主教以及秘书、顾问、助手分食，动物漂亮的头颅和犄角会被剥制，做成标本挂在厅堂的墙上，或是由木匠做成鹿角椅之类的家具。

但对于奇异动物的热爱，竟是一种深深根植于内心的东西，左右着人们做出匪夷所思的事情。著名的版画家丢勒向来就喜欢稀奇古怪的玩意儿，在他晚年时，为了一睹鲸鱼的风采，从他的家乡——德国的纽伦堡千里迢迢地来到北欧，结果在北海感染了风寒，回来不久后就病死了。虽然在他的作品中我们没有看到最终害死他的那头鲸鱼，但是他给我们留下了不计其数的素描作品，描画了犀牛、野兔、猫头鹰和死去的小鸟。相比于之前那些钟爱宏大叙事的画家，丢勒把精力用来反复绘制一些小动物而不是耶稣、亚当或夏娃，以示这才是最值得重视的事物。

丢勒那看似非常个人化的行为中已然蕴含着一种新的境界，要知道在中世纪的时候，没有人会为了看动物跑那么远的路，他们更习惯去走朝圣之路，那路途也极为漫长，沿途的大教堂陈列着重要的圣物，诸如十字架上的木片，某个圣徒的头骨之类。朝圣者会逐一参拜这些圣物，并得到精神上的满足。如果说朝拜圣物是出于坚定的基督教信仰，那么冒着生命危险去看鲸鱼无疑也代表了一种新的信仰，那就是对于科学的信仰。那些人群中最为敏锐者此时已摆脱了神圣而腐朽的木片，而用心灵重新拥抱大自然母亲。

这种对于自然的感情在古罗马时期也存在过，奥古斯都的动物展会和老普林尼的巨著《自然史》都证明了这一点，但这在古典时代不那么明朗的理念现在被增强了。就像当初亚当夏娃吃了智慧果而变得明敏一样，文艺复兴时的精英们也开始如饥似渴地研究被忽视的自然。别说那奇怪而庞大的鲸鱼，就是夏天的风把叶片的白色背面掀起这样的小事，都会引起达·芬奇这类一流学者的深思。

想想吧，在这样的情境中来了一头大象，大摇大摆地走在罗马的大街上，会掀起多大的波澜！这个罗马人一千多年来都不敢做的梦，现在竟然发生了！这只大象是葡萄牙国王送给酷爱艺术的教皇利奥十世的。虽然这位教宗在位时不仅挥霍教廷公款，还发放骗人的赎罪券填补财政空缺，但他和达·芬奇一样，都是一个纯粹的人文主义者，他不懈地增加梵蒂冈藏书，并大力赞助艺术创作，使得罗马再度成为西方文化的中心。利奥十世作为一个复杂的政治人物，他的功过是这本小书无暇顾及的，在这只想谈谈他和那只大象之间的故事，不仅因为这段轶事为当时的罗马市民留下了无尽的欢乐，它同时也是研究文艺复兴时期人类自然观的重要资料。

一直以来，教皇利奥十世就和动物有着神奇的渊源，这种关系甚至可以追溯到美第奇家族的历史中。教皇即位时给自己的称号是：利奥，这是拉丁语中"狮子"的意思，虽然在历史上有多位教皇拥有"利奥"的尊号，但是我们相信对于利奥十世来说，这个名字具有特殊的意义。这位教皇是佛罗伦萨的执政者——"伟大的洛伦佐"的二儿子，这个含着金汤勺出生的孩子八岁就成了大主教，十三岁成为枢机主教，十六岁加入红衣主教团。但当他父亲去世之后，这个富家子却经历了一系列人生的挫折，并被迫远走他乡。

即使他后来东山再起，他恐怕也不会忘记，在他十七岁那年，家族遗传的痛风病一步步将他的父亲拖向死亡。当"伟大的洛伦佐"正在乡下的别墅奄奄一息之时，有消息从佛罗伦萨传来：人们熟悉的两头雄狮在笼子里打架，互相伤害致死——这对雄伟的异国猛兽作为这个富裕城市的吉祥物，被洛伦佐安置在城市中心，它们不仅是市民们极喜爱的动物，也给外来者留下了深刻的印象。由于古人都喜爱观察统治者的宠物，通过它们的命运窥测国运和统治者的寿数，所以这件事被佛罗伦萨市民当作非常坏的兆头。果然没过多久，这位了不起的统治者撒手人寰。因此"利奥"的名字，不仅仅是乔凡尼·德·美第奇（这位教皇真正的名字）在纪念他故乡的那些长鬃飞扬的狮子，也是在怀念他伟大的父亲。

在他登上教宗之位时，利奥十世发现自己处在一个风云变幻的时代。葡萄牙这个海上霸主向全世界伸出它的触角，新航路的开辟使它得以与印度及东印度群岛进行贸易往来，并且通过香料贸易加强控制。伴随着香料和金钱涌入这个国家的还有大量奇特的热带动物，即使是博学的老普林尼恐怕也不全然见过。葡萄牙这昔日的弹丸小国在动物

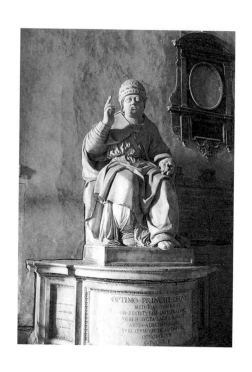

教皇利奥十世 雕塑
佚名 文艺复兴时期
（作者 摄）

　　教皇利奥十世出身名门，他的父亲被称为"伟大的洛伦佐"，不仅是佛罗伦萨的统治者，也是美第奇家族最为出色的人物。然而当他的父亲去世之后，法国国王查理八世开始入侵意大利。在大军逼近佛罗伦萨的紧要关头，美第奇家族的执政者皮埃罗（也是乔凡尼的哥哥）竟然叛国投敌，这使美第奇家族在佛罗伦萨的影响力一落千丈，年轻的乔凡尼不得不和他的哥哥远走他乡。

　　但他出色的政治才能使他不甘心长久地沉寂，在教皇亚历山大六世去世之后，他开始成为美第奇家族的新首领，借助阿拉贡斐迪南二世军队的力量重新使家族控制佛罗伦萨，并成立了托斯卡纳大公国。他让弟弟出任政府首脑，自己躲在幕后控制，在三十八岁时，这个出色的权谋家被选为教皇。

的收藏方面开始和古罗马帝国比肩，一个最具现代意义的皇家动物园在葡萄牙的首都里斯本建立起来。向生活腐化的教皇进贡异国野兽，也逐渐成为葡萄牙人的拿手好戏。在汉诺来到意大利的 10 年前，葡萄牙就向当时的教皇亚历山大六世进贡了鹦鹉、美洲豹和狒狒。

但当葡萄牙在海上的扩张威胁到了陆上香料贸易的垄断者——埃及人，愤怒的埃及向教皇施压。和葡萄牙一样，埃及也不好惹，他们控制了耶路撒冷，如果教皇不从，他们就以摧毁这座基督教圣城来进行威胁。在这位刚上任的教皇左右为难之时，长袖善舞的葡萄牙国王曼努尔一世决定用老办法来解决新问题。按照惯例，基督教国家的统治者会在新教皇当选时送上一份礼物，曼努尔一世决定就通过送礼来拉拢教皇。国王仔细斟酌了他的常规性礼物：绸缎、金制圣杯、用于圣坛的织锦缎和金银珠宝，这些东西价值昂贵但缺乏趣味。除此之外他还送了印度猎豹、美洲豹、鹦鹉、猎犬、一匹波斯的骏马和珍奇的大象汉诺——这些动物都是专门用以结交花花公子乔凡尼的。

就这样，教皇极为期盼的大象汉诺在 1514 年的冬天来到了意大利，在历经浩劫之后，永恒之城又迎来了一头象，它的故乡是葡萄牙的殖民地印度。它是继查理曼之后，来到欧洲的第二头大象，也是西罗马帝国灭亡后意大利人首次看到大象。这头肩高大约 1.2 米的大象即使是在个头不高的印度象中也算是很矮了，这是因为它只有 4 岁，尚处于童年。葡萄牙国王之所以选中这头小象可能就因为它便于运输。汉诺的行动也并不敏捷，背井离乡让它饱受折磨，特别是意大利糟糕的路面致使它脚部受伤。可是它的吸引力是惊人的，无论它走到哪儿，人们都会践踏农田、爬上屋顶、翻过墙头，只为看它一眼。

举国上下都想见识一下这种生物和照顾它的印度人，作为见多识广的罗马市民的后裔，他们的举动让人大跌眼镜。从海格力斯港到罗

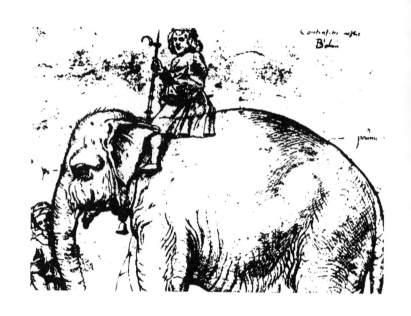

大象汉诺和骑师 纸本综合材料
佚名 文艺复兴时期
（作者 摄）

大象汉诺的象牙还很短，耳朵也很小，脑门子上长了很多毛，这些特征都说明了它还是一只幼象。教皇在它的脖子上系了个铃铛，把这只可爱的小象当成自己的宠物，但同时骑在它身上的驯象者却在手里攥着可怕的戟，和现代驯象者的行头一模一样。虽然教皇很爱它，但是这只小象到底遭遇了什么我们仍然无从得知。几百年过去了，在1962年2月，为了建造现代化的冷暖系统，一队意大利工人挖开了梵蒂冈的宫廷庭院，显露出一具骸骨。这副骸骨有四片巨大的骨颚，由于没有看到象牙，人们一开始没有意识到这是大象的骸骨。但经过梵蒂冈图书馆管理员的查证，才知道它就是著名的大象汉诺。

马的 112 千米行程中，人们大排长龙前来观看，他们中有城镇工人、乡间农民以及养尊处优的绅士。汉诺每天晚上都要睡在城市的广场上，这样好奇的人们才不会挤垮它的象舍。整个行程中，都不断有富有的贵族来劝说大象管理者绕道进入他们的城堡。

汉诺终于到达了罗马。在第一次正式亮相时，它精彩的表演就给大家留下了深刻的印象。罗马的市民不会忘记这一刻：汉诺身披精美的祭服，背上背着银塔，像一个神话中的动物走在罗马的长街上，它的头毛茸茸的，眼睛又大又亮，神采奕奕。当走近教皇的时候，它弯曲了膝盖，低下头颅向教皇致敬，接着又站起长鸣三声。它用长鼻吸水，喷洒在周围的人们身上，也包括教皇。在水花飞溅中，围观者陷入深深的幸福——就像中国人的吉语"太平有象"一样，罗马市民也相信，这只可爱大象的来临也将带来一个他们期待已久的太平盛世。

汉诺向教皇下跪让我们不由得想起一千多年前，罗马大斗兽场开幕那天，也曾有一只大象向皇帝提图斯下跪——虽然大象如当初那般乖巧，但罗马已不是当时的罗马，主子也不是当时的主子了。身经百战的皇帝现在被一个戴着夹鼻眼镜、行动笨拙的胖子代替，他不会打仗，但号称是个出色的艺术鉴赏家。虽然战争仍然时刻威胁着这座永恒之都，但温文尔雅的生活趣味已经不可逆转地主宰了罗马的教廷，更别提过去司空见惯的野兽如今也不好搞到了。血腥的斗兽表演现在变为了温和无害的马戏和游行赛会，它转变得这样自然，人们似乎都感受不到变化，但对于动物们来说，这不啻为真正的福音。

汉诺成为教皇最喜爱的动物，会送礼的葡萄牙皇帝也成为了教皇最中意的朋友——他激情洋溢地写信："大象曾经震惊了整个世界，这头野兽的到来，唤起了罗马人流传自古代的记忆……它使得虔诚的信徒相信大象与人类之间存在着神秘的联系。这种四足动物为我们提

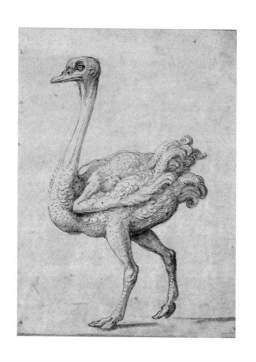

鸵鸟　纸本素描
朱里奥·罗马诺　文艺复兴时期
（作者 摄）

　　朱里奥·罗马诺（1492—1546 年）是意大利文艺复兴晚期的画家和建筑师。他曾在拉斐尔的工作室担
任助理。由于拉斐尔是教皇利奥十世最喜欢的画家，这便利条件使得求知欲极强的朱里奥得以描绘教皇私
家动物园中的珍禽异兽。这其中有多幅小象汉诺的素描，同时他也画了一些文献没有提及的动物，比如这
只来自非洲的鸵鸟，它可能是别国的首脑送给教皇的礼物。欧洲人对于鸵鸟并不陌生，他们喜欢用进口鸵
鸟尾羽装饰骑士头盔的顶部。朱里奥对建筑学钻研颇深，在他的素描中有一种建筑师的精确性和科学家的
使命感，他细致地表现了鸵鸟光秃的胸脯和强健的大腿，使它看起来像一只复活节的火鸡，而通常情况下
鸵鸟会披着长长的羽毛。朱里奥本着科学研究的精神褪去了鸟毛，露出了鸟的结构。这显然是为了给后世
留下清晰的研究资料而作，抑或是在教皇的授意下完成的。

供了极大的娱乐并且成为人们津津乐道的传奇。"教皇为汉诺建造了一栋特别的象舍，就在教皇宫廷中。每逢周末，教皇都"宽厚"地允许罗马市民前来观赏，偶尔也会让大象上街游行。正像那时候流传下来的故事那样，汉诺游行时，会有一个由教皇指定的人骑在它身上，这样的游街对于骑者来说是莫大的荣幸。有一次教皇邀请了位著名的诗人，让他穿上古代罗马服饰骑着汉诺在城市中穿行。但游行过程中的喇叭声、鼓声使得大象非常烦躁，最终汉诺狂奔起来，把这位骑术生疏的诗人给甩了下来。但这还不是最严重的的事故，事实上汉诺走到哪里，哪里就会引起骚乱和踩踏事件：有一次胆小的大象被一位过于热情的教士吓到，四处奔逃，弄伤了不少围观的粉丝。而在另一次游行中，拥挤的人群中出现了踩踏事件，骑着马的贵族踩死了不少平民。

三　汉诺的竞争者

葡萄牙国王受到了鼓舞，他再接再厉，准备给教皇一个更大的惊喜，这是一头印度犀牛，是远比大象还稀罕的动物。我们不知道它叫什么名字，但因为丢勒这位了不起的画家，它成为名气更胜于汉诺的神奇生物。丢勒对犀牛极为痴迷，他不止一次地画过这模样奇怪的动物，虽然艺术家从未见过它，仅仅依靠道听途说完成的这张素描竟有着惊人的准确性，让人们肃然起敬。犀牛的存在似乎证实了神话中独角兽的真实性，而在此之前西方人一直认为独角兽是长着角的俊美白马。但对于见多识广的葡萄牙国王来说，它却不是什么新角色——作为葡萄牙皇家动物园的"头牌"，这只犀牛生活在里

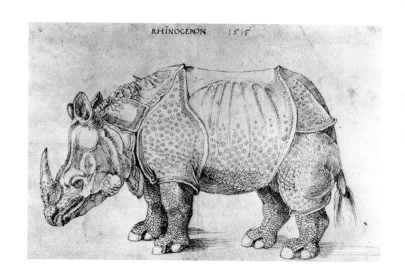

犀牛 纸本素描
丢勒 16 世纪

（崔宇．史丹．丢勒 [M]．北京：人民美术出版社，2011．）

　　丢勒的这幅素描所画的应当为那只运到葡萄牙的印度犀，它是最原始的犀牛，皮肤上面附有铆钉状的小结节，身上有宽大的褶缝，看起来就像穿了一件盔甲。雄犀牛有着又粗又短的独角，体型庞大，身长 3.8 米左右，肩高达 1.86 米。它们不仅是所有犀牛中平均身高最高的，脾气也极为暴躁，常常袭击象群，这和关于里斯本动物园的那只犀牛的记载是吻合的。

斯本已经有一段时间了。当葡萄牙船队从海外带回许多大象时，葡萄牙还只有这么一头犀牛。人们将大象与这头犀牛送入竞技场进行战斗，犀牛放低它的角，做出战斗姿态，这就吓得大象冲出围栏，逃回象舍。

在 1515 年冬天，也就是汉诺来到意大利的两年后，对犀牛有些审美疲劳的葡萄牙国王让人把犀牛送上船运到罗马。但是在它送达罗马之前，船就沉了。虽然犀牛会游泳，但是这头犀牛被锁在甲板上，被活活淹死了。最终犀牛的尸体被冲上了法国维勒弗朗什的海岸，葡萄牙国王竟然把它的尸体送到了罗马。据说教皇把犀牛尸体送回了佛罗伦萨，放在博物馆保存至近代。但是博物馆的文件上却没有接收犀牛残骸的记录。还有另一种流言，说犀牛根本没有被送往罗马，有些人说曾在葡萄牙见过那头犀牛，那时离它被记载的送往罗马的时间已经过了好几年。

四 大象之死

汉诺没有迎来竞争者，但集万千宠爱的它也并没有得到一个好的结局，仅仅在来到罗马的第三年，这头七岁的小象就有了呼吸困难的症状，十分痛苦。悲伤的教皇请来医生，声称谁能治好大象就会得到四千金弗罗林的报酬。重赏之下必有勇夫，医生们在一起慎重地会了诊，他们一致认为这是便秘并开了剂泻药，但这剂黄金含量很高的泻药却是压死大象的最后一根稻草，汉诺在服用之后便一命呜呼。为什么这个在当时看起来很保守的方子却杀死了汉诺？其问题可能在剂量上——这几位勇敢的庸医开了足有四百盎司的剂量。

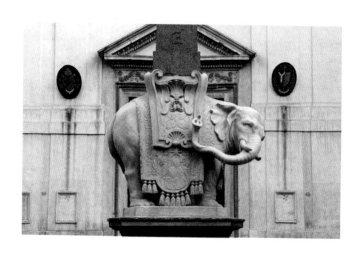

小象方尖碑
埃克尔·费拉塔雕刻　罗马　17世纪
（翁贝托·艾柯. 美的历史［M］. 彭淮栋，译. 北京：中央编译出版社，2011.）

　　对于大象汉诺的记忆并没有迅速消散，而是以种种不可思议的方式存留了下来。在它死后的一百多年，万神殿后面的密涅瓦广场中心耸立起一座小巧的埃及方尖碑，碑身安放在一头大象身上，碑上刻着铭文："只有坚实的大脑才能承受如此的智慧。"这是当时的教皇亚历山大七世命名的艺术家贝尼尼设计的。这只石象体型娇小，短短的象牙，与印度象汉诺的模样如出一辙，由此可见亚历山大七世一定听说过汉诺的故事，并以此雕塑表示出对利奥十世和汉诺的缅怀。

汉诺的突然死亡让教皇陷入深深的悲伤，这种悲观的情绪不仅仅是因为死去的大象，恐怕也是因为他想到了他爸爸和那两只打架而死的狮子。为了和汉诺的灵魂日夜相随，在梵蒂冈宫廷庭院中、汉诺的象舍下，利奥十世命人挖了一个巨大的墓冢，将大象的尸骸埋了进去——埋骨在如此神圣尊贵的地方，就连教皇身边的贵族也未必有这等殊荣。想想在古罗马时代，战死角斗场的大象只能葬于城外的乱葬坑，长眠地下的汉诺也应当感到欣慰了。

不仅如此，教皇还亲自为汉诺题写了诚挚的悼词。并在他自己的墓室画上与汉诺等大的壁画来纪念，教皇坚持要拉斐尔亲自来画，而不是让他的工作室代劳。教皇对汉诺无节制的喜爱也吸引了罗马讽刺作家的注意，作家彼得罗·阿尔蒂诺也写了一篇名为《大象汉诺的遗嘱》的文章，试图揭露罗马统治阶级的穷奢极欲，他写道："就在圣徒们的遗骸被欧洲教堂瓜分的时候，汉诺的遗骸也被红衣主教们瓜分，包括它的皮肤、象牙、膝盖、舌头，甚至它的阴茎。"但在现实中，汉诺遗骸的绝大部分都保留在了梵蒂冈。它的象牙被移除了，保存在别的地方，但它躯体的其他部分都被埋在了它象舍之下。

汉诺死去了，后来教皇也死了，甚至那个画下它的遗容的画家拉斐尔，不久之后也因为类似的泻药送了命。但是作为一个传奇，汉诺并没有被忘记，而是化身为一座精美的石头雕像，它披挂着锦绣毡毯，顶着五米多高的埃及方尖碑，神情无比庄严，就像利奥十世当初看见它时的样子，虽然这纪念碑远不如古代的大角斗场雄伟恢宏，但它却书写着文艺复兴时期的新精神，那就是人们对于地球上每一个生命的爱和尊重。

斗牛场的死之舞

第十三章

谁是男子中的精英？
谁是贵人中的俊杰？

——《吉尔伽美什》

"那些难看的畜生忽而向前，忽而退后，煞是滑稽。要它们达到目的地，非得花很多时间不可；因为它们进一步，退四步，老是达不到终点。最后到的是原来领先的，所以还是这个骑师得了奖，他们（骑师）一共十个人。我觉得那比赛真好玩。"这是费拉拉公爵的秘书阿尔丰索·包吕索作为派往教廷的使节在参加完教皇的游乐会之后，向本城发回的报告信上所描述的景象，这个游戏是教皇利奥

十世宫廷游乐会特有的节目，称之为"水牛赛跑"。这事发生在1518年，其时小象汉诺已经死去一年多了，教皇早已从悲伤中缓过劲来，热情十足地投入到了新的娱乐之中。

当时的西班牙和葡萄牙是欧洲的强国，他们所特有的斗牛风俗也深深地影响到周边的国家，对于在娱乐方面如饥似渴的教皇来说，这是一个非常好的学习机会，就这样，斗牛表演进入了梵蒂冈的教廷，前文提及的秘书阿尔丰索就在同一封信中记载了教皇举办的斗牛会。这次斗牛会有着浓厚的西班牙特色，斗牛士骑马荷矛上场，所迎战的公牛也是西班牙的牛种。但结果是惨烈的：死了三个人，伤了五匹马，有几位斗牛士甚至是教皇熟悉的贵族。根据这位秘书的口气来看，教皇特别重视一个叫塞拉比卡的贵族，在斗牛时，牛顶翻了他的坐骑——一匹强壮的西班牙骏马。这匹马倒地死去，还把他的主人摔在地上。就在此时，牛恶狠狠地扑向塞拉比卡，形势十分危急。在场的人纷纷拿起长矛去刺那发了疯的公牛，塞拉比卡才捡回了一条命。在这位斗牛士受伤倒地的时候，教皇惊叫道："可怜的塞拉比卡！"并且发出一迭声的叹气。

此时无论是对于西班牙还是意大利来说，斗牛都是一个刚刚兴

起的风俗，然而教皇不知道他所热切喜爱的舶来品，其实早在几百年前就已在罗马城表演过。我们能找到少许证据，证明意大利人作为老牌的斗兽爱好者，他们举办斗牛表演的时间甚至和西班牙人一样早。1332 年，在罗马的大角斗场举办了一场斗牛表演，以欢迎巴伐利亚的路德维希访问。这是一场盛大的斗牛活动，据说公牛被斗牛士打得发了狂，它转身复仇，拼死猛撞那些斗牛者。当表演结束时，共死掉了11 头牛和 18 人。从这样大规模的死伤中我们猜测，斗牛游戏的规则可能与今天相去甚远，而更接近古罗马的斗兽活动。斗牛的人不是贵族，而是遵循罗马时代的传统，使用那些出身低微的贫民甚至罪犯。表演之所以在著名的大角斗场举行，也是让远道而来的贵客感受到古罗马昔日的雄风。

二 骑士精神

无论意大利人举办了多少场斗牛，西班牙毋庸置疑才是斗牛的故乡。如果说古罗马斗兽表演的兴起基于过剩的奴隶和异国野兽，那么西班牙的斗牛显然是一种中世纪的骑士精神和狩猎行为的复杂糅合体。在中世纪，人们的狩猎行为是不同于古代的新风俗，实施这种娱乐的主体是整个社会的精英阶层——贵族武士。在那兵荒马乱的时代，无论是皇帝还是拥有封地的城堡领主都需要武士的支持，为了凸显自己的重要性和独特性，武士们亟须树立本阶层的文化特质。在许多骑士主题的文学作品中可以看出：骑士们首先得具有狂热的尚武精神，他们甚至把一切有可能成为其对立面的物象均作为假想敌，比如《唐·吉诃德》中就有绝妙的讽刺：一心想当游侠骑士的唐·吉诃德甚至把一架转动的风车当成了巨人，挺枪纵马与之搏斗——虽没有书中那样夸张，现实生活中的武士也常常会为鸡毛蒜皮之事大打出手，并声称是为了自己或是女友的荣誉。

这种尚武精神最终在一个最适合它生长的地方开出了奇异的花朵——斗牛，这种历史悠久但又绝迹多年的风俗在炙热而荒凉的伊比利亚半岛上死灰复燃，并很快影响、辐射到周围地区：葡萄牙、意大利和法国南部。正像所有的斗兽风俗一样，人们早已忘却了西班牙斗牛的源头，但历史学家根据古代的文献猜测，最早的西班牙斗牛活动可能与罗马帝国的第四个皇帝克劳迪有关，是他最早下令禁止西班牙（当时是帝国的一个行省）举行极其野蛮的拳斗，取而代之的是斗牛活动。

但中世纪斗牛风俗的真正兴起，恐怕更多是由于西班牙人彪悍勇敢的民风，以及这里出产的一种动物——伊比利亚野牛的缘故。野牛本是一种极为常见的大型哺乳动物，在人类历史上一直被视为最适宜狩猎的对象。然而就像查理曼大帝猎野牛的故事中描述的那样，那些生于寒冷欧洲大陆的野牛性格较温顺，它们并不热衷于战斗，狭路相逢时往往会选择逃跑。而伊比利亚野牛具有独特的高贵和勇敢，比起逃生宁愿选择战斗，并且永不退缩，至死方休。在长达八个世纪的伊比利亚再征服战争（711—1492 年）的间歇中，摩尔人和基督徒骑士们都喜欢将这些野牛当作目标，在狩猎中一较长短。

久而久之，这成为了西班牙的传统，每逢国王加冕、大婚、皇子出生和军队凯旋等重大场合，贵族和骑士们就骑马刺牛助兴。到 13 世纪时，斗牛活动就作为一项贵族风俗固定了下来。但 1527 年，在斗牛的历史上发生了一个大事件：著名的西班牙国王，也是神圣罗马帝国的皇帝查理五世，在巴利亚多利德的斗牛场上勇敢地手刃公牛，为了

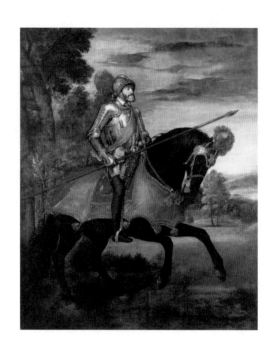

查理五世骑马像 油画

提香 1548 年

（翁贝托·艾柯．美的历史 [M]．彭淮栋，译．北京：中央编译出版社，2011.）

　　西班牙国王卡洛斯一世，同时也是神圣罗马帝国皇帝查理五世，在查理曼大帝和拿破仑一世之间，他统治着的国家是欧洲版图最大的。这个处于大航海时代和文艺复兴时代的帝王，统治的领域包括西班牙、那不勒斯、西西里、撒丁、尼德兰、神圣罗马帝国，还有非洲和美洲正在不断扩大的、数倍于欧洲本土面积的殖民地，这是西班牙最为强盛的时期。但严格地说，出生于哈布斯堡王朝的查理五世并不是西班牙人，也正因为此，他在巴利亚多利德广场上杀死公牛的壮举体现了他对西班牙骑士文化的尊重，并迅速赢得了西班牙人的好感。在著名的威尼斯画家提香 60 岁的时候，接受查理五世的邀请，绘制了这幅《查理五世骑马像》。

庆祝他的爱子——菲利普二世的诞生。正是这一重要的政治事件把斗牛风俗从欧洲边陲的非主流娱乐推到了风口浪尖，让它成为一个举世闻名的风俗。虽然其后也出现无数次其他国王举办的重要而精彩的斗牛表演，但没有一件能够产生如此重大的影响力和推动力。

在这位业余斗牛士查理五世的儿子菲利普二世统治期间，教皇不能容忍这种对于人和牛都同样血腥的杀戮，下令禁止这一活动。但西班牙人对此不予理会。当时西班牙的国力如日中天，又是天主教阵营对抗新教和土耳其穆斯林的绝对主力，教会没有理由在这无关宏旨的问题上与西班牙闹不愉快，于是庇护五世的后任格里高利八世很快废除了禁令。正如当时西班牙的著名诗人路易斯·德·莱昂修士所评论的：斗牛运动已经融入了西班牙人的血液中，想让他们放弃是徒劳的。

18世纪，随着哈布斯堡王朝终结，法国的波旁王室入主西班牙，他们带来了近代追求优雅举止和艺术品位的贵族风尚，在竞技场上追求血的刺激似乎无法与高贵的身份相符。因此，斗牛逐渐退出了贵族娱乐圈，但在民间对这项运动仍然非常着迷，结果斗牛从一项贵族运动转而进入民间，斗牛士不再是贵族骑士，而开始从平民中诞生。

三 长矛手与瞎马

西班牙斗牛是古代斗兽表演遗留下来的最完整的风俗学标本，虽然它也和其他古代风俗一样，终将面临日薄西山的命运，但至少在消亡之前，它为现代的研究者提供了大量丰富而生动的细节，使古代典籍中关于斗兽的遗漏和缺陷得以补充。同时，在漫长的历史中，斗牛表演发展成一套科学而

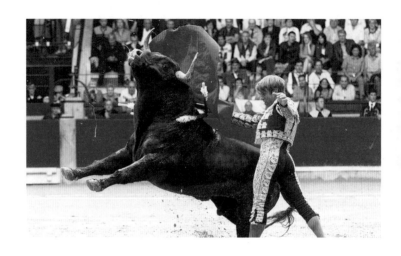

伊比利亚斗牛和斗牛士

（作者 摄）

　　伊比利亚斗牛（Dehesa）是一种历史悠久的北非牛种，我们在古埃及的壁画上经常可以看到与之极为相似的耕牛。但经过西班牙人的培育之后，变得更为强壮和好斗，虽然它们不是特别高大，但极为强健和灵活，一般来说它们都要在牧场培育 4~5 年，长到 500 多千克才满足表演条件。

细致的屠杀艺术，每一出斗牛表演都是一场高潮迭起的好戏，充满了变数。在尖叫和叹息中，看客们咀嚼着死亡和暴力的况味，让勇士的利剑和粗粝的黄沙尽情地撕裂自己精致而平庸的日常生活。

斗牛季的天空永远是晴朗的，炽热的阳光炙烤着斗牛场的沙地，天的蓝和沙的黄就这样成为了斗牛表演的背景色，在公牛倒地的刹那，三种纯净的原色就会汇集，西班牙人认为这就是宇宙的色彩。巨大的斗牛场是圆形的，从外面看不像个战场，而像一个安静的堡垒。但这只是一种想象，事实上斗牛是喧闹的。开场的时候，有两个前导骑士身着古代服装，骑着马直奔主席台，请求赐予牛栏的钥匙。接着，伴随着斗牛士进行曲，三个斗牛士引领着自己的斗牛班子走进屠场，并绕场一周，接受来自观众席的掌声。

接着斗牛士退场，主席反手一挥，号角吹响，牛栏打开，那头漂亮公牛出场了。牛儿们斗志昂扬，毛色光亮，犄角像两把阿拉伯弯刀般锋利而雪亮。它们是天生的斗士，有一些牛甚至一出来就开始毫无目标地冲撞，以至于发生过还没和斗牛士交手就自己撞死在挡板上的事情。但大多数的牛是极聪明的，它们很快就会被抖动的红色披风吸引，并勇敢地奔向赴死之路。

斗牛士，这些漂亮的屠夫穿着织满银色花纹的古代服装，这华服在古代只有贵族才能穿戴，这暗示着斗牛曾是一种贵族活动。斗牛士挥动斗篷，一边把牛吸引过来，一边把斗篷贴近自己的身体，让牛围着自己打转，他们会表演各种花样，比如跪在牛栏前，等牛来到自己前面的一刹那才站起来，灵巧地躲开，等待着观众们的掌声。初次观看斗牛的人常会把这些身着华服，并有着娴熟的身手的年轻人当做真正的斗牛士，其实他们只是助手，正准备以更多的表演和训练迎接转正。

虽然只是一段并不太重要的开场，实施表演的是胡子还没长全的

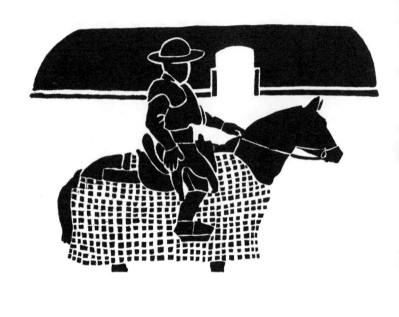

长矛手

（作者 绘）

长矛手显然扮演了古代骑在骏马上刺牛的贵族骑士，当斗牛表演的改革家将马上刺牛改为更惊险刺激的徒步斗牛之后，在马上刺牛就变成了较为次要的环节。但可以猜测，那位伟大的查理五世就是使用这种古典的斗牛法来刺杀公牛的，和徒步刺牛的不同在于，长矛手的技术难点在于对马的控制能力，因为在公牛的顶撞和冲力之下，保持稳定而不会出现人仰马翻的情况是对骑手的巨大考验。因此，一个斗牛团队往往会配置两个长矛手以备不测。

助手，但这一段却异常凶险，因为这时牛刚被放出来，是它精力最旺盛的时候，冲撞也是最为猛烈而迅速的。有很多年轻的斗牛士还没有转正，就悲惨地被牛撞死在这一环节。在助手们忙着引逗公牛时，真正的斗牛士在远处，目光阴沉地观察着这头牛，判断它是个火爆脾气还是个懒骨头，并思考着用什么样的方法杀死它，才能获得最戏剧化的效果。

这段时间不会太长，很快就有一个人骑着高头大马，手持长矛来到场地的另一端，那就是长矛手。他们光鲜而奇特的外表很快就吸引住了公牛，助手们终于可以退到一边喘息了。长矛手的马像一匹古代的战马般披挂着护具，它们的眼睛是蒙着的，不然一定会被公牛吓得满场狂奔。但这样一匹安静无害的马比骑手更能触怒狂躁的公牛，它们用前蹄划着脚下的沙土，审慎地选择合适的进攻角度。

很多时候，公牛们的选择都出奇的精准，它们瞄准马的前腿和马腹之间的位置直冲过去，用隆起的背部把它高出许多的马和骑手都高高顶起，向所有看客，包括远处那手持利剑的家伙展示它可怕的力量。此时骑手们会拿手中的长矛用力抵住牛身，以免它伤害马匹，如果合理地利用那根长矛，人、牛和马能保持一种短暂的平衡。与此同时，骑手还需用缰绳和腿的力量控制胯下那匹"瞎马"，以免它摔倒。这时你会感到骑手的任务实在艰巨，并暗中庆幸骑在马上的人不是自己。

但不幸的事情终于发生了，牛顶翻了马，那马笨拙地翻倒在地，四蹄朝天，骑手也摔了下来。训练有素的长矛手迅速从地上爬起来，但是马就没有这样的幸运了，虽然有护具的保护，但它仍然满身是血。它倒在地上——确切地说，是被牛钉在地上，完全动弹不得。许多工作人员跑出来，拉牛的拉牛，救马的救马，场面十分滑稽。但公牛就像中了疯魔般，决不放过那半死不活的猎物。

必须等到新的目标出现，那就是另一个长矛手的出场，牛才摆脱了它的执念。这个长矛手骑着一匹更强壮高大的马，当公牛冲上来时，他恶狠狠地把手中的长矛刺进牛的脊背，公牛嚎叫了起来，声音十分凄惨。一般来说，长矛手对于牛的伤害要点到为止，长矛的作用是推开牛的进攻而不是真正去伤害牛。大概是基于前车之鉴，这个长矛手准备一上来就给公牛来个下马威。由于上个长矛手的出丑，这只勇敢的公牛在主角出现之前就赢得了满堂彩，相反，人们对于那个不分青红皂白，举枪就刺的家伙反而颇有微词。

四 斗牛之殇

长矛手毫发无伤地退了下去，场地恢复了短暂的宁静。这只公牛步履慢了下来，但那满身是血的样子反而让它更加吓人了。它呆立在那儿，肚子剧烈地起伏让人意识到它不是一尊雕塑。它似乎是想喘口气，抑或是疼痛让它麻木，但这时花镖手上场了。斗牛决不是一场公平的角斗，比公牛终要死去的命运更残忍的是，人类将要以车轮战术从容地杀死它。对于公牛来说，一丝喘息的机会都没有。

这位花镖手手执一对花镖，孤身一人站立场中，引逗公牛向自己发起冲击。由于他没有红色的斗篷，只好通过快跑来吸引牛的注意。这位花镖手跑得比牛还要快，待公牛冲上来，就以迅雷不及掩耳之速将花镖刺入牛背。花镖是一种用彩色花纸装饰的木质短镖，它的设计颇能反衬出人类的阴险：镖的前端带有鱼钩般的金属倒刺，一旦刺中就会挂在牛颈背上，使得牛不停地流血。那利钩很容易扎在牛颈背上，耷拉在牛背两侧，那花哨俗气的装饰正是为了掩盖顺着花镖流淌下来的鲜血。

如果想避开牛角冲击的危险，从较为安全的侧面袭击公牛，会导致花镖很难均匀地挂在公牛的脊背两侧，因此花镖手大多都选择极为危险的正面和正侧面攻击，在公牛角和自己相距一米左右，飞身而起猛力掷出梭镖，然后快速地躲开。当我们回味时，会觉得花镖手为了动作的准确性而将自己置身险地的勇敢冲淡了那梭镖的阴险设计。虽然一切都发生在电光火石之间，但看客们无须担心错过精彩瞬间，因为同样的动作还要再做两次。

当那六支花镖整整齐齐地挂在牛背上时，花镖手离场，众望所归的斗牛士进场了。斗牛进入最后环节，现在是一头筋疲力尽的牛和一个意气风发的斗士之间的最后对决。当那只血流如注、满身尘土、毛发蓬乱的牛和那位昂首挺胸、穿金戴银的斗牛士四目相对时，这恐怕是我们看到的世间最为悲惨的景象之一。牛已经知道自己难逃一死，支撑它战斗的理由似乎就是和斗牛士同归于尽的信念。

斗牛士手持红布，据说这血红色主要是为了赢得强烈的视觉效果，而并不是为了激怒牛。他们表演种种刺激的引逗动作，比如著名的"贝罗尼卡"——将红布忽然甩向牛的面部，以此来激怒公牛；或是自己不动，通过红布引着牛围着自己的身体打转等。在这时，有的牛依然冲劲十足，它们用前蹄刨着土，喘着粗气，在猛烈的冲锋中甚至滑倒在地，但有的牛已经体力不支，它们缓慢而迟钝地跟随红布打转，像是斗牛士的舞伴一样。

这时看一看观众席是有意思的，许多人开始打哈欠、喝水、吃东西、交头接耳，那些自始至终都全神贯注的是真正的斗牛爱好者。甚至连斗牛士自己都会觉得这个过程冗长乏味，他们会忽然丢下那只牛，

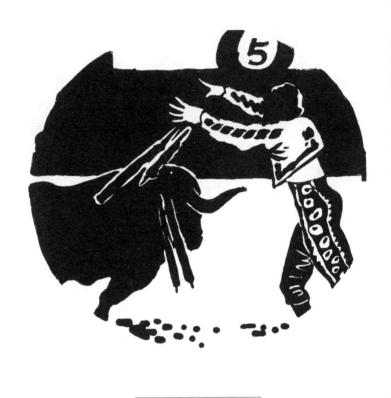

刺花镖

（作者 绘）

　　花镖手由于做出瞄准、前冲、刺入的时间很短，且需判断牛的冲势，要求动作干净利落。时常有人只能刺入一镖，或两镖皆不中，会招来满场嘘声。但如果一次花镖手双镖均插不中，可以允许其再补刺一次，如再失手，即不会再有机会。这也增加了主斗牛士的难度。在有的斗牛表演中，斗牛士不要花镖手，选择亲自表演刺花镖。

径自走到看台要水喝，一点也不担心牛会从背后偷袭。有经验的斗牛士会大声呼喝那只牛，好像在说："懒虫，快起来战斗！"或是把腰挺得笔直，原地蹦跳，以此吸引牛的注意。当斗牛士发现这一切都是徒劳的时候，他们会沮丧地意识到他的表演快结束了，于是走向工作人员去要他的弯头剑。这弯头剑细细的，手柄和剑挡上缠着红布，剑身微微打弯，它作为一个凶器是十分简陋的，和斗牛士身着制服的仪式感并不相符。

斗牛士拿着弯头剑，继续手持红布逗牛，有时他把剑藏在背后，有时又用剑挑着红布。然后他退后几步，停下来踮着脚，拿着剑举到自己的眼前，眯着眼瞄准牛颈部，那样子和举枪瞄准的姿势很像。斗牛士从容地完成了这个很帅气又冷酷的动作，牛就在他的对面，傻乎乎地望着他。这时必须得补充一句，作为一个斗牛士，仅仅会斗牛是不行的，作为万众瞩目的焦点，得时刻注意自己的形象，如果不够帅气和优雅，那就不过是个屠夫而已。

斗牛士继续挥动着红布，在公牛低头猛冲上来的当口，它的脊背裸露在弯头剑挥动的半径中，这时斗牛士忽然轻轻一跃，举剑猛刺脊背最高耸的位置，虽然那里已被长矛和花镖刺得血肉模糊。但和花镖手不同的是，斗牛士需要刺得更准更深，并抖动剑身精确地刺入牛的左心室，那些将整个剑身没入牛的身体的动作被认为是最为完美的刺杀，而那些失手或是反被牛所伤的人将会被取消斗牛的资格。

在保护自身安全的同时把剑完全插入牛身的鲜有其人，而插不进去的笨汉也很少见。大多数斗牛士介于这两者之间，他们只能插进去一半。这时筋疲力尽的公牛被刺骨的剧痛折磨得狂性大发，它们狼奔豕突，做垂死挣扎。有不少斗牛士就是在这个当口被公牛刺死或刺伤的。而在更多时候，斗牛士只用安静地站在那里，观察被刺的公牛还能坚

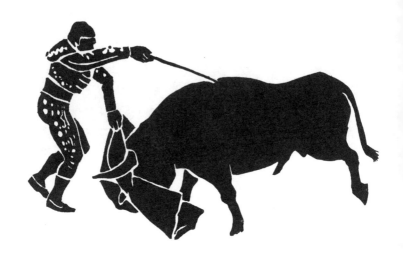

斗牛士刺牛

（作者 绘）

刺牛是斗牛的高潮，虽然它的残忍备受质疑，但不可否认，许多人喜欢看斗牛，就是因为它是暴露在公众视野中合法的屠杀行为。如果不能用剑刺进牛的心脏，牛会在场内乱跑，这样的表演极为失败。为了插得深一点，斗牛士必须在离牛非常近的地方爆发洪荒之力，同时还得灵巧的躲闪，这太危险了。许多斗牛士的确把剑深深没入了牛身，但同时自己也被顶出了窟窿，这样的事屡见不鲜。

持多久，坚持的时间越长他就越失败。

但挣扎不会维持太长时间，斗牛士很快会取来了一种更凶狠的兵器：十字剑或匕首，刺断牛的中枢神经。经历了这一系列的折磨，公牛前蹄跪地，低下高傲的头颅，事实上在整个场上它才是最英勇的生物，愿它的灵魂得到安息！这时斗牛才告结束，所有的人，无论是斗牛班子还是看客都松了一口气，气氛重归开幕时的欢快。装饰着五彩花饰的骡车这时开进场内，将这头死去的英雄拖走。

而那逃过一劫的斗士站在那儿向观众致意，得意地接受观众的欢呼和鲜花。与此同时，赛场的主席和专家会对斗牛士的表演进行最后的研究和评估，决定他是否能凭技艺和勇气获得奖品。较低的奖品是牛耳，较高的是牛尾，最为荣耀的是将这位勇士从正门给抬出去，这一奖励的手法颇有民间娱乐的风味，显得滑稽而热烈。那些身经百战的勇士在社会上会获得人们的爱戴和赞誉，甚至被当成民族英雄，并拥有丰厚的收入。

五　一个斗牛士眼中的斗牛

可是想要真正了解斗牛风俗的来龙去脉，只观看一场现代的斗牛表演是不够的。事实上，在研究者的眼中，斗牛表演的价值更在于它是一种传承有序的风俗习惯，衔接着古代和现代，并形成一套完整的谱系。除此之外，了解一下古代的斗牛是什么样的，对于现代的斗牛爱好者来说也是极有吸引力的事情。

如前文所述，斗牛自诞生起就是一项骑在马上

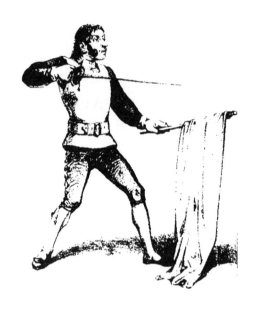

弗朗西斯科·罗梅罗像 素描
作者不详

（章林富 提供）

在罗梅罗的时代，斗牛士都是在马上杀牛。拿着白布，徒步引逗盛怒的公牛的人，都是身份低微的斗牛士助手。这些人不仅没有骑士速度快，而且离公牛也更近，因此是十分危险的，但也正是这份危险，徒步逗牛的人训练了躲避和进攻的技能，并完全具备独立斗牛和杀牛的技术。但是风头全被马上的骑士抢走，而助手只能穿着寒碜的衣服像仆人一样跟随左右，这是十分不公平的。罗梅罗的勇气不仅在于他敢徒步斗牛，而更重要的是他敢于挑战这种根深蒂固的游戏规则，以及这规则中关于阶层的分配，这是他的卓越之处。

的运动，是中世纪的骑士酷爱的娱乐。骑士也是斗牛士，他们以高超的技艺控制马匹，引逗公牛，然后用长矛将公牛刺杀。表演过程中，虽然有助手在一旁用白布分散公牛的注意，但主要的表演和最重要的刺杀环节，都是由马上的斗牛士完成，这一古代规则在现代斗牛中仍可看到，比如刺花镖和最后的刺杀，都要求刺入牛背，这其实就是古代骑手在马上刺牛的方式，直至现在，某些地方的斗牛表演仍然要求骑手在马上刺花镖。

但在18世纪，这一古老规则受到了挑战。1726年，在隆达的一次斗牛表演中，弗朗西斯科·罗梅罗（Francisco Romero, 1700—1763年），一位徒步的斗牛士助手请求骑手和观众们允许他徒步刺杀公牛。这个大胆的想法得到了看客们的许可。结果在电光石火之间，罗梅罗轻巧地避开了公牛的顶撞，用佩剑将牛刺杀。这一壮举让观众为之疯狂，也改变了斗牛运动的历史。接下来的几次表演中，罗梅罗成功复制了他用布引逗、用佩剑刺杀的精彩表演，征服了越来越多的观众。罗梅罗这第一个吃螃蟹的人，从出身寒微的斗牛士助手，凭借勇敢和创意，成为历史上第一位职业斗牛士，并被称作现代斗牛运动之父。

从表面上看，徒步斗牛增加了难度，并充满了刺激性和戏剧张力。但从另一个角度来看，我们失去了观看骑士表演高超骑术的机会，也使斗牛血统中的贵族色彩降至最低，因此在其后的发展中，马上刺牛演化为长矛手的环节——但这可能只是近代的事情。

著名的斗牛士罗梅罗晚年时，有一个不知名的斗牛士班子去意大利表演，一位头发蓬乱、其貌不扬的年轻人与这个流浪的班子同行。我们对于他的身份不甚了解，他可能是一个斗牛士，也可能只是一个打杂的伙计。这个斗牛班的异国巡演究竟反响如何？我们不得而知，

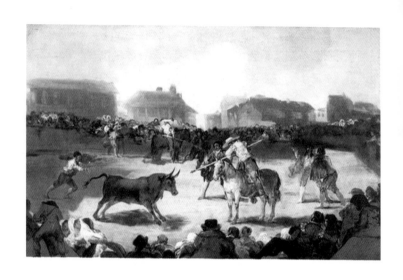

乡间斗牛 油画

戈雅

(崔宇，史丹．戈雅 [M]．北京：人民美术出版社，2011.)

　　戈雅一生创作过大量斗牛绘画，以此展现艺术家深深眷恋的故乡和他熟悉的乡村斗牛，虽然他日后成为宫廷画家，但在其作品一直保有乡土情结，显示着艺术家可贵的赤子之心。同时，相比于大城市的斗牛表演，乡村斗牛无疑是古代斗牛风俗更为忠实的延续，因此在风俗学方面这些作品也是极有价值的。

但若干年后，那个同行的小伙子却改了行，成为了18世纪西班牙最著名的艺术家，他就是富于狂想气质的画家戈雅。这段流浪异国的经历也成为艺术家灵魂中极有意义的滋养，并在其后的岁月里，以铜版画、水彩和油画的形式呈现在作品里。

作为绘画，这批作品是无价的。而作为斗牛文化的研究者，这些斗牛题材作品的风俗学价值更加引人注目，它以极生动的方式揭示了一些文献记载之外的东西。首先看到的是，在西班牙各地，罗梅罗创造的徒步斗牛并未掀起多大的影响力，人们还在表演更为传统的马上斗牛。这种斗牛方式虽然相对安全，但仍比现代长矛手的处境危险：马儿是完全没有护具的，更没有眼罩，骑在马上的斗牛士一身骑兵装扮，在小腿上套着古代骑士的胫甲。在戈雅喜爱表现的乡间斗牛中，骑士们戴着和现代斗牛士一样的宽檐帽，套着厚厚的麻布绑腿。

不要小看马的眼罩和护具，少了这两样东西，场面很容易变得更加疯狂和失控，马儿看到公牛横冲直撞，会吓得狂奔乱跳，这时别说是刺牛，就是骑在马上都变得很困难。而且在斗牛的眼中，与它更靠近的马儿是一个更容易攻击的目标。在这些绘画作品中，艺术家屡次表现了那些被斗牛刺中颈项而倒地的骏马，以及被它拖累的主人。

不知是艺术的夸张还是真实情况，那时的斗牛杀人事件似乎要比现在要多得多。在一幅画作中，肇事的公牛若无其事地站在那里，地上倒伏着两个毫无生气的斗牛士，他们的弯刀被扔在一边。没有马，这显然是一次罗梅罗式的斗牛，但斗牛士却没有罗梅罗那样的水平。三个衣冠不整的人站在公牛的对面激动地举着矛，呼喝着，似乎想迫使公牛放弃进攻的念头，远处还有一个人拿着叉牛的月牙铲蠢蠢欲动。如同梦境一般，艺术家把这个可怕的事件放置在空无一人的背景中。

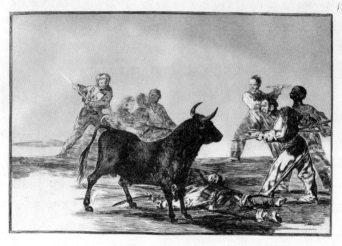

斗牛系列之一 铜版画
戈雅
（崔宇，史丹．戈雅［M］．北京：人民美术出版社，2011．）

　　戈雅的绘画比摄影更为准确地表达了斗牛的情境：公牛怒视着那些想迫害它的人，右边的三个人形容丑陋，虽然他们虚张声势地拿着武器，但是腿脚是软的，这和坚定站立着的牛形成了鲜明的对比。即使是热爱斗牛的戈雅，也认同那逃脱不了死亡命运的公牛才是整个闹剧中的英雄，它杀了人，但这只是自卫。从公牛那倔强的背影中，多多少少地看到了艺术家自己的影子。

在另一幅水彩画中，场面更为现实也更混乱：一个规模宏大的斗牛场内，发怒的公牛在跃动的瞬间，一个斗牛士头脸朝下，屁股像烤肉般串在牛的左犄角上，死多活少。他的马倒伏在血泊中。一位盛装的斗牛士骑马驰援相救，他拿着长矛猛刺牛的头部，另一个人也勇敢地徒步使用长矛刺牛。两位刺牛的勇士身姿被刻画得十分优美。有趣的是，在牛的身后，两个人傻乎乎地拽住牛尾，企图控制住公牛的进攻。几条杂色披风被践踏在牛蹄马蹄之下，观众们躲在看台的阴影中，惊恐地注视着局势的进展。

虽然有很多流血牺牲，但大多数时候，斗牛都在掌控中有条不紊地进行，在那些不那么躁动的画面里，反而更能发现一些不寻常的细节：比如18世纪的斗牛士并非一成不变地使用红布和斗篷逗牛，有时他们甚至很随意地拿自己的帽子逗牛，即使在一些正式的场合，斗牛的披风也是五花八门，有红的、黄的、蓝白花的，没有统一的标准。斗牛的徒步短镖手也不像现在这样一定要把短镖插在牛脊背上，在18世纪，牛身上所有的地方似乎都可以刺，比如容易下手的牛腹部，而且短镖也不像现在那样是一个钩刺，而更像是一个真正的梭镖。虽然罗梅罗发明了一种尖细的佩剑刺杀公牛，但传统的骑马杀牛既不用弯头剑，也不用现代长矛手的长矛，而是用有点儿类似中世纪骑士的宝剑，剑身和手柄连在一起，剑尖凸起为一个粗壮的箭头，斗牛士在马上手持这种剑，由助手把牛引到马旁，他再找准机会扎下去。

就这样，戈雅以一个画家的细心和斗牛士的专业，用一系列的绘画提供了大量精确到细节的古代斗牛资料，使我们可以从图像学的角度将斗牛表演追溯到更为久远的时代。但有的时候，艺术家以特有的乖戾，描画了一些极为荒诞的表演：斗牛在出栏的那一刻就得面对死亡，斗牛士歪着头，眯着眼，右手持剑瞄准，左手拿着引逗的帽子。他的

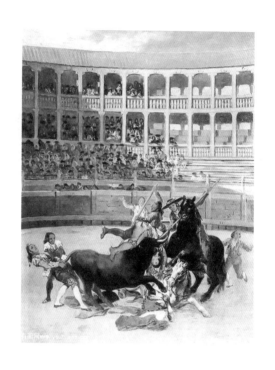

斗牛系列之二　铜版画

戈雅

（崔宇.史丹.戈雅 [M].北京：人民美术出版社,2011.）

　　这次斗牛杀人事件发生在一个宏伟宽阔的斗牛场里，无论是斗牛士还是其助手都穿着华丽的传统服饰，虽然和艺术家喜爱表现的乡村斗牛的景色不大相同，但它们都在表现着同一个真理，那就是死亡的阴影无时不在，无论是荒凉的孤村和热闹的都市都逃脱不了，但是勇敢的人永远都无惧于这种威胁。

　　在戈雅的画中，骑在马上的斗牛士永远不是英雄，在很多时候，他们畏畏缩缩，挺枪不刺，也许只有当同伴被顶翻下马时他们才会变得勇敢起来。虽然从专业的角度来看，混乱的场面是极大的失败，但在观众和同为看客的艺术家的心中，这才是真正动人心魄和值得记述的。

马靴上还带着马刺，好像刚从马上下来一样，但他实际上却是坐在一把椅子上，而那把椅子就可笑地摆在牛栏门口。牛栏旁挤满了观众，他们极为迫切地观看着，生怕错过刺牛的瞬间。虽然这显得不合情理，但至少证实了罗梅罗的徒步斗牛已为一些地方的斗牛表演所接受，但程序却是极其随意的，并演化出千奇百怪的亚种。

从这里也可以看出，现代西班牙的那些看起来如行云流水般的斗牛表演，以及那些高超的表演服装和道具色彩的搭配设计，都是在漫长的历史中不断进化和修正的结果。18世纪的斗牛表演从美学和表演学的角度来看，仍然粗糙。戈雅绘画所带有的强烈主观情绪虽然极富感染力，有时却让人不禁怀疑其真实性，但那些被艺术家精心刻画的细节：帽子、踢马刺，举剑瞄准的姿势，却不止一次地提醒着现代人——这是真实发生过的事情。如果我们不相信这些在照相术还没有发明之前，作为记录历史瞬间的绘画，那我们还能相信什么呢？

在西班牙，人们对于精彩的斗牛表演是永无餍足的，他们还派生出了许多节目，用来填补那些没有正式斗牛表演的日子。这些节目的共同特点是降低斗牛活动危险性的同时，增加其趣味性。这样人们不仅可在较为轻松和没有负疚感的心态下观看节目，甚至自己也可参与这样的狂欢。这些未见诸文献的表演也是由斗牛爱好者戈雅的画作而为人所知的。

虽然戈雅表现的斗牛充满了惊险，但它们至少

六 夜场的表演

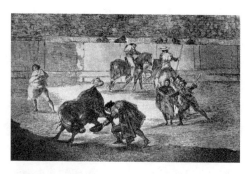

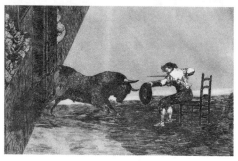

（上）斗牛系列之三 戈雅 铜版画　　　　（下）斗牛系列之四 戈雅 铜版画

（崔宇，史丹.戈雅 [M].北京：人民美术出版社，2011.）

　　戈雅是一个极为高明的艺术家，它总是将精力集中于那些最为精彩的瞬间，但同时又不忘用眼睛的余光扫射那些不是太重要的东西。从这两幅图可以看到，帅气的红色披风在18世纪末的斗牛者看来是可有可无的东西，斗牛士用帽子逗牛，看起来很生活化而非虚假的表演——但这意味着更危险，因为帽子很小，要更加凑近公牛才会产生效果。在斗牛爱好者戈雅的眼里，在牛筋疲力尽时再杀掉它并不是最精彩的，而在牛刚刚放出来，最为龙精虎猛的时候，敢拿着一顶破帽子去撩它才是最勇敢和刺激的行为。

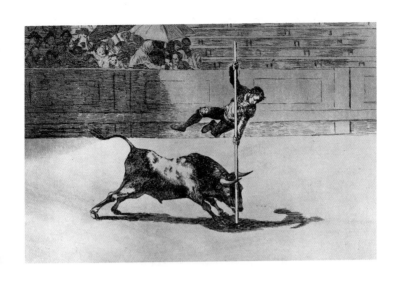

斗牛系列之五 铜版画
戈雅 年代不详

（崔宇，史丹．戈雅 [M]．北京：人民美术出版社，2011.）

关于此画，我们可以做出多种解释，除了前文所述的方案，也有可能是表演者手持棍子引逗公牛，当公牛冲上来的时候，表演者撑着棍子跳起来，就像现在体育运动中的撑杆跳高一样。

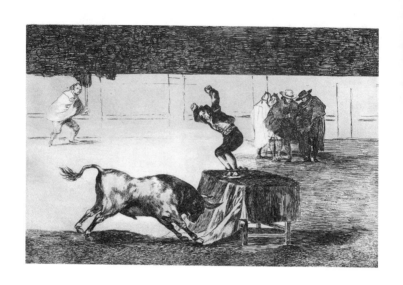

斗牛系列之六 铜版画

戈雅 年代不详

（崔宇．史丹．戈雅 [M]．北京：人民美术出版社，2011.）

　　值得注意的是，艺术家在抛给我们谜题的同时，也提供了一些暗示：一片漆黑的背景中人头攒动，和平常下午人们挤在斗牛场的阴影中的情形很不相同。这是一个夜间节目，画面左边的人工光源很强烈，把场地照得如同白昼，为什么要在晚间举行斗牛的活动呢？或许是节目的设计者希望用一些神秘感和悬念来替代没有杀戮的遗憾。因此这是一场糅合了斗牛和马戏的魔术表演。

和现代的斗牛相去不远，那些由斗牛派生的节目就不那么容易解读了。有一幅画表现了一头公牛在猛烈地冲击一根竖立在场上的木棍、在公牛上方，有一个人双手抓着木棍，双腿悬在空中，艺术家极为准确地捕捉了表演者的优美身姿，作为速写，此画堪称后世楷模。虽然这位表演者极为灵巧，但他丝毫不敢疏忽，他正紧张地看着底下的公牛，并轻巧地调整身体，减轻动作的幅度，以免引起公牛的注意。

这显然是斗牛演化出的马戏，和斗牛一样，表演者避免和公牛发生正面冲突，并试图以智慧和技巧战胜公牛的速度和力量。但这只是定格的游戏瞬间，要解释其全貌颇为费力：表演者可能先在棍子附近引逗公牛，而这棍子固定在地上。等牛冲上来时他一跃而起爬到棍子的上部，让公牛徒劳地撞在棍子上，而这位成功的躲避者则在表演优美而滑稽的体操。当公牛一击未成，走到旁边时，这位淘气的表演者就会滑下来，再次引逗公牛，在公牛冲来时又跃上木棍。如此反复直到公牛和观众都兴味索然才算作罢。耐人寻味的是，虽然表演精彩，但看客寥寥，全都挤在观众席的荫凉之处，无精打采地以此打发慵懒夏日。这个细节显示出它是有别于正规斗牛表演的次要节目，由于不会见血，其吸引力被大打折扣。

在另一幅画中，艺术家抛给人们一个更费解的谜题：画面中心是铺着桌布的方桌，桌上站着一个人，他的双脚被铐在桌上，正激动地挥动双手——可惜这只是张静态的画，我们竟无法预知下面会发生什么，是牛撞翻了桌子，戴镣铐者也随之倒地；还是在那一刹那，他神奇地挣脱了镣铐，像魔术表演中常常发生的那样呢？也许当时在场的观众也一样迷惘，只不过在下一刻他们就会知道答案。对于看过魔术的人来说，解释这个现象也许不难，桌布下或许藏着玄机，当牛就要撞翻表演者的时候，他挣脱了那个看起来很牢固的镣铐，实际上这只

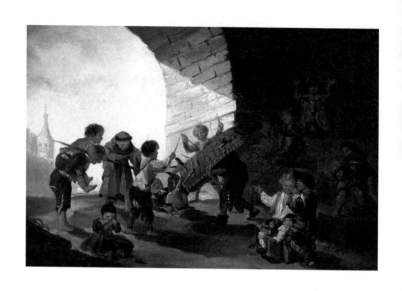

斗牛的游戏 油画
戈雅 年代不详

（崔宇，史丹．戈雅 [M]．北京：人民美术出版社，2011.）

　　研究风俗学，不能忽视儿童游戏。儿童游戏以一种极端的精确性，将古代的风俗和事件以游戏和童谣的方式再现，在这方面的例子不胜枚举。从这幅作品中，不仅看到儿童以其超乎成人的观察力复制了成人世界的斗牛，从另一个角度看，戈雅也从对穿着的描绘中透露了孩子们所属的阶层——城市贫民，他们的爱好显然源自其父辈的影响。因此，作为一种所有阶层都极为热爱的活动，西班牙斗牛其实和古罗马的斗兽表演一样，都是在国家的鼓励之下兴起的，是抵消阶级矛盾，增强民族凝聚力的工具。

是个逼真的道具，所以挥动双手的表演者并非是在表达恐惧，而是在试图做一个起跳的动作，在下一秒，他就会挣脱枷锁跳到牛背上，或是将牛背当成踏板，以跳马的姿势越过牛背——就像现代的西班牙年轻人常常做的那样。

但在所有斗牛演化的节目中，最为著名的恐怕还是西班牙东北部潘普洛纳城的奔牛节了。这个古老的节日始于1591年，据说那时要将6头大公牛从城郊的牛棚赶进城里的斗牛场是件非常困难的事情，于是有人跑到公牛前将它激怒，诱使其奔跑进入斗牛场，这种有效的办法逐渐就沿袭下来，成为今天的奔牛节。它于每年的7月6日开始，大约举办一个星期。虽说奔牛节里也会穿插斗牛活动，但奔牛才是它的重头戏。所谓"奔牛"，就是在节日那天将六头经过两年专门驯养的公牛，从牛棚放出。然后奔牛的爱好者系着红腰带在公牛前面挑逗它，吸引着公牛狂奔。这浩浩荡荡的人牛队伍穿城而过，直奔斗牛场。沿途观者如潮，欢声震耳欲聋。这些牛非常凶悍，一则本性如此，然后是因为受到人为的刺激，为了使它们奔跑，人们把牛角磨尖露出神经，一触既痛；有的牛眼睛被抹上辣椒；奔跑者还会猛力拉扯公牛的尾巴，并用脚踢它们。这些虐待动物的做法是颇为动物保护主义者诟病的。

位于旧城区的"奔牛之路"其实是一条不足一千米长的石板街，奔牛时，上万名奔牛爱好者挤满了狭窄的街道，公牛从牛棚冲出后在杂乱的人群中狂奔，时常人仰牛翻，险象丛生，最后以公牛被引进斗牛场而大功告成。据统计，从1924年到2002年，共有14人被牛顶死，伤者不计其数。即使如此，来自世界各地的冒险爱好者还是会在奔牛节挤满这座小城。

斗牛被渗透到了古代西班牙人的生活中和娱乐之中，以至于天真的儿童世界也被影响了。在戈雅的一幅精心绘制的油画中，表现了孩

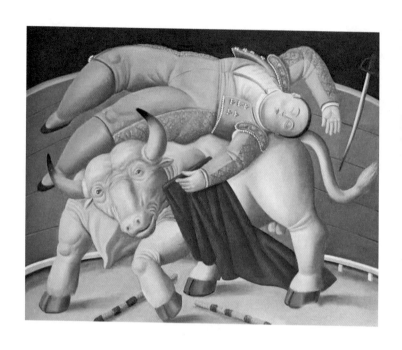

斗牛 博特罗 油画
现代
（作者 摄）

　　哥伦比亚最著名的画家费尔南多·博特罗年幼时拜师学习过斗牛，并发誓成为一名斗牛士。但是在他的体内显然住着的是一个艺术家的灵魂，而不是斗牛士。于是和戈雅一样，博特罗成为一个斗牛爱好者。他用标志性的肉乎乎的物象重新诠释了斗牛：白色的公牛把斗牛士顶翻了，斗牛士穿着华丽的绿色礼服飞过牛背，那带血的弯头剑丢落一边，斗牛士闭着眼睛，生死就在瞬间，一切恍然如梦。

子们的斗牛游戏。让人讶异的是，这是场十分正规的"表演"：一个孩子头顶褐色的茅草棚子，前面装着两只尖角，冒充公牛；他努力向前，顶翻了一个哇哇大哭的"斗牛士"，这斗牛士四脚朝天，衣服全被牛角划破了，露出白胖的屁股蛋；与此同时，"公牛"的对面站着三个跃跃欲试的斗牛士（或花镖手），都手持着木棍做成的短剑，还有一个孩子骑在另一个孩子身上，手持长矛，扮作长矛手。其中最令人疑惑的是一个身穿灰袍、头顶剃光的孩子，他显然在扮演修道士——如果说孩子们模仿的是成人世界的斗牛活动，那么修士是为那些命丧牛角之下的勇士做临终弥撒的人，这一点也是少有文献提及的，而天真无邪的孩子居然没有忘记这个角色，只是这位扮作修士的孩子显然疏忽了自己的职责，他拿着短剑，正冲动地做出刺牛的动作。

除了和西班牙颇有渊源的意大利，法国、葡萄牙等欧洲国家有斗牛的风俗，随着新航路的开辟，西班牙人还把这一血腥的娱乐带往了他们所征服的拉美国家。直到今天，在哥伦比亚、厄瓜多尔、危地马拉、墨西哥、巴拿马、秘鲁和委内瑞拉，仍有成千上万的美洲人为斗牛表演所疯狂，并诚挚地将之视为自己民族的文化传统。

七 尾声

斗牛是盛行于古代的斗兽风俗的唯一的也是最后的版本，无论是斗牛场，还是斗兽表演的种种设计，都还保存着古代风俗的影子，它那鲜活而真切的表演使我们可以轻易地联想到古代斗兽的盛况。唯一和古代不同的地方是：斗牛士都是西班牙平民阶层

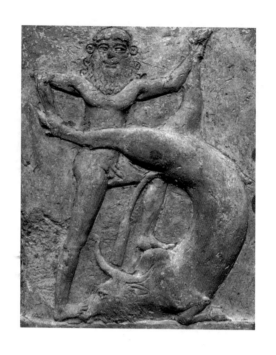

吉尔伽美什搏牛
古代两河流域　年代不详
（作者 摄）

这件乌鲁克国王吉尔伽美什搏野牛的图像引发了我们的遐思。在石板中，人和伊士塔尔派下的天牛没有像神话中那样斗得你死我活，而是像在戏耍，并带有一丝诙谐的气氛。艺术家在告诉我们——人的确征服了牛，但这是愉快的征服。虽然实际上征服自然远非如此顺利，但这并不妨碍艺术家去表现一种理想的自然观。这不禁让我们想起，自有人类始，牛就是人类博弈和合作的对象。几乎所有的古代民族都默认在牛的身上存在着一种神性，这种神性多半源自牛的力量，因为神之所以为神并非道德的高尚，而是因为他们比人更强。因此古代两河民族的斗兽风俗更多宣扬的是人类试图超越神灵的卓越特质，而非夸耀凶残的杀戮。

中的精英，而古代的斗兽者的身份却具有极端性——既有王公贵胄，也有奴隶战俘。

从社会学角度看，古代的斗兽动机和所代表的含义是十分复杂的，而斗牛表演则相对单纯。如今，它作为西班牙民族精神的象征，既为本国获得了富于魅力的国际形象，也拉动了国民经济。虽然每年都有无数动物保护主义者在激烈的反对这项残酷的游戏，但从目前的情况来看，这项为西班牙政府带来大量收入的活动还没有取缔的预兆。换句话说，斗牛虽然残忍，但仍处于人们能够忍受的伦理范围之内，在现代人的自然观里，斗牛表演作为一种变相的屠杀动物，是不被鼓励却被默许的事情。

当现代的动物保护主义者将斗牛风俗拉上道德审判台上的时候，他们却不知对博弈的渴望一直存在于人的本性之中。人类要依靠动物生存下去，不仅仅是对蛋白质和肉类的索取，也倚靠动物的凶猛和野性磨砺自己的内心。虽然在斗牛表演中会有无数个鲜活生命死去，但它们换来的却是人类面对残酷世界和搏击命运的勇气。

因此，斗牛之所以被现代社会认可，不仅在于它是一种具有悠久历史的风俗，也不完全是因为它能为政府和国家带来巨大的收益。从宏观上说，它是自人类出现，人和动物之间存在的种种关系之一，虽然沧海桑田，世事变迁，但这些关系却并未改变。借着杀死一头牛，人类向地球上所有物种宣示着他作为万物灵长的神圣职权，也宣示着他拥有不仅超越神灵，也能超越自身的强大能力。

他精明地控制着杀伐和保护之间的平衡，定义哪一些是要保护的物种，哪些是用之不竭的普通资源。他兢兢业业地做着这些，不是为这世界，而是为了自己的明天。他像造物主，知道这个世界不仅有爱，更要有流血牺牲，否则就不足以完成生物链上那微妙的平衡，也不足以体现人类作为王者的威严。虽然我们痛惜哀悼在人类文明史的漫长进程中，那成千上万倒地身亡的雄伟猛兽，但我们也必须明白，这种牺牲是通用于自然和人类社会的铁律，是我们无法控制和变更的，无论是在过去还是未来。

参考书目

[1] 普鲁塔克. 希腊罗马名人传 [M]. 席代岳, 译. 吉林: 吉林出版集团, 2014.

[2] 爱德华·吉本. 罗马帝国衰亡史 [M]. 戚国瑜, 译. 北京: 商务印书馆, 2012.

[3] 阿里安. 亚历山大远征记 [M]. 李活, 译. 北京: 商务印书馆, 2009.

[4] 修昔底德. 伯罗奔尼撒战争史 [M]. 李活, 译. 北京: 商务印书馆, 2010.

[5] 赫西俄德. 工作与时日 [M]. 张竹明, 蒋平, 译. 北京: 商务印书馆, 2011.

[6] 柏拉图. 理想国 [M]. 郭斌和, 张竹明, 译. 北京: 商务印书馆, 2013.

[7] 塔西佗. 编年史 [M]. 王以铸, 崔妙因, 译. 北京: 商务印书馆, 2012.

[8] 恺撒. 高卢战记 [M]. 任炳湘, 译. 北京: 商务印书馆, 2010.

[9] 蒙森. 罗马史 [M]. 孟祥森, 译. 北京: 生活·读书·新知. 三联书店, 2014.

[10] 刘易斯·芒福德. 城市发展史 [M]. 宋俊岭, 倪文彦, 译. 北京: 中国建筑工业出版社,
     2012.

[11] 荷马. 伊里亚特 [M]. 陈中梅, 译. 上海: 上海译文出版社, 2012.

[12] 保罗·卡特里奇. 剑桥插图古希腊史[M]. 郭小凌, 张俊, 等译. 济南: 山东画报出版社,
     2010.

[13] 克鲁克·香克. 弗莱彻建筑史 [M]. 郑时龄, 译. 北京: 知识产权出版社, 2010.

[14] 本韦努托·切利尼. 切利尼自传 [M]. 王宪生, 译. 北京: 团结出版社, 2012.

[15] 爱德华·泰勒. 人类学 [M]. 译者不详. 北京: 中国青年出版社, 2005.

[16] 丰华瞻. 世界神话传说 [M]. 北京: 外国文学出版社, 1980.

[17] 艾因哈德, 等. 查理大帝传 [M]. 戚国瑜, 译. 北京: 商务印书馆, 2013.

[18] 基思·霍普金斯, 等. 罗马大角斗场 [M]. 蒲隆, 译. 北京: 商务印书馆, 2006.

[19] 于殿利. 巴比伦与亚述文明 [M]. 北京: 北京师范大学出版社, 2015.

[20] 苏维托尼乌斯. 十二帝王传 [M]. 张竹明, 蒋平, 译. 北京: 商务印书馆, 2014.

[21] 卢卡·莫扎蒂. 大英博物馆 [M]. 应倩倩, 徐琛, 曾美帧, 译. 北京: 译林出版社, 2013.

[22] 莪默·伽亚谟. 鲁拜集 M]. 郭沫若, 译. 长春: 吉林出版集团有限责任公司, 2009.

[23] 欧里庇得斯. 古希腊悲喜剧集 [M]. 张竹明, 译. 南京: 译林出版社, 2011.

[24] N.G.L. 哈蒙德. 希腊史 [M]. 朱龙华, 译. 北京: 商务印书馆, 2016.

[25] 海伦·斯特拉德威克. 古埃及史话[M]. 刘雪婷, 等译. 上海: 上海科学技术文献出版社,
     2014.

341

后记

一

从 2015 年开始着手撰写《斗兽的历史》，到 2018 年仲夏写完最后一章，已是四个年头过去了。其实早在 2015 年之前，我就开始为此收集资料，这些资料主要来源于古代西方作家和历史学家撰写的史学著作，这些作家不仅提供了大量的一手史料，也为本书文风提供了灵感。比如史学之父希罗多德，他把风俗学和历史糅合在一起的研究方法尤使我受益，而古罗马时代的传记作家普鲁塔克则以一种优雅笔调，将历史人物的生平说得娓娓动听，这也是极其让人惊喜的。不自觉地，这些顶级的史学大师传输给我一种理念，那就是写历史不必板起面孔，拖着长腔，弄得森严可畏；恰恰相反，历史就是故事，作者不仅仅要有板有眼地记述故事，还要负责把故事说得引人入胜。

但相比于诙谐的文风，最难的仍然是收集资料、建构文章的体系，并确立其主旨。这是因为"斗兽的历史"是一个前人鲜有涉及的题材，或者说，当你要去查找这方面的资料的时候，你会发现它们都躲在陈年巨著的角落，零零碎碎，不仅彼此之间毫无联系，而且在几千年的时间里少有人注意到它们的价值。而我视它们为珍宝，将之从史料中提取出来，分出时间先后——当然也就是在这个整理、分类、筛选的漫长过程之中，这部《斗兽的历史》的轮廓和具体内容才在我的脑海中逐渐地清晰、丰满，我最终才敢对自己说："嗯，我能写这本书。"

即使做了大量的准备工作，在写作中还是数次陷入瓶颈，这迫使我停下来反思并搜索更多的资料——但这本书所具有的意义使所有努力都变得非常值得。首先，这可能是世界上第一本研究"斗兽的历史"的书，它试图去讲述几万年的人类历史中人类和动物之间的关系，去研究人类如何在一开始敬兽为神，接着又斗兽为戏，最后又化敌为友的漫长过程。这不仅是在分析古代人类社会的风俗，也是在间接探索古人类的自然观、伦理观和宇宙观——这为人类学的研究提供了新的角度，并且可以引发更多的研究。

其次，本书的研究内容和方向，可以看作是对古典人类学研究的拾遗补阙，并试图使"斗兽风俗"成为独立的人类学研究门类。为建构斗兽风俗发展史的体系，笔者按部就班地依据编年史的顺序，逐一讲述西方历史中曾出现过的最重要的斗兽风俗，并试图分析其来源、成因和社会影响。这样一来，读者会明白"斗兽风俗"在古代并不是个小众和边缘化的东西。恰恰相反，它有着深厚的社会和文化根基，当它为统治阶级所用的时候，甚至可以成为国家安全的保障和维系阶级平衡的工具。由于它这样重要，历代统治者喜欢将斗兽的题材勒碑刻石，这些以图像方式记载的历史不仅使斗兽风俗变得更加鲜活，其隐含的微妙信息也为本书撰写提供层出不穷的灵感，而对其的解读和转译也成为那些古代文献资料的有效补充。

可能有人会产生疑问，为什么这么重要的风俗会在如此漫长的时间里无人研究？这可能是因为人们研究历史总是依据着当时的社会现状和热点，来追寻古代是否曾发生过类似的事情，这样的研究思路无形中削弱了斗兽风俗在学术研究中的重要性。因为作为上古遗风，在中世纪时斗兽风俗就已经式微。此外，西方人类学的研究重点主要集中在"人"本身的研究，而对于人和动物之间的关系则兴味索然。

二

由于这本书汇集了笔者几年来的研究成果，所以接下来想和读者分享一下这些成果的研究方法，它们主要分为三种：首先是对于古代文献进行收集、整理并进行适度的分析和转译，这是本书中使用最为广泛的研究方法。其研究成果体现于古罗马斗兽的相关章节，由于古罗马人注重史学，他们留下了浩如烟海的著作，而散落其中的有关斗兽的记载成为我的研究主题。其次是图像研究，这一板块的研究主要依赖对存世的艺术品进行图像学分析和转译，这些研究成果集中于古代亚述、埃及猎兽风俗和原始狩猎的相关篇章，其中古亚述人留下的精美猎狮浮雕为本书的撰写提供了大量的图片佐证和无尽的灵感。最后一种方法是依据适度的推理和想象去建构理论体系，而这种推理所依据的是人类学研究者和考古学家撰写的著作和论文。这部分成果体现在讲述古代克里特和希腊的斗兽风俗的章节。虽然其中糅杂了一些想象，但仍有可靠的人类学资料作为支撑。

由于笔者的能力有限，也由于这是第一部研究"斗兽历史"的作品，所以读者们不要期望看到一部完美的，或是没有谬误的书。该书的出版目的在于抛砖引玉，引起学界的重视，去创造一个研究的开始而不是去终结它。但作为作者，我必须对书的质量负责。为减少错误，我简化了该书的结构，使其成为一部精简的历史而没有盲目追求结构的复杂和内容的浩繁。其次，拣选了我认为最有价值的资料而非所有。我尽量挑选了那些在古代国家的社会系统中发挥积极作用的斗兽风俗，并强调其在古代社会发展中的价值和必要性。这些资料即使是有价值的，它们之间也不一定具有联系，因此找出内在关联并建构一个有机合理的体系，是我在写作中孜孜以求的——而一些有趣的资料也因不符合本书宗旨而被迫丢弃。

在写作过程中，我也希望解决一个问题，那就是现代读者对于古人的斗兽风俗可能会出现的误读。每个时代都有不同的问题，地球环境的恶化和大量动物的灭绝是当代的问题却不是古代人的问题。我们描述这样一种风俗，并非是在鼓励屠戮动物和宣扬暴力，也不能用现代人的标准去简单地评价古人的斗兽风俗对与错。事实上，正是在这看似残酷的斗兽风俗中，我们才得以窥见古人的自然观并了解他们对于环境保护的认知水平。

三

此外，对本书的写作风格有必要进行一些说明。关于此问题我已和出版社事前进行了沟通，那就是追求学术性和趣味性并存。为此在写作中我使用了一种情景再现的手法，希望每个读者都真切感受到斗兽现场的激烈气氛。虽说调动读者的兴趣同时保持学术的严谨并不相悖，但我还是力求以客观的视角和冷静的笔调进行事件的叙述，并减少主观成分较多的议论、抒情，以使研究成果呈现真实可信的效果。

在最后，我想感谢所有帮助过我完成这本书的人。首先是我的妻子和父母，是他们一直鼓励我勇敢前行，并默默地以辛勤的劳动支持着我；其次是我的孩子，虽然他的呱呱坠地迫使我一再推迟了本书的完成时间，但在抚育他的同时加深了我对人生的理解，使得我的文字更加厚重并富有情感；此外我还想感谢周莉桦、刘一琳两位老师对我的研究给予热情洋溢的肯定，并常常提出宝贵的专业意见。我曾经的学生——游学英伦的章林富先生，也不辞劳苦地为本书的撰写提供了大量有益的资料，在此表示感谢。

曹昊

2018 年 7 月 11 日夜于合肥龙吟山馆